四川省『十四五』职业教育省级规划教材

文旅新媒体运营

Cultural and Tourism New Media Operations

苗 苗　曾艳艳　丁 莉　X　主 编
邓馥郁　林琢人　郑 周　X　副主编
曾 乐　邓峻鹏　杨可欣　高亚芳　杨 骏　雷 月　X　参 编

电子工业出版社
Publishing House of Electronics Industry
北京·BEIJING

内 容 简 介

本书围绕着知识目标、能力目标、思政目标构建科学合理的内容体系，打破了先理论后实践的线性教学模式，构建集知识、能力、素质教育于一体的教学模块。每个模块按照"案例+知识+实训"的模式展开，从而实现教、学、做的统一。本书内容包括新媒体定位、平台运营、内容运营、活动运营、直播运营、数据分析、运营技能，可以帮助学习者掌握从 0 到 1 创建并持续运营一个文旅媒体账号所需要的基本知识和技能。

本书涵盖了文旅新媒体运营最新理论成果和现实案例，具有较强的实用价值和行业特色，可作为高等院校和职业院校文旅类专业新媒体运营课程的教学用书，也可作为相关企事业单位从业人员的参考读物。

未经许可，不得以任何方式复制或抄袭本书之部分或全部内容。
版权所有，侵权必究。

图书在版编目(CIP)数据

文旅新媒体运营 / 苗苗等主编. —北京：电子工业出版社，2023.8
ISBN 978-7-121-46878-0

Ⅰ.①文… Ⅱ.①苗… Ⅲ.①传播媒介－运营管理－高等学校－教材 Ⅳ.①G206.2

中国国家版本馆 CIP 数据核字(2023)第 238366 号

责任编辑：张　鑫
印　　刷：三河市君旺印务有限公司
装　　订：三河市君旺印务有限公司
出版发行：电子工业出版社
　　　　　北京市海淀区万寿路 173 信箱　　邮编：100036
开　　本：787×1092　1/16　　印张：15.5　　字数：406 千字
版　　次：2023 年 8 月第 1 版
印　　次：2023 年 8 月第 1 次印刷
定　　价：56.00 元

凡所购买电子工业出版社图书有缺损问题，请向购买书店调换。若书店售缺，请与本社发行部联系，联系及邮购电话：(010) 88254888，88258888。
质量投诉请发邮件至 zlts@phei.com.cn，盗版侵权举报请发邮件至 dbqq@phei.com.cn。
本书咨询联系方式：zhangx@phei.com.cn。

前 言

近年来，文旅行业发展进入低谷，与此同时，"云游""直播"等概念成为行业高频词汇，新媒体技术及应用已经改变了文旅行业发展的底层逻辑。文旅企业和机构对具备行业背景的新媒体运营人才求贤如渴。作为行业特色型高校，成都银杏酒店管理学院回应时代命题，主动肩负起探索文旅行业发展新模式的社会责任。

从 2016 年起，成都银杏酒店管理学院三个专业相继推出相关课程：网络与新媒体专业开设"媒体运营"课程，电子商务专业开设"电子商务运营策划"课程，旅游管理专业开设"旅游移动应用运营"课程。

2021 年，学院集合各专业优秀师资在专业课程体系的框架基础上，研发了更具普适性、更能满足学生需求的"文旅新媒体创新创业"课程，以提高学生新媒体素养，开拓学生就业创业路径。2021 年，"文旅新媒体创新创业"获评学院特色课程；2022 年，教学团队获评四川省课程思政示范课教学团队；2023 年，"文旅新媒体创新创业"获评 2022 年四川省一流本科课程——社会实践课程。

经过几年的课程建设，一支具备扎实理论功底和丰富实践经验的文旅新媒体运营教研团队已经形成。本书编写成员都是相关课程的一线教师，他们拥有不同的学科背景，有各自的研究领域和专长，也都与业界保持着紧密联系。新媒体运营作为新兴岗位，需要从业者学会多个学科知识并融会贯通。打破专业壁垒，跨专业教师团队分模块教学，是最理想的教学模式。本书各个知识板块在保证框架完整性和体系化的基础上，充分展现了每位作者的研究特长。

目前有关新媒体运营的教材、专著并不少见，但针对特定行业运营的教材较少。教学团队使用及参考过的教材，基本可以分为"运营线"和"实战线"两种编写思路。"运营线"指教材内容围绕新媒体运营四大经典模块（用户运营、产品运营、内容运营、活动运营）展开，帮助学习者了解一些基本的运营知识。"实战线"则指偏重新媒体运营的具体操作实务，帮助学习者掌握各类运营工具的使用。这两种编写思路有利有弊，前者体系清晰，基于能力模块设计教学内容，但实操性欠缺；后者实操性强，但是逻辑松散、内容琐细，且因技术更迭迅速而经不起时间考验。因此，结合行业院校的优势，编写一本适合文旅行业，且专注账号运营全过程的文旅新媒体运营教材很有必要，可以帮助学习者从 0 到 1 创建并持续运营一个垂直领域的新媒体账号。

本书充分反映了文旅新媒体运营的新案例、新理论和新方法，紧跟行业发展新趋势。教材编写理念与内容设计如下。

（1）面向职业岗位重构内容体系

编写团队深入调研文旅行业新媒体运营岗位的人才需求，提炼职业岗位对应的核心知识与技能，以工作任务与职业能力为依据选择、组织教材内容。教材打破了先理论后实践的线性教学模式，构建集知识、能力、素质教育于一体的 7 大教学模块。学生学完某一模块，就基本能够独立完成某一项工作任务或掌握某一技能动作。授课教师可通过教学模块的有序实施，要求学生逐块达标，最终完成人才培养的"积木组合"。

（2）贯穿德育主线强化育人导向

本书全面贯彻党的教育方针，落实立德树人根本任务，结合文旅行业特点，有机融入相关思政元素，充分反映十八大以来党的重大理论创新、实践创新、制度创新成果，不断丰富优秀传统文化、自然遗产保护成就等思政案例，积极培育和践行社会主义核心价值观，强化育人立意和价值导向，激发学生民族自豪感，树立文化自信。

（3）多元协同的教材开发团队

编写团队邀请行业人士参与教材开发工作，保障教材的专业性和实践性。邀请课程专家参与教材审核，保障教材的先进性和规范性。邀请兄弟院校中优秀的任课老师担任副主编或参编，增强教材的适用性。汇聚优势资源共建共用，推动教材与行业、职业标准和岗位规范等之间的融合。

本书面向新媒体运营初学者，介绍从0到1创建并持续运营文旅新媒体账号的全过程，以及每个阶段相应的运营策略和技能方法。本书共8章，内容包括文旅新媒体运营概述、文旅新媒体定位、文旅新媒体平台运营、文旅新媒体内容运营、文旅新媒体活动运营、文旅新媒体直播运营、文旅新媒体数据分析、文旅新媒体运营技能。本书结合文旅企业和机构的实际案例及相关工具技术的应用，对各模块内容进行充分阐述，理实结合，知行合一。编写团队精心录制了微课视频，帮助理解重点难点。

本书是团队合作的结晶。苗苗、曾艳艳、丁莉任主编，邓馥郁、林琢人、郑周任副主编，曾乐、邓峻鹏、杨可欣、高亚芳、杨骏、雷月参编，周旭东、胥智健、祝婷婷、周昱丞、陈悦、邓姝杨、李昊天参与教材数字化资源建设。

在教材编写过程中，我们参考了新媒体运营方面的专著、教材、论文及新闻案例等，在此向这些作者表示诚挚的感谢。文旅新媒体的发展一日千里，因编写团队水平有限，本书难免有诸多不足和遗漏，恳请读者批评指正，我们将在今后的修订中予以完善和改进。

编　者

2023年5月

目 录

第1章 文旅新媒体运营概述 ··· 1
1.1 理解新媒体与新媒体运营 ··· 2
- 1.1.1 新媒体的概念 ··· 3
- 1.1.2 新媒体运营的概念 ··· 3
1.2 新媒体运营的构成 ··· 5
- 1.2.1 新媒体运营的四大经典模块 ··· 5
- 1.2.2 新媒体运营的五大衍生模块 ··· 9
1.3 文旅新媒体的发展趋势 ··· 10
- 1.3.1 新媒体的发展趋势 ··· 11
- 1.3.2 文旅新媒体促文旅新发展 ··· 14
1.4 文旅新媒体运营人才的基本能力 ··· 15
同步训练 ··· 18

第2章 文旅新媒体定位 ··· 20
2.1 文旅新媒体定位的重要性 ··· 21
2.2 需要定位的几种情况 ··· 22
2.3 文旅新媒体定位四步法 ··· 24
- 2.3.1 确定新媒体类型 ··· 24
- 2.3.2 找到定位突围点 ··· 26
- 2.3.3 确定运营方向 ··· 30
- 2.3.4 不断优化定位 ··· 32
2.4 文旅新媒体定位原则 ··· 33
2.5 文旅新媒体形象定位 ··· 34
- 2.5.1 确定账号名称 ··· 34
- 2.5.2 设计视觉呈现 ··· 36
- 2.5.3 人格化设计 ··· 38
- 2.5.4 人格化传播 ··· 38
- 2.5.5 输出价值观 ··· 40
同步训练 ··· 41

第3章 文旅新媒体平台运营 ··· 42
3.1 新媒体平台的概念及分类 ··· 44
- 3.1.1 新媒体平台的概念 ··· 44
- 3.1.2 新媒体平台的分类 ··· 44

3.2 新媒体平台运营的概念及作用 ... 45
3.2.1 新媒体平台运营的概念 ... 45
3.2.2 新媒体平台运营的作用 ... 45
3.3 微博 ... 47
3.3.1 微博平台概述 ... 47
3.3.2 微博平台的主要发展历程 ... 47
3.3.3 微博平台的特点 ... 48
3.3.4 微博平台运营细则 ... 49
3.4 微信 ... 54
3.4.1 微信公众平台及微信公众号概述 ... 54
3.4.2 微信公众平台的主要发展历程 ... 55
3.4.3 微信公众平台运营细则 ... 55
3.5 抖音 ... 59
3.5.1 抖音平台概述 ... 59
3.5.2 抖音平台的主要发展历程 ... 60
3.5.3 抖音平台的特点 ... 60
3.5.4 抖音平台运营细则 ... 63
3.6 今日头条 ... 66
3.6.1 今日头条平台概述 ... 66
3.6.2 今日头条平台的主要发展历程 ... 67
3.6.3 今日头条平台的特点 ... 67
3.6.4 今日头条平台运营细则 ... 67
3.7 小红书 ... 68
3.7.1 小红书平台概述 ... 68
3.7.2 小红书平台的主要发展历程 ... 68
3.7.3 小红书平台的特点 ... 69
3.7.4 小红书平台运营细则 ... 70
3.8 马蜂窝旅游网 ... 72
3.8.1 马蜂窝旅游网概述 ... 72
3.8.2 马蜂窝旅游网的主要发展历程 ... 72
3.8.3 马蜂窝旅游网的特点 ... 73
3.8.4 马蜂窝旅游网运营细则 ... 73
3.9 OTA ... 74
3.9.1 OTA概述 ... 74
3.9.2 OTA运营细则 ... 74
3.10 其他新媒体平台 ... 75

第4章 文旅新媒体内容运营 ... 76
4.1 内容运营概述 ... 77

		4.1.1 内容的本质和构成要素	77

        4.1.2 内容运营的含义和作用 ·············· 80

        4.1.3 内容运营的本质 ·············· 81

        4.1.4 内容运营的基本流程 ·············· 84

  4.2 内容的生产 ·············· 84

        4.2.1 选题策划 ·············· 84

        4.2.2 驱动 UGC ·············· 86

  4.3 内容的组织 ·············· 89

        4.3.1 单篇内容的组织和标准 ·············· 89

        4.3.2 相关内容的聚合 ·············· 90

        4.3.3 整体内容的导览和索引 ·············· 91

        4.3.4 核心内容的呈现 ·············· 92

  4.4 内容的流通 ·············· 92

        4.4.1 对内流通的常见做法 ·············· 92

        4.4.2 对外流通的常见做法 ·············· 93

同步训练 ·············· 93

第 5 章　文旅新媒体活动运营 ·············· 94

  5.1 文旅新媒体活动运营概述 ·············· 95

        5.1.1 活动运营的内涵 ·············· 95

        5.1.2 活动运营的重要作用 ·············· 96

        5.1.3 活动运营三大阶段 ·············· 97

        5.1.4 活动运营关键环节 ·············· 101

  5.2 设计及筹备活动规划 ·············· 101

        5.2.1 全年活动规划的必要性 ·············· 101

        5.2.2 设计全年活动规划步骤 ·············· 102

        5.2.3 策划活动的具体步骤 ·············· 104

  5.3 活动运营的跨界整合 ·············· 106

        5.3.1 产品跨界 ·············· 107

        5.3.2 内容跨界 ·············· 107

        5.3.3 IP 跨界 ·············· 107

        5.3.4 渠道跨界 ·············· 108

  5.4 三大表单确保活动精确执行 ·············· 109

        5.4.1 活动推进表 ·············· 109

        5.4.2 活动物料清单 ·············· 111

        5.4.3 活动运筹表 ·············· 112

  5.5 活动效果评估及复盘 ·············· 112

        5.5.1 数据预埋 ·············· 113

        5.5.2 数据统计 ·············· 113

5.5.3　效果分析 ·· 114
　　5.5.4　活动复盘 ·· 114
同步训练 ··· 115

第6章　文旅新媒体直播运营 ·· 116
6.1　文旅直播概述 ··· 117
　　6.1.1　"五步法"设计直播活动 ·· 118
　　6.1.2　直播目的分析技巧 ··· 120
　　6.1.3　直播的策略组合 ·· 123
　　6.1.4　直播风险防范六要素 ·· 123
6.2　文旅直播平台 ··· 124
　　6.2.1　综合类直播平台 ·· 125
　　6.2.2　OTA直播 ·· 131
6.3　实施直播活动 ··· 133
　　6.3.1　直播活动的执行模型 ·· 133
　　6.3.2　直播活动的开场技巧 ·· 134
　　6.3.3　直播互动的五种玩法 ·· 137
　　6.3.4　直播收尾的核心思路 ·· 139
　　6.3.5　直播重点与注意事项 ·· 140
同步训练 ··· 141

第7章　文旅新媒体数据分析 ·· 144
7.1　认识文旅新媒体数据分析 ·· 148
　　7.1.1　新媒体数据分析的含义 ··· 148
　　7.1.2　认识新媒体数据运营 ·· 148
　　7.1.3　新媒体数据分析价值 ·· 148
　　7.1.4　数据分析基本方法 ··· 150
　　7.1.5　新媒体数据来源 ·· 151
7.2　官方后台数据分析 ··· 153
　　7.2.1　微信公众号数据分析 ·· 153
　　7.2.2　微博数据分析 ·· 162
　　7.2.3　抖音数据分析 ·· 173
7.3　搜索引擎指数分析 ··· 175
　　7.3.1　百度指数 ·· 175
　　7.3.2　360趋势 ··· 178
7.4　第三方数据分析 ··· 180
　　7.4.1　抖查查数据分析 ·· 180
　　7.4.2　蝉妈妈数据分析 ·· 182
　　7.4.3　飞瓜数据分析 ·· 185
同步训练 ··· 186

第 8 章　文旅新媒体运营技能 ········· 188
8.1　文旅新媒体图片处理技能 ········· 190
8.1.1　制作封面图 ········· 190
8.1.2　制作 GIF 图 ········· 194
8.1.3　制作表情包 ········· 199
8.2　文旅新媒体图文排版技能 ········· 203
8.2.1　文字的视觉传达 ········· 203
8.2.2　排版插件的应用 ········· 207
8.2.3　H5 页面的应用 ········· 210
8.3　文旅新媒体短视频制作技能 ········· 215
8.3.1　文旅短视频基础知识 ········· 215
8.3.2　撰写脚本 ········· 221
8.3.3　拍摄技巧 ········· 224
8.3.4　剪辑技巧 ········· 232
同步训练 ········· 236

参考文献 ········· 237

第 1 章　文旅新媒体运营概述

挺过了"寒冬",2023 年的文旅市场强劲复苏,文旅从业人员抓住机遇求新求变。当下,新媒体技术及应用已经改变了文旅行业发展的底层逻辑,新媒体运营成为文旅企业和机构的标配岗位,市场对具备行业背景的新媒体运营人才求贤若渴。本章主要介绍新媒体及新媒体运营的内涵,分析文旅新媒体的发展趋势,解析文旅新媒体运营人才的技能要求和素质要求,帮助读者快速掌握文旅新媒体运营的基础知识。

➢ **知识目标**

理解新媒体及新媒体运营的内涵和特征,了解文旅新媒体的发展趋势。

➢ **能力目标**

掌握检索文旅新媒体运营岗位信息的方法和技巧,能够编制岗位职责说明书。

➢ **思政目标**

培养学生热爱文旅行业,热爱新媒体运营岗位,树立利用新媒体运营技术促进文旅行业发展的职业目标。

➢ **思维导图**

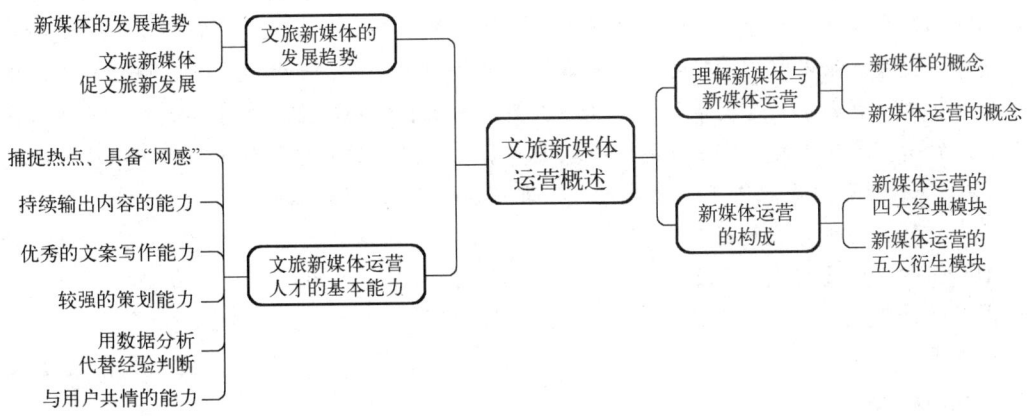

导入案例

2020 年,杭州灵隐寺又在微信公众号"灵隐寺"上发布了招聘启事(如图 1-1 所示),面向全社会公开招聘文职人员(在家人)两名。为什么说"又"呢?早在 2016 年,灵隐寺就因一则招聘新媒体小编的启事引发过民众关注。灵隐寺,这座千年古刹因有济公传说加持,一直都笼罩着神秘、美好的色彩。灵隐寺这次招聘除福利待遇齐全外,还不设 KPI 考核,男女都可应聘，有佛教信仰的优先。招聘启事发布后阅读量很快就达到"10万+"次，不少网友发出"别拦我，我要去灵隐寺当小编"的呼声。

图 1-1　杭州灵隐寺招聘启事

媒体报道，灵隐寺文宣部专门负责灵隐寺的信息发布及对外宣传工作，其专业程度堪比一些新闻媒体和自媒体"大号"。自2013年灵隐寺注册微信公众号以来，内容推送每日更新，目前固定每天发布4条内容。灵隐寺微信公众号涉及的内容广泛，如佛教历史、中国历史、中国文学史，甚至还有美学、建筑学等。难怪招聘要求是本科学历以上，文字功底好。而且，岗位要求当天的新闻要当天发。除了这些，小编还要负责灵隐寺的官方网站、微博，以及云林志工团的微信、《狮子吼》杂志等工作。据说文宣部目前有7位编辑，各有分工。

在审核稿件方面，灵隐寺非常严格，如取哗众取宠、蹭社会热度的标题，要求涨粉丝，追求10万+的阅读量等都是杜绝的。灵隐寺表示，没有阅读量考核，也没有粉丝考核，只想招到真正对佛教文化有兴趣的人，把佛教文化用新媒体方式准确地介绍给他人。

文章来源：黑马营销（微信公众号）《灵隐寺招"小编"啦，不用出家，不看KPI》（选用时略有修改）。

1.1　理解新媒体与新媒体运营

当下，新媒体应用已经渗透到社会生活的方方面面，在潜移默化中改变了人们的生活方式和消费习惯。新媒体也被广泛应用于文旅行业。近年来，越来越多的文旅机构积极拥抱新媒体，全国各地的"网红"文旅局长不断涌现，将各地的特色风景通过镜头展现出来。

1.1.1 新媒体的概念

联合国教科文组织将"新媒体"定义为"以数字技术为基础,以网络为载体进行信息传播的媒介",侧重强调新媒体的技术特点。美国《连线》杂志将"新媒体"定义为"所有人对所有人的传播",突出新媒体传播模式的转变。

早在1967年,时任美国哥伦比亚广播电视网技术研究所所长的戈尔德马克(P. Goldmark)就提出了"新媒体"(New Media)这一概念,认为新媒体是相对于传统大众传媒的一种新兴媒体技术,是继报纸、广播、电视等传统媒体之后,随着信息传播技术的发展与变化而产生的一种媒体形态。近些年,随着信息传播技术的不断发展,信息传播渠道变得丰富多样,信息传播方式发生了根本性的变化,新媒体可以看成数字化时代的各种媒体形态的总称。

新媒体的概念不是一成不变的。随着新技术发展,新媒体的外延也发生着变化。搜索引擎、论坛、门户网站在2000年左右都属于新媒体,如今已然被归为传统媒体。同样,微博、微信、抖音、快手、小红书这些社交媒体被视作当下新媒体的代表应用,以后也必将会被更新的媒体形态所取代。

除了形式上的"新","新媒体"的"新"还体现在它基于网络和数字技术的媒体形式,具有与用户互动的传播特性。较之传统媒体,各种新媒体的共性体现在能够为受众提供个性化的服务,同时也为传播者和受众提供了互相交流的平台。

1.1.2 新媒体运营的概念

新媒体运营中的"运营"不是一个新概念,早在互联网出现之前就存在,如企业运营、地铁运营等。传统意义上的"运营"是指围绕企业生产管理而进行的设计、运行、评价和改进的管理工作。

在国内最早设置新媒体运营岗位的主要是互联网公司,它们采用线上推广方式以实现扩大用户规模,完成产品迭代、商业变现的目的。与传统的运营相比,新媒体运营包含的工作内容繁杂,如推广投放、活动策划、内容制作、数据监测、用户管理、客服等。张亮在《从零开始做运营》一书中,给这种互联网产品的运营下过一个经典定义:"一切能够帮助产品进行推广、促进用户使用、提高用户认知的手段都是运营。"同样,黄有璨在《运营之光:我的互联网运营方法论与自白》一书中也指出,运营的最终目的是"更好地连接产品和用户"。这两种定义都是从新媒体运营的目的角度来界定的。之后,随着新媒体的影响力越来越大,非互联网行业也开始借助新媒体运营来辅助产品销售或品牌推广,新媒体运营岗位日益成为企业和机构的标配岗位。

综合以上内容,本书认为新媒体运营是借助各种新媒体应用对产品进行宣传、推广、营销的策略及手段,通过策划具高度传播性的内容和线上活动,向用户广泛或者精准地推送信息,并鼓励用户积极反馈,从而充分利用粉丝经济,实现对产品研发、产品推广、产品优化闭环的精细化管理。新媒体运营的概念可拆解为两个部分:新媒体运营、新的媒介形式作为信息传达的载体。本书认为新媒体运营这一概念在不同的语境下,有时是指新媒体运营岗位及这个岗位上的工作人员;有时是指新媒体运营工具;有时是指运营的具体手段,如优质内容的策划、传播等,如图1-2所示。

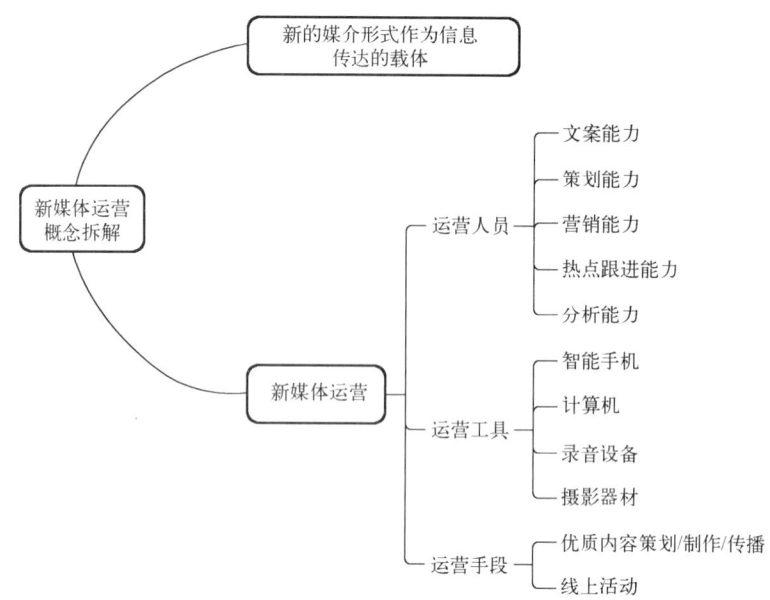

图 1-2　新媒体运营概念拆解分析

图 1-3　支付宝微博"中国锦鲤"抽奖活动

案例解读

2018 年，支付宝在微博平台上发布了"中国锦鲤"抽奖活动，如图 1-3 所示。这条微博一天内就产生了几十亿次阅读量，击穿整个微博生态，随后迅速蔓延到各个平台上，引发广泛的探讨。这仅仅是三百万分之一的获奖概率和一份豪华奖品清单这么简单吗？

下面解析这次运营活动。

首先，支付宝此次的活动是没有预热的，在发布之前没有任何线上或者线下渠道发布信息。在这种情况下，仅仅 6 个小时，"锦鲤"微博的转发量就已经突破了 100 万次，因为"锦鲤"的概念自带传播性。此次活动微博文案的第一句就是"祝你成为中国锦鲤！"，"锦鲤"这个词和微博的生态是非常契合的，微博简直就是锦鲤之乡。

其次，"锦鲤"这个词本身就很"火"，是一种调侃与希望的混合体，有一种亦正亦邪的气质，非常适合传播。

最后，选中了中国锦鲤这个概念，就仿佛选中了一个极佳的广告词，用户见到文案之后，可以直接参与、转发，不需要转述或者发明新的概念，这相当于将传播的阻力降到最低。

在微博发布活动后，支付宝微信公众号也同时跟进了消息，阅读量瞬间就超过了 10 万次，为主战场微博提供了大量有效流量。

"三百万分之一的获奖概率"成为主要话题点，随着活动的进行，这次活动的获奖概率也达到了极度夸张的三百万分之一。这样一个意味着"你根本不可能中奖"的概率，支付宝巧妙地把它利用起来并成为一个造势的点。在此期间，支付宝的微博账号反复提到了三百万分之一的获奖概率，让人们意识到这件事情是多么不可思议。事已至此，三百万分之一的获奖概率，怎么能不引起大家的好奇心呢？谁不想知道奇迹发生在哪个人的身上呢？可以说，这场线上活动发展到中局，就已经显现出"刷屏"的潜力。

在运营流程的每一个环节上都要充分形成话题，并用一切可能的手段放大话题，让文案本身具有传播性和传播力，减少用户传播时的阻力，甚至让文案驱动传播。

文章来源：三节课官网，作者吴思。

1.2 新媒体运营的构成

在长期实践过程中，新媒体运营在工作内容方面逐渐形成内容运营、产品运营、用户运营、活动运营四大经典模块，以及社群运营、网站运营、流量运营、平台运营、店铺运营五大衍生模块，这些模块共同构成新媒体运营工作的职能范围，如图1-4所示。

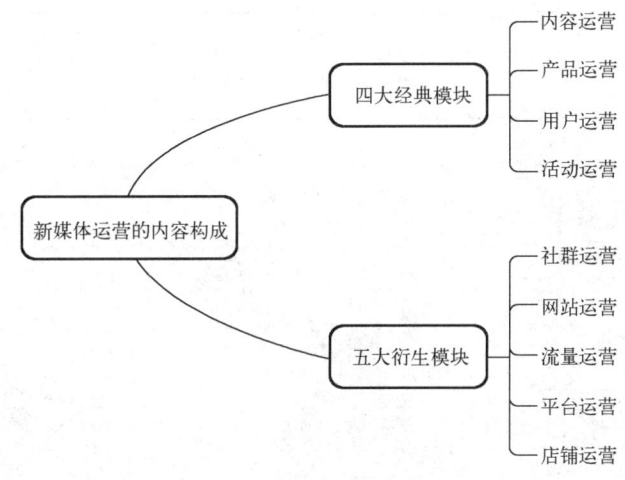

图1-4　新媒体运营的内容构成

1.2.1 新媒体运营的四大经典模块

1. 内容运营

内容运营是指运营者利用新媒体渠道，用文字、图像或视频等形式将企业信息友好地呈现在用户面前，并激发用户参与、分享、传播的完整过程。具体来说，内容运营基于产品的内容进行内容策划、内容创意、内容编辑、内容发布、内容优化、内容营销等一系列与内容相关的工作。内容运营的基本流程如图1-5所示。

内容用于连接产品与用户，运营者需要重点关注内容的定位、设计与传播，找到差异化的内容定位，创作走心的内容形式，选择合适的内容传播渠道，从而触达更多用户。表1-1体现了某公司某次内容运营的一些关键环节。该公司是一家以平台共享方式运营自行车业务的新型互联网科技公司。2017年12月，在其官方自媒体平台推出了一组"西游漫漫取经路，陪你安全每一步"的主题海报（如图 1-6 所示），在传统的内容形式上延伸出新的创意。在此次内容运营中，海报围绕内容定位、内容设计、内容传播三大要素进行了巧妙设计。

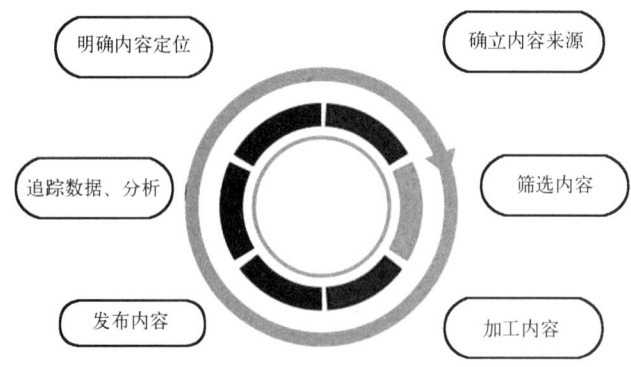

图 1-5　内容运营的基本流程

表 1-1　某公司内容运营样例

内容定位	内容设计	内容传播
全国交通安全日 "安全"×西游记	西游记×神话人物穿越	官方微博、微信公众号 文章、海报、视频

图 1-6　某公司内容设计

首先是内容定位。在 12 月 2 日的全国交通安全日，运营团队围绕安全这一关键词，巧妙地利用西游记这个经典 IP 符号，设计出了"西游漫漫取经路，陪你安全每一步"的创意内容。

其次是内容设计。在西游记的内容创意元素基础上，以神话人物穿越的形式呈现内容，给网民耳目一新的内容体验。

最后是内容传播。运营团队在其官方微博、微信公众号等自媒体平台以文章、海报、视频三大形式，综合呈现主题的内容设计，使此次内容创意的传播效果最大化。

新媒体内容并不是简单写一篇文章、录一段视频、做一张图片,而是要让更多用户将其打开、完整浏览并转发到朋友圈或转发给好友。因此,新媒体内容运营的关键点是设计传播模式,力争获得更好的传播效果。

2. 产品运营

产品运营的定义有狭义和广义之分。

狭义的产品运营是指互联网产品运营,如手机软件(App)的设计与开发、网站运营与调试,如图1-7所示。

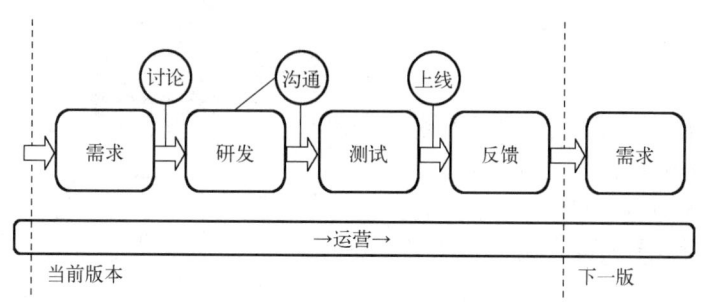

图1-7 狭义的产品运营

广义的产品运营是指把新媒体运营中涉及的账号、平台、活动等项目都看成产品,按照互联网产品思维,进行策划、运营与调试。例如,一个文旅方向的快手账号可以看成一款产品,需要进行竞品调研(搜索类似账号,了解其日常内容)、前期设计(头像设计、简介设计、选题设计)、上线调试(推送内容并监测流量数据)、正式发布(度过新手期后的常规化运营)等产品运营工作。

产品运营是新媒体运营的根基。产品与用户直接接触,用户对产品的反馈是产品升级迭代的直接依据。产品运营以产品为基础,以获取用户为目的,经过一系列的建设,不断完善升级产品,让它对用户更加有黏性,对用户更加有价值。

产品运营的关键点是类型分析与周期判断。一方面,产品运营负责人需要准确识别产品的类型,针对不同的产品采用差异化的运营模式;另一方面,产品运营负责人必须清晰地判断出产品的生命周期,根据产品生命周期及时调整运营策略。

课堂讨论

如果把一个文旅微博账号看成一款新媒体产品,那么竞品调研、前期设计、上线调试各指的是什么?

3. 用户运营

用户运营指以用户为中心,遵循用户的需求制定运营战略与运营目标,设置运营活动与规则,严格控制实施过程与结果,以达到预期的运营目标与任务;也指围绕着用户生命周期进行的一系列运营措施,目的是延长用户生命周期时间,提高用户价值。用户运营所要做的工作包括用户画像、用户生命周期管理、用户分层、设定会员体系(用户成长体系、用户激励体系)、社群运营。其中,用户画像是新媒体运营工作的起点,并且为用户运营锚定整体方向。只有进行过清晰的用户画像,后续的用户分类、拉新、促活与留存等工作才有意义。否则,用户运营的效果会大打折扣,甚至出现南辕北辙、越努力越无效的结果。

用户运营的流程可以用 AARRR 模型加以说明,如图 1-8 所示。

以一款文旅 App 的用户运营为例,用户运营的具体工作包括如下内容。

获取用户:吸引新用户下载 App,成为新增用户。

激活用户:鼓励下载 App 的用户完成注册,学会使用并成为活跃用户。

提高留存:提供有价值的内容和服务,一段时间后,使用户还能继续使用该 App。

增加收入:促使免费用户成为付费用户。

传播:鼓励用户主动将 App 分享出去,邀请好友使用 App。

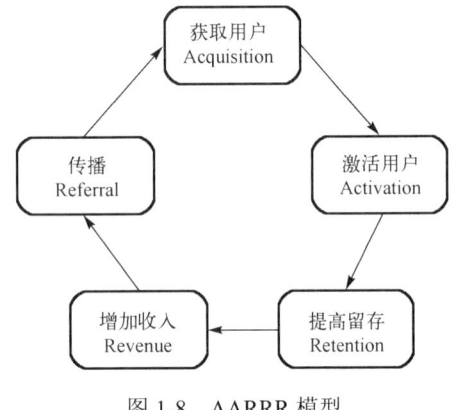

图 1-8　AARRR 模型

4. 活动运营

活动运营是指针对不同性质的活动进行运营,结合产品和用户画像,起到品牌宣传和用户数量增长的一个效果,包含活动策划、活动实施及与其他品牌合作打造跨界联名营销。重要关注点是活动策划与执行,即进行活动前,运营人员需要进行详细策划,明确活动目的并确定活动形式、内容、时间计划等;活动结束后,负责人要进行任务跟进与活动复盘。

如果说用户运营、内容运营是常态化工作,活动运营就是为了在短期内快速提升运营指标的一次性工作;如果说用户运营、内容运营是"常规性"跑步,活动运营就是比赛前的"突击性"拉练,它们对于新媒体运营工作而言缺一不可。

活动运营的效果体现在活动参与度上,但是持续提升用户参与度相当困难。一方面,现阶段网民的可选择范围变大,通常不会对同一家公司、同一个账号或同一类活动保持浓厚兴趣;另一方面,活动运营团队很容易在策划几次活动后进入思路枯竭、创意失效的状态——没有新的灵感,自然无法激发用户的参与。

因此,活动运营的关键点是跨界与整合——与其他行业的公司举办联合活动,同时整合各方面传播资源,以确保活动效果。后面将会对跨界活动的策划和执行进行详细讲解。

课堂讨论

你印象最深刻的互联网活动是什么?请描述这次活动的发起者、参与者、活动时间、活动平台、活动形式。

总结

新媒体运营的四大经典模块的作用和关键点如表 1-2 所示。

表 1-2 四大经典模块的作用和关键点

模块	作用	关键点
用户运营	核心	用户画像：运营工作的起点
产品运营	根基	类型分析、周期判断：针对产品类型采用差异化运营模式，针对产品周期调整运营策略
内容运营	纽带	传播模式设计：连接用户和产品
活动运营	手段	跨界与整合：资源的有效利用与效果最大化

1.2.2 新媒体运营的五大衍生模块

新媒体运营过程中，四大经典模块被重新组合，衍生出社群运营、网站运营、流量运营、平台运营及店铺运营五大模块。四大经典模块的思维方式与执行技巧同样适用于衍生模块。

1. 社群运营

社群运营由用户运营、活动运营两大模块衍生而成。

2015 年 9 月，微信群的功能有重大更新，允许群转让、改公告等，这一年也被称为社群运营元年。2017 年，随着小程序的出现，企业对新媒体产品运营能力的要求进一步提升。在新媒体运营过程中，部分企业会将用户运营的重心从微信公众号、微博等内容平台转移至 QQ 群、微信群等社群平台，因此企业对用户的运营与管理便随之迁移至社群进行。

2. 网站运营

网站运营由用户运营、产品运营、内容运营三大模块衍生而成。

第一，网站作为企业的互联网产品之一，需要按照产品运营的流程进行开发、调试、上线测试、改版等。

第二，网站上的新闻、产品信息等内容，需要进行日常更新。

第三，企业需要对网站的注册用户进行分类管理，对网站的日常浏览用户也进行管理，充分挖掘用户需求。

3. 流量运营

流量运营由内容运营、活动运营两大模块衍生而成。

流量运营也称"推广运营"。例如，为了增加企业微信公众号中文章的阅读量、企业微博粉丝量及曝光量、企业网站的访问量，运营者需要进行专门的流量统计与管理。一方面，运营者需要做好内容，因为推广需要优质内容承载；另一方面，运营者需要策划活动，阶段性地提升流量的转化效果。

课堂讨论

企业主攻的新媒体平台不同，"流量运营"的运营指标也有所不同。例如，微信公众号的流量指标是阅读量，网站的流量指标是访问量或点击量。请尝试分析以下新媒体平台的流量指标是什么。

企业抖音账号：_____。

企业官方 App：_____。
企业网站：_____。
企业直播间：_____。

4．平台运营

平台运营由内容运营、活动运营两大模块衍生而成。

一部分企业将内容运营细化，其中内容平台的注册及内容发布、推送等工作被归类到平台运营中。实际上，平台运营也可以看成内容运营一部分工作的放大与细化。例如，内容运营的工作之一是"微信公众号编辑与推送"，通常企业只操作微信公众号的"素材管理""留言管理"等内容相关功能；而在此基础上，平台运营要求企业继续围绕微信公众号进行细化管理，对"自动回复""自定义菜单""消息管理""统计""设置"等功能进行日常管理与维护。

5．店铺运营

店铺运营由用户运营、产品运营、内容运营、活动运营四大模块衍生而成。

新媒体运营者管理天猫店、京东店、抖音小店等互联网店铺，需要具备产品运营、用户运营、内容运营、活动运营的综合能力。

第一，对于店铺销售的产品，新媒体运营者需要利用产品运营思维进行调试与优化。第二，对于购买店铺产品的用户，新媒体运营者需要借助用户运营的思路进行分类与管理。第三，对于店铺页面、店铺推广文案等，新媒体运营者需要利用内容运营的知识进行设计。第四，在"元旦购物节""双十一购物狂欢节"等线上购物节日，店铺可以借鉴活动运营的方式策划活动。

五大衍生模块与四大经典模块的关系如表 1-3 所示。

表 1-3　五大衍生模块与四大经典模块的关系

衍生模块	用户运营知识	产品运营知识	内容运营知识	活动运营知识
社群运营	√			√
网站运营	√	√	√	
流量运营			√	√
平台运营			√	√
店铺运营	√	√	√	√

1.3　文旅新媒体的发展趋势

2018 年 4 月，文化和旅游部正式挂牌成立，开启了国家层面上的文旅深度融合进程，从中央到地方的各级文旅机构新媒体账号逐步创建，文旅企事业单位的新媒体账号更如雨后春笋一般涌现。随着新媒体推动文化与旅游高质量发展的深化，文旅新媒体账号从"两微一抖"发端，覆盖了几乎所有的图文类、视频类新媒体平台。

1.3.1 新媒体的发展趋势

颠覆与被颠覆是移动互联网时代的常态，不进则退是新媒体领域的普遍真理。新媒体的迭代速度非常快，新媒体运营者应当充分了解新媒体的发展趋势，以便更好地应对千变万化的行业环境。

1. 内容可视化

据统计，新媒体时代互联网用户有70%左右的信息是通过图像方式获取的。微信、微博里最火爆的转发内容，要么是短视频与直播，要么是把文字和图像融为一体的"一图流"，起码也是图文并茂、标题抢眼的文章，这就是内容可视化。

可视化内容更容易被人们理解。可视化内容运用图像和图表来描述抽象事物，其最大的天然优势是"易读性"。当用户在阅读文字时，大脑实际上把获得的文字转换成相应的图像，这就需要用户消耗大量的脑力去解读这些文字所表达的信息。当用户观看可视化内容时，跳过了自己在脑海中想象画面的过程，一步到位地接收到了内容信息。因此，用户会觉得看可视化内容比看纯文字内容更轻松省力。

处于这样一个"读图时代"，信息越容易被解读，传播效率就越高。如今的可视化内容已经发展到文字、图像、音频相结合的形式，完美地统一了内容的趣味性和知识性。融多媒体于一身的可视化内容能让人们在碎片化时间里高效地获取信息。但毫无疑问，文字仍然是一切内容的基础。文字准备工作越扎实，可视化内容出精品的概率越大。新媒体运营者若忽视文字工作的重要性，就会影响可视化内容的制作水平。

小红书中旅游笔记内容可视化案例如图 1-9 所示，图文并茂地展示了目的地信息。

图 1-9 小红书中旅游笔记内容可视化案例

2. 线上线下互通，运营垂直化

线上线下一体化营销是互联网经济发展的重要方向。新媒体行业内容营销正强势回归，对知识的分类和精细化要求越来越高。深耕单个领域的垂直化运营，已成为各大新媒体平台的发展潮流。资源雄厚的新媒体平台寻找各个领域的自媒体达人，借助这些垂类自媒体的力量来获得相关标签下的优质内容。携程旅行的运营垂直化案例如图 1-10 所示，旅游产品被细化为周末游、跟团游、自由行、私家团、主题游、游学等。垂直细分意味着聚焦专注，把有限的资源集中在某些特定的领域或针对某种特定的需求，更容易开创新领域，抢占消费者某一认知点。每个垂直化运营团队专门负责整合同一类自媒体，无数个垂直领域共同构成一个无所不包的知识矩阵，让新媒体平台提纲挈领地掌握更多的细分目标市场。

图 1-10　携程旅行的运营垂直化案例

与此同时，新媒体平台不等于淘宝、天猫的网店，它有着与生俱来的社交属性。想要把垂直社群拢在一起，就不能只隔着屏幕交流，组织线下活动也是加深社交联系的必要手段。垂直社群通过网络进行联系，但是必须立足于现实才能建立稳固的社交联系。

3. 营造直接的共鸣体验

营造直接的共鸣体验也是互联网经济发展的重要方向。

情感营销是很多企业都在追求的宣传利器，可以引起用户的共鸣，直击用户的内心，从而有效提高商品交易的转化率。打"情感牌"比较容易获得用户的情感和精神认同。

社交媒体本来就是大多数人释放情感、分享生活、表达自我的平台。在社交媒体上，人们很难做到完全的理性思考。因此，从情感出发，满足用户的情感需要，可以达到营销的目的。

对很多用户来说，新媒体平台是一个听故事的好地方，而不是一个广告发布平台。他们喜欢听别人的故事，感受芸芸众生的喜怒哀乐，渴望与无数素未谋面的陌生人产生共鸣，以驱散内心的孤独和焦虑。社交媒体能让人们快速找到自己的同类，在小圈子里诉说和倾听同一种声音，抒发同样的情感。他们会分享生活中一切能刺激自己某种情绪的信息，让这份情绪像滚雪球一样变成该群体的共同心声。

新媒体运营者可以巧妙地把营销信息包装成一个直击人心的故事。冲着这份心灵上的满足，用户会放宽对产品或服务价格的要求。始于情绪，终于情感，满足需求，营销达成。

4．构建用户"想象共同体"

社交媒体上的群体在分裂的同时也在重组，形成一个个具有相同价值观、言行特征及利益诉求的网络群体——"想象共同体"，即"社群"。共同体成员的年龄、性别、学历、地域、收入水平、实际社会地位未必一致，而且彼此之间往往没有什么密切的实际联系，但可以依靠文化认同形成整体。

找准自己的细分目标市场，并打造一个能吸引粉丝的品牌文化。品牌文化是维系垂直社群可持续发展的纽带，也是塑造"想象共同体"的核心要素。例如，B 站用户群的 90% 是 25 岁以下、以 90 后和 00 后为主的用户群体，针对这群年轻的互联网用户群体，B 站自 2011 年起持续开办拜年纪（如图 1-11 所示），凭借二次元、高网感、年轻态、炫科技等特质，其被视为年轻人在春节期间不可缺少的辞旧迎新仪式，对连接个人与社会、重塑春节共同体及其他共同体具有一定意义。

图 1-11　B 站拜年纪

人们在社交媒体上寻找认同感，以弥补在现实生活中缺少志同道合者的焦虑。大家会把平时隐藏的真实想法表达出来，迅速找到意气相投的其他人，然后集结成一个小圈子。在这个圈子中，新媒体用户具有比较一致的价值观，文化认同促成了身份认同，让这个社群圈子内部的成员在言行举止和思想感情上越来越相似。

"想象共同体"在现实中可能没有太多实质性的联合行动，各个成员之间还保持着距离。但在互联网上，他们一呼百应，凝聚力非常强。强烈的身份认同感让这些人在关键时刻能保持一致对外的作风。"想象共同体"中的意见领袖认同某个品牌，其他成员也会形成相似的消费偏好，并且产生较高的品牌忠诚度。因为这有助于他们增强自己在共同体中"我也是内部人士"的身份认同感和优越感。用户的分化组合是一个构建"想象共同体"的过程。注意，95 后、00 后一代年轻用户更依赖互联网生活，也更重视圈子的归属感。谁能帮他们完成这个"想象共同体"，谁就能赢得他们的支持，新媒体营销也将进入更高的境界。

新媒体运营人员应充分了解新媒体运营的发展趋势，在做到内容垂直化和精细化的基础上，聚集一群具有相同调性的人，增强自身品牌影响力。

1.3.2 文旅新媒体促文旅新发展

新媒体由于网络传播速度快、范围广,打破了时间和空间的束缚,因此可以实时传播信息并实现互动。在新媒体的优势不断显现、用户规模日趋扩大的背景下,各种文旅机构开始利用新媒体对文旅资源进行宣传。

1. 新媒体加快文旅 IP 的推广

IP 的展示、产品化及销售,是增加文旅收入、推广目的地形象的重要渠道。目前,很多景区在做文化 IP 推广的新媒体尝试,并取得了较好的成绩。例如,提起西安的商业步行街,大唐不夜城是绕不开的话题。白天它是旅游景点、休闲购物空间,晚上则变身成时空隧道,带你穿越开元盛世。步行街整体布局围绕盛唐文化打造盛唐大 IP,集合夜间观光游憩、文化休闲、演艺体验、特色餐饮、购物娱乐等五大产业形成旅游集群,在街区内部根据不同景观节点延展出小 IP,利用年轻消费者的社交喜好引燃网络爆点。

2. 新媒体助推智慧化管理和消费

景区的官网、微信公众号等,让游客足不出户就能领略景区之美,也便于其制订旅游计划。在旅游目的地,智慧化设计更是无处不在,智慧停车、智能信息、智慧手环,无一不在丰富人们的体验。在消费支付上更是便捷通畅,无论是餐饮、住宿,还是景点观光,手指轻轻一点,便可尽情"享用",这一系列的快捷和智慧方式,节约了游客的时间,丰富了旅游体验。

3. 新媒体重塑文旅营销模式

新媒体时代,可谓人人面前都有一个话筒,新媒体降低了信息传播的成本。景区不需要在户外占据一个广告位,也不需要在电视中播放宣传片,甚至不需要制作任何宣传信息,只要一个有特色的目的吸引物即可。进入新媒体时代,每个人都能成为信息的发布者、传播者。任何一个景区都可以构建自己多样化的自媒体平台,宣传推广自身,同时,新媒体收集来的大数据又可以精准地呈现到旅游经营者的面前,便于制订新的营销措施,与时俱进。

4. 新媒体加速文旅品牌塑造

近年来,伴随着各种新媒体技术的更新迭代,旅游组织者更强烈地意识到新媒体在文旅营销方面的必要性,纷纷开始在社交网站、微博、微信、论坛等新媒体营销渠道上做文章,以期利用新媒体扩大旅游目的地的吸引力,树立旅游目的地的品牌形象。例如,西安大唐不夜城的灵魂是大雁塔和盛唐文化,通过对传统文化的创新挖掘,大唐不夜城巧妙地培育出"不倒翁小姐姐""盛唐密盒"等艺术表演,依托网络平台实现裂变传播,逐渐形成新的 IP。2019年,"不倒翁小姐姐""石头人""敦煌飞天"等现象级文化 IP,实现了 50 亿次以上视频播放量,位列全国景区抖音播放量第一名,也为西安市旅游业的发展建立了良好的品牌。

❁ **课堂案例**

山西:新媒体大力助推文旅"出圈"

山西有着独特的地域文化和灿烂的建筑遗存,是我国文化旅游资源大省。2022 年以来,山西充分整合传统媒体、新媒体、自媒体传播渠道，打造立体多元的文旅宣传矩阵，文化旅游营销既有统一的宣传主题，又有风格各异的内容和表现形式，触达的受众面更广、更精准，诞生了《黑神话悟空·山西古建怎能缺席》《你不知道的山西壁画巅峰之作》等新媒体作品，推动山西文旅驶入高声量宣传、强势级宣推、高品质服务的快车道。

百个旅游目的地、百位文旅星推官、百名非遗传承人、百种特色美食、百个网红打卡地、百件文创好物、百个乡村旅游示范村，自 2022 年 5 月以来，山西"七个一百"文旅计划火热开展，吸引省内众多金牌导游、非遗匠人、优质景区工作者等以直播互动、短视频等形式宣传家乡美景、特产、风土人情。

"多年前，人们一提起山西想到的就是煤炭，山西其实特别美，有黄河、太行山等壮美的自然人文景观，有平遥牛肉、老陈醋、汾酒等美味佳肴，有晋剧、面塑、社火等璀璨的民间艺术，还有八路军太行纪念馆、平型关大捷遗址等丰富的红色资源，这些都是我创作的源泉和动力。"说起家乡风物，袁明如数家珍。作为山西百位文旅星推官中的一员，袁明用手中镜头宣传、展示山西之美，凭借接地气的有趣视角，在短短几个月内收获数十万粉丝，成为网友口中"行走的山西旅游种草机"。"我会尽我最大的努力，让更多人认识山西、了解山西、爱上山西！"袁明说。

新媒体即时、双向、复合、精准等优势，是创新激活文化资源、推动文化和旅游深度融合、讲好中国故事的工具。

"入了此番轮回，就别想再轻易涅槃。"配音演员低沉有力的宣言将这段广告片的氛围推向高潮，与此同时，画面中不断闪过山西高平铁佛寺二十四诸天造像和玉皇庙二十八星宿雕塑，通过明暗的光线对比和音效的烘托，将这项"独冠天下"国宝的艺术审美风格和栩栩如生的古典造像艺术技巧展现得淋漓尽致，相关视频在 B 站的播放量达到几千万次，成为借助游戏、新媒体手段以文塑旅、以旅彰文的成功典范，让这座隐藏在偏远古村中的中华艺术宝库再次火爆"出圈"。

此外，还有山西旅游攻略、山西网红打卡地盘点推荐、"测一测你和山西哪个景点最有缘"H5、"文旅局长带你游山西"等横跨多平台、多形式，引发高关注，实现广传播的新媒体文旅宣传成果不断涌现，山西已逐渐找到一条破解云端流量密码、打响地方文旅品牌的可行路径。

"扩大新媒体与山西文旅产业的融合，必将产生可观的社会效益和经济收益。"山西师范大学博士研究生吴颖认为，"这是山西推进文旅深度融合高质量发展所迎来的机遇与挑战，山西应当更加充分认识新媒体的优势，合理高效地运用新媒体促进文旅产业的社会经济效益转化。"

同时，山西文旅集团依托 5G 技术，大力拓展 5G 技术的应用场景，联合其他行业共同打造"5G 智能+文旅馆"，将金融、文化、旅游、体育等元素融会贯通于整体设计中。在山西省内主要景区还搭建了 5G 直播点位，将景区实况内容传输至游山西 5G 视频直播平台，为数以万计的游客提供线上旅游体验。

文章来源：《中国文化报》，作者王添艺。

1.4　文旅新媒体运营人才的基本能力

当下，新媒体矩阵几乎成为企事业单位的标配，文旅行业也不例外，而既具备行业知识

又擅长新媒体运营的人才一直处于稀缺状态。作为一个文旅新媒体运营者，需要具备哪些优质的职业基本能力呢？下面先展示一则文旅新媒体运营人才招聘广告，如图1-12所示。

> 我们是一家集住宿和餐饮、文旅、景点为一体的旅游公司，目前在汨罗运营"玉池山居"民宿。公司团队年轻，氛围好，个人才华能得到足够的尊重和施展，上升渠道畅通。
>
> 岗位职责：
> 1. 自媒体账号的日常运营及推广工作；
> 2. 微博、抖音、小红书等平台内容创作、维护、更新；
> 3. 负责网络、微信等平台线上线下活动策划，吸引粉丝，提升粉丝量；
> 4. 协助公司其他渠道进行新媒体互动营销策划与执行；
> 5. 开发、建立、维护多种社会化媒体渠道；
> 6. 定期对营销和推广效果进行跟踪反馈，详细了解市场需求；
> 7. 对各类新媒体平台进行深入研究，从而为产品宣传找到新的突破口。此岗位属于公司新成立部门，要求能独立完成上述工作，或在每个板块有比较突出的工作能力。
>
> 岗位要求：
> 1. 至少三年以上的短视频运营、新媒体直播管理经验，大专及以上学历，旅游管理、酒店管理、新闻、市场营销等专业优先考虑；
> 2. 策划、文案功底强，熟悉优质内容的生产、传播规律，具有活动策划执行经验优先；
> 3. 熟悉直播、社交媒体平台特性及运营方法；熟练进行话题营销、公关软文、热点视频等品牌传播；
> 4. 具备明确的运营思路，负责公司各平台账号整体策划、创意及涨粉，思维活跃，有创意，对内容和数据敏感，善于捕捉热点，懂得内容迭代，有优秀的选题判断、内容策划、原创撰稿和采编能力；
> 5. 具备较强的逻辑思维能力和较强的分析解决问题的能力，工作有条理性；
> 6. 懂摄影、摄像，懂PS、PR等图像和视频处理软件，能独立策划短视频脚本、拍摄及剪辑成片，能熟练应用视频素材；
> 7. 有网络策划运营成功案例；
> 8. 优秀的人际交往和协调能力，良好的团队协作精神，逻辑清晰，工作严谨，勇于承担压力和挑战。

图1-12　文旅新媒体运营人才招聘广告

由这则招聘广告可知，用人单位要求新媒体运营人员能够完成内容创作、活动策划、数据分析等工作，懂摄影摄像、能够使用Photoshop（PS）、Premiere Pro（PR）等软件，具有较强策划能力。这也是文旅企业对岗位任职的普遍要求。新媒体运营人员的工作能力和素质具有明显的综合性及复合性，主要包括以下6方面内容。

1. 捕捉热点、具备"网感"

新媒体运营者要求能够制造热门话题，带动用户参与，提高账号人气，形成裂变式传播。要实现这个目标，离不开"网感"。从某种意义上说，"网感"是否敏锐决定了一个新媒体运营者的发展潜力大小。

无论是以制作内容为主的新媒体从业者，还是以营销推广为主的新媒体从业者，都应该努力积累"网感"。确切地说，就是每天从海量信息中捕捉网络舆论的发展方向，找出引发全民热议的话题，主动引导网民讨论。

培养"网感"，一方面要充分理解自有的品牌属性，另一方面要熟悉人性和传播学知识。学习方式是不断研究互联网上的信息，特别是那些忽然变成舆论热点的事件。这些热门事件也许出现在人们的意料之外，但必然在情理之中。

2. 持续输出内容的能力

从账号运营角度来看，一个新媒体账号能否运营下去，关键在于它有没有用户需要的内容。人人都能成为自媒体的时代，处处充满了创意，天天都有新内容。新媒体用户无法吸收海量的信息，只能挑选自己最感兴趣的几类内容。如果运营者能够成为某个垂直领域的长期创作者，持续输出优质内容，用户就会成为你的长期关注者。从新媒体营销角度来看，广告中直接推销产品的方式已经无法吸引用户购买了。用户喜欢看有故事情节、具有"网感"又接地气的营销内容，喜欢多元新颖的宣传形式。

内容创作/营销的前提是基于用户调查，即围绕用户需求开展。不能"我觉得"用户需要这个内容，"我觉得"这个内容很好，而要进行用户调查，以用户的需求为依据来制作内容并营销。

3. 优秀的文案写作能力

很多运营人员的招聘信息中几乎都有"文案功底好"这一条。这是因为在信息量爆炸式增长的当下，用户每天会看到非常多的内容，处理大量的信息，如果视频标题或者设计的海报文案无法一下戳中用户的痛点，尽管创作的内容或者策划的活动十分优秀，还是难以引导用户点击视频或者参与活动。

文字表达是内容输出的基本能力。广告词、软文推广、分镜头脚本等新媒体推广形式，起点都是文字稿件。这些文案通常要求构思巧妙、标题吸睛、语言生动活泼、符合用户口味。新媒体运营中还存在大量协调性工作，与客户沟通、与用户沟通、与各部门沟通等，需要用文案作为沟通协作工具。文案贯穿运营全过程，从运营计划、运营落地到运营复盘都离不开策划书、提案、总结、进度表等工具类功能文本。这些用于沟通的文案与创意性文案不同，具有明确的目的性，不需要太多华丽的辞藻，只需准确清晰简明地传达信息即可。

4. 较强的策划能力

很多企业在招聘信息中会要求新媒体运营者"具有较强的策划能力"。策划能力有多种含义，并不是单纯指活动策划或者内容策划能力，而是指在工作开始之前，对某月或者某季度的工作部署的能力，其中包括目标、策略、执行、监测、优化等内容。

新媒体运营者想要做出有特色的品牌，离不开丰富多彩的创意。有创意的点子不难，但能把点子真正落地的人少之又少。优质的内容也需要运营者精心策划，否则无法形成爆款内容。怎样设计标题和封面？怎样在内容中发起互动？如何植入热点话题？将内容推送给哪个用户群体？在什么时机推送内容？如何引导粉丝讨论？如何进行用户反馈效果分析？如何选择最利于推广内容的合作平台？这些都是内容策划要考虑的问题。

5. 用数据分析代替经验判断

新媒体运营过程中，有大量的数据沉淀。运营者需要时刻关注这些数据的变化，用数据指导运营方向，尤其要把成功和失败的数据进行对比，从而分析出运营改进优化的方向。作为一名文旅新媒体运营人员，要懂得基本的数据分析，进行过程的监控、数据的总结等工作。通常在数据上，高的浏览量意味着内容选题比较吸引人，标题写得比较好；高的点赞量意味着内容比较优质，观点让人赞同；较多的留言数说明结尾部分的引导话术设计得比较好，引起了用户参与讨论的兴趣。

数据分析是一种思维方式，通过对设定好的目标进行合理拆解，最终一步步完成目标。数据分析的本质是获得更直观的经验教训，帮助运营者改进工作，提高效率。最近几年，增长运营人才十分抢手，其与一般运营工作的区别在于，增长运营以数据驱动运营，这是未来运营的一个发展方向。因为随着流量池的不断扩大，运营者无法再依赖经验或者用户访谈，而要依赖强大的数据统计和分析来做决策判断。

6．与用户共情的能力

了解目标用户是一切运营工作开展的基础。只有了解清楚哪些人是目标用户，他们都有什么样的特点，他们有什么痛点问题待解决，产品或服务是否能很好解决他们的问题等，运营者才可能提供对目标用户有价值的内容和产品。

有人说，新媒体运营就像在和用户谈恋爱，运营者要具备与用户共情的能力。内容创作、发布的渠道、策划的线上线下活动、推广策略都要站在用户的立场上去考虑问题。就像恋爱中的情侣，了解对方的喜好，做到兴趣相投，才能增进彼此之间的感情。怎样才能知道目标用户心里在想些什么呢？最有效的方式是用户调研，即通过问卷、焦点小组座谈或用户访谈等形式与用户进行沟通。

如果说内容输出能力是一栋大厦的地基，决定了运营者是否能做好内容，洞察用户心理的能力就是大厦的楼层，决定了运营者是否能制造出带有传播性的内容，把大厦盖得更高，更引人注目。拥有内容创作能力和与用户共情能力，才是一个懂传播的运营高手。

同 步 训 练

一、知识训练

选择题（不定项）

1．下列属于新媒体的是（　　）。
　　A．电视　　　　　　B．手机媒体　　　　C．广播　　　　　D．报纸
2．下列关于联合国教科文组织对新媒体的定义，不正确的是（　　）。
　　A．以数字技术为基础　　　　　　　　B．以网络为基础
　　C．进行信息传播　　　　　　　　　　D．是一种媒介
3．下列不属于综合性门户网站的是（　　）。
　　A．网易　　　　　　B．新浪　　　　　　C．腾讯　　　　　D．淘宝
4．新媒体运营者应该具备的能力有（　　）。
　　A．文案写作能力　　B．网感　　　　　　C．创新能力
　　D．数据分析能力　　E．营销能力
5．下面属于新媒体发展趋势的有（　　）。
　　A．内容可视化　　　B．垂直化运营　　　C．构建用户"想象共同体"
　　D．制作情感共鸣体验　　E．线上线下互通

问答题

1．简要分析文旅新媒体对文旅行业的影响。
2．简述新媒体运营的四大经典模块及其工作重点。
3．简述文旅新媒体运营人才应具备的基本能力。

二、**技能训练**

检索招聘网站上有关新媒体运营岗位的招聘信息，编制岗位职责说明书，了解新媒体运营从业人员应具备的职业素养和能力。

第 2 章 文旅新媒体定位

美国著名营销专家阿尔·里斯和杰克·特劳特在《定位》一书中提到："复杂是定位的大敌，简单是定位的真谛。"这句话在新媒体定位中同样适用。新媒体运营要有一个基本定位，定位越清晰，运营越主动有效。文旅新媒体定位有不同的切入角度和方法，关键是"通过新媒体账号想干什么，要达到什么效果，实现什么目标"。就一般原则而言，企业新媒体定位要与企业定位相匹配，政务新媒体定位要与政府传播定位相匹配，自媒体定位看似比较随意，其实不然，成功的自媒体也有独特而鲜明的定位。

➤ 知识目标

掌握文旅新媒体用户定位的方法，掌握文旅新媒体内容定位的方法，掌握文旅新媒体账号形象定位的方法。

➤ 能力目标

能够根据市场调查，精准定位文旅新媒体目标用户，进行合理的账号内容定位，基于不同新媒体平台进行账号形象定位（包括拟定账号名称、头像设计、简介撰写、人格化设定）。

➤ 思政目标

培育并践行社会主义核心价值观，培养新媒体运营人员的法治意识和职业道德。

➤ 思维导图

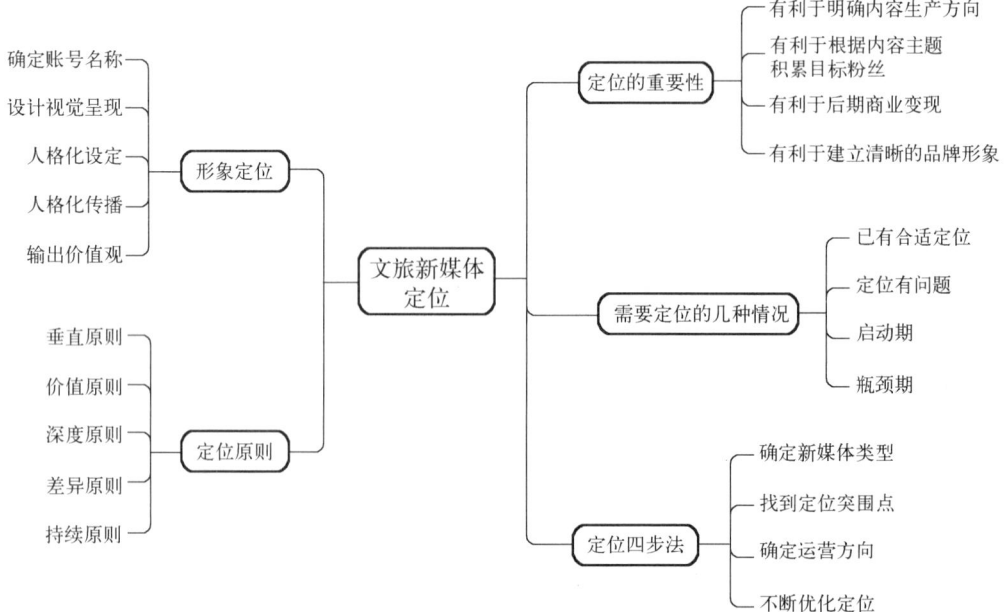

导入案例

2018年5月,史里芬Schlieffen在微博账号上发布了他的第一条短视频,如图2-1所示,内容是"霍格沃茨河北分校之旅",当天转发量过万,并上了热搜榜。他微博粉丝量从几乎为零一下涨到两万多。这条短视频播放量已有600多万次。之后两年多,史里芬持续为网友输出具有"中华土味"的魔幻景点短视频。不同于网上流行的许多旅游Vlog,史里芬的风格独树一帜。他关注的对象并不是传统意义上的热门景点或城市地标,而是奇葩、荒诞甚至有点魔幻的建筑"奇观"。他用诙谐幽默的语言,调侃它们的粗暴美学,却意外地让这些土味奇观成为现象级网红"景点"。

图2-1 微博账号史里芬Schlieffen的第一条短视频

2.1 文旅新媒体定位的重要性

"定位理论之父"杰克·特劳特说:"商业成功的关键,是在顾客心智中变得与众不同,这就是定位。"定位是对预期用户要做的事,换句话说,定位是为了确保产品在预期用户的头脑里占据一个真正有价值的地位。

在文旅新媒体领域,产品可能是一个文旅新媒体账号、一次线上活动、一个爆款内容或者一个App。具体而言,新媒体定位具有如下意义。

1. 有利于明确内容生产方向

持续、稳定、高效地输出优质的垂直内容,才能占领用户心智。当用户产生某种内容需求时,就能快速想起相关新媒体应用。例如,2018年俄罗斯"世界杯"期间,游记攻略型App马蜂窝推出了一则洗脑广告,反复重复的那句"旅游之前,先上马蜂窝"的广告语,为其带来数千万新增用户，使之成为真正的"国民App"。马蜂窝靠旅行笔记起家，内容运营紧扣用户需求，通过广告将自己的内容生产优势清晰地告诉用户：准备旅行前，先到马蜂窝查看攻略。

2. 有利于根据内容主题积累目标粉丝

通过完成文旅新媒体定位，运营者还能对目标粉丝产生清晰认知，例如，他们是谁，有什么特点，对产品有什么需求、痛点，从而有的放矢地积累目标粉丝，并在此基础上进行内容创作、活动策划、商业变现。"三毛游"是广州三毛信息科技有限公司打造的一款手机App，目前已提供覆盖全球80多个国家、15000多个景区和博物馆的智能中文导览解说，其诞生源于"三毛游"创始人兼CEO丁健雄的一次国外旅行经历：想深入了解异域文化，却面临着语言不通、内容获取不便、知识无处可寻的窘境。"与'机+酒'等旅行产品相比，这听起来似乎不是'特别痛的点'，但我相信个人的需求也会代表一部分人的需求。"在丁健雄看来，文旅产业升级过程中，人们的消费观念也在改变，很多人已不再满足于"下车拍照、上车发朋友圈"的走马观花式旅游，而是对旅游目的地承载的精神文化有更加迫切的了解需求，这些人就是"三毛游"的目标粉丝。

3. 有利于后期商业变现

经定位获取的大量精准粉丝，可作为新媒体商业变现的目标用户。定位精准、垂直的新媒体账号所带来的流量，称为精准流量，反之则称为泛流量。无论是做信息资讯、品牌宣传，还是做商品销售、服务推广，精准流量的转化效果都要比泛流量好很多。那些能带来精准流量的新媒体账号，往往能获得更多品牌方、广告主的青睐，从而拥有更高的广告报价和更强的议价权。

4. 有利于建立清晰的品牌形象

在营销学理论中，品牌被视为品类及其特性的代表。消费者以品类思考需求，以品牌表达需求。例如，"好空调格力造"就是用自家品牌代言一个品类，在消费者认知中占据了牢固地位。使用了同样定位策略的航班管家是国内最受欢迎的航行类手机应用之一，提供包括航班延误查询、机票购买、手机值机、机场信息导航、酒店预订等一站式出行服务。当下，新媒体文旅赛道的竞争非常激烈，2021年仅抖音平台发布旅行相关打卡视频的作者数就超过7900万，旅行打卡视频播放量超3.9亿次。如果一个文旅新媒体账号定位不够清晰或频繁变换，就很难占领用户的认知点，无法与竞争账号形成差异化竞争，更无法形成新媒体品牌的辨识度和影响力。

2.2　需要定位的几种情况

文旅新媒体定位不是一劳永逸的。在新媒体运营的不同阶段，定位都扮演着关键角色，起着"承前启后"的作用：在运营前期，定位是"定海神针"，决定着新媒体运营的整体方向，内容创作、产品运营、用户管理、活动策划等都要基于定位来进行；在运营瓶颈期，重新定位是账号再次扬帆起航的破局点，以适应新的传播环境。

以企业新媒体账号为例，如果企业之前已经有合适的定位，运营者就要深入了解账号定位，执行定位，并依据定位有针对性地开展运营工作。如果定位不准确或需要调整，运营者可以使用 2.3 节的"文旅新媒体定位四步法"对新媒体账号进行重新定位。

通常，出现表 2-1 中的 4 种情况时，运营者需要开展定位工作。

表 2-1　文旅新媒体开展定位的 4 种情况

已有各新媒体平台账号，已有合适定位	了解定位
已有各新媒体平台账号，但是定位有问题	重新定位
没有新媒体平台账号，启动期	定位
新媒体账号处于瓶颈期	定位

课堂讨论

结合"故宫淘宝"的案例，讨论文旅新媒体定位的重要性。

2013 年 9 月，故宫博物院开通了"故宫淘宝"微信公众号，试图让文创产品走向大众。账号运营初期依旧走着以往高冷路线，卖的周边产品较为普通，平日主要发布故宫科普知识，内容中规中矩，标题平淡无味，阅读量只有 4 位数左右，如图 2-2 中左图所示。2014 年 8 月，"故宫淘宝"发布文章《雍正：感觉自己萌萌哒》，将《雍正行乐图》中的人物形象运用数字化手段动画化，并加以幽默有趣的语言来科普历史知识，如图 2-2 中右图所示。该文章在 48 小时内，阅读量就超过了 86 万次。2017 年 8 月 17 日，公众号推送的文章《朕是如何把天聊死的！》介绍了雍正皇帝在奏章里批复的内容，并总结出雍正皇帝批复奏章的风格——喜欢"怼"大臣。由此得出结论：雍正皇帝经常"把天聊死"，这便是他的态度。在介绍完雍正皇帝的态度后，文章进而引出"而你的态度呢"，顺理成章地过渡到文创产品的推广内容。自此，"故宫淘宝"公众号在"软萌"路线上越走越远。重新定位后的"故宫淘宝"拥有的"软萌""逆生长"形象与原来的高冷形象形成巨大反差，这种反差萌扩大了"故宫淘宝"的用户群体范围，增强了新媒体账号的传播力。

图 2-2　"故宫淘宝"微信公众号

2.3 文旅新媒体定位四步法

以新媒体运营零启动为例,如何高效开展新媒体定位工作呢?"文旅新媒体定位四步法"是行之有效的思维范式。文旅新媒体定位四步法分为以下4步:第一步,确定运营的新媒体类型;第二步,进行对标分析,找到定位突围点;第三步,完成用户分析,确定运营方向;第四步,通过后期运营的实践总结,不断优化定位。下面对每个步骤的具体内容分别进行解读。

2.3.1 确定新媒体类型

基于文旅新媒体的运营目标和商业模式,可以将文旅新媒体分为以下三类。

1. 偏服务的新媒体

偏服务的新媒体,其核心价值在于帮助目标用户解决问题,根据用户需求提供差异化、个性化的自动(或半自动)服务。这类新媒体以用户为中心,核心立足点是产品功能。其典型形式是App或小程序,也包括社交媒体上提供的功能模块。用户对此类新媒体的关注点更多在于功能是否能满足自身需求。例如,出门问问是一家以语音交互和智能硬件为核心的人工智能开发公司,2013年上线同名微信公众号"出门问问",如图2-3所示。用户用语音输入"我在杭州南站下车,请问在什么地方住比较方便,标准间100元左右",当账号识别出语音内容后,"出门问问"将自动根据商区、价格、房间类型为用户精准搜索出所需信息。除查询酒店信息外,"出门问问"的服务范围还囊括旅游资讯、周边信息、交通、优惠券、快递查询、手机归属地等丰富的生活场景,覆盖用户多方面需求,提供精准服务。

图 2-3 "出门问问"微信公众号

2. 偏媒体的新媒体

偏媒体的新媒体以读者为中心,核心立足于内容资讯。这类新媒体的核心价值是宣传旅游目的地的风土人情,提高旅游吸引物的知名度和美誉度。这也是目前大多数文旅新媒体的定位方向。例如，抖音账号"甘孜文旅局长刘洪"于 2021 年 3 月开通，如图 2-4 所示，截至 2023 年 2 月 15 日，账号共发布原创短视频 177 条，获赞 3400 多万次，推荐超过 100 个景区景点，为数以百万计的游客提供了甘孜旅游官方攻略，降低了用户消费决策时的认知和信任成本，成为不断丰富完善的"甘孜旅游掌上指南"。

3．偏售卖的新媒体

偏售卖的新媒体围绕旅游产品的售卖，以软性内容引流，促成交易达成。这类新媒体平台就像一座商城，以顾客为中心，着力于展示商品本身。其核心价值是用质优、新奇或便宜的商品，链接商家与顾客，促成双方交易。为了实现促进"买买买"的目的，最快捷的方式就是在新媒体平台上直接提供购买链接。当然，除了售卖产品，这类新媒体还提供配套服务和售后服务，例如，及时更新订单物流状态，调解商家和顾客矛盾。

2020 年 3 月，为打破旅游市场不景气的局面，携程联合创始人梁建章选择亲自在携程小程序上进行直播带货。直播间内，梁建章在 18 秒内用贯口报出 30 家高星酒店名称，借国粹"变脸"展示业内最具性价比的高星酒店产品，将个人 IP 融入艺术化表演，用亲身体验为高星酒店实力背书。从唐伯虎到秦始皇，从苗王、孔子到海王，20 场"BOSS 直播"，梁建章的造型场场不重样。《2020 携程 BOSS 直播大数据报告》（如图 2-5 所示）的数据显示，以"BOSS 直播"为核心，"周末探店"直播+"境外本地"直播双轮驱动的携程直播矩阵，40 余场直播累计贡献 GMV（Gross Merchandise Volume，商品销售总额）超 11 亿元，为亚太地区千余家高星酒店带货超百万间客房，在境内外 200 余个城市掀起以高星酒店为目的地的复苏浪潮。

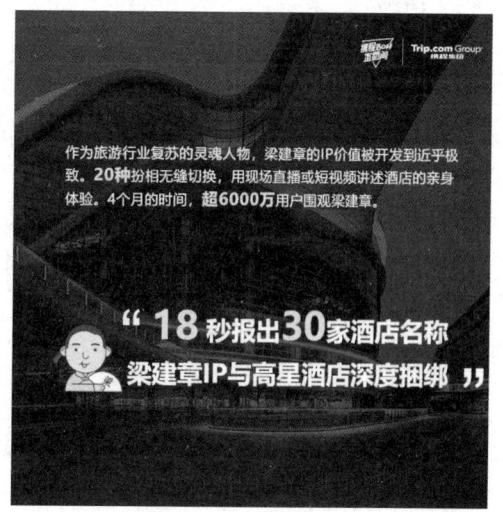

图 2-4 "甘孜文旅局长刘洪"抖音账号　　图 2-5 《2020 携程 BOSS 直播大数据报告》截图

文旅新媒体的三种类型匹配的正好是用户的三种基本需求，如图2-6所示。

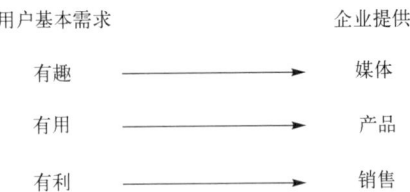

图2-6 用户基本需求与新媒体类型的匹配

新媒体运营者可以从以下三个维度思考如何确定文旅新媒体类型。

一是新媒体的商业模式。偏媒体的文旅新媒体，商业模式或是内容转化，或是广告收益。偏服务的文旅新媒体，其核心使命是引导用户下载使用App或小程序，主要收入来源于用户付费以获得服务升级体验。

二是用户量级。如果新媒体用户量级足够大，可以选择偏服务和偏售卖的运营模式，直接做到用户变现；如果量级暂时不大，可以先通过提供优质内容吸引用户，待扩大用户规模后再考虑用户变现。

三是自身资源。文旅新媒体运营的核心资源是人才。根据人员配置的不同情况，小型团队比较适合做媒体型新媒体，而大型团队更能胜任做销售型或产品型新媒体。

2.3.2 找到定位突围点

在营销学中，定位其实是一种差异化竞争。想找到定位突围点，前提是做好对标分析。对标分析的目的是让我们了解对手，了解自己。通过对标分析，我们可以更好地了解所处赛道的市场环境及用户需求，了解目前同领域新媒体产品存在的优劣势，从而取长补短，打造自己的新媒体优势。

做好对标分析工作应从以下4个角度入手。

1. 了解对标分析

对标分析，在互联网语境下，一般是指找到同行竞品并进行拆解。就新媒体账号而言，与自己内容方向一致、目标用户高度重合的新媒体账号就是对标账号。每个垂直领域的头部账号都值得运营者深入学习，有助于提升内容创作能力，掌握运营技巧。注意，对标账号的目标人群、内容定位甚至调性都要尽量和自己的账号相似，这样才能保证对标账号的可借鉴性。前期建议浏览大量的对标账户，从中筛选5~10个最优的对标账号，长期跟踪研究、拆解学习它们，"站在巨人的肩膀上看得更高，走得更远"。

2. 寻找对标账号

寻找对标账号有以下两种方法。

一是在各个新媒体平台，利用关键词搜索对标账号。例如，想做旅游垂类账号，可直接搜索"旅游""旅行""出行"等关键词，页面中会出现很多旅游博主的相关信息，还可以搜索"旅游"，选择"用户"选项，平台会精准提供该垂类博主信息，如图2-7所示。认真浏览这些博主的账号信息、发布内容，找到和你想做的定位最接近的账号，记录它们的运营情况。

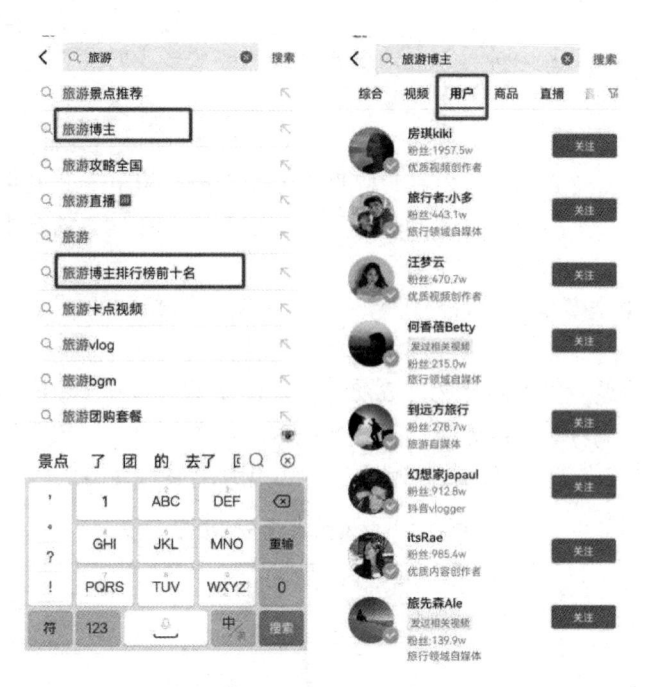

图 2-7　检索对标账号

二是在第三方新媒体数据平台，找到对应的对标账号。目前，国内第三方新媒体数据平台有新榜、清博、西瓜数据、巨量算数、星图、飞瓜、火烧云数据、蝉妈妈等。这些数据平台会定期发布一些垂类博主榜单，符合平台筛选标准的优质账号会登上榜单。第三方平台出具的榜单更具客观性和权威性。可以在榜单里找到和自己目标定位相符的账号，对它们进行研究分析。

3．拆解分析对标账号

确定对标账号后，要对这些账号进行拆解分析。通过长期的观察、统计，记录以下问题，并将对标账号的定位、内容运营、用户画像等数据等以可视化方式呈现出来。

它们的账号类型是什么？账号名称是怎么取的？账号头像和自我介绍是什么？为什么要这样做？

它们的目标用户是怎样一群人？这些用户的社会属性、行为习惯、消费习惯等（用户画像）是什么？

它们的内容更新／推送频率如何？一般在什么时间更新／推送？为什么选择这个时间点更新／推送？其他同行和竞品也有如此类似的规律吗？如果有，里面是不是有窍门？如果没有，为什么会有差别？哪个推送时间的效果更好？

它们推送的内容有几种类型？有几个栏目／系列？作为一个普通用户，这些内容吸引你吗？你是否愿意推荐给亲朋好友？

它们的新媒体账号如何配置人力？文字、图像、排版、设计、社群运营、客服等工作如何分配？新媒体人才从哪里来？人力成本、管理／运营成本的区间是什么量级的？

尝试拆解它们的不同类型的内容，并思考总结：这种类型的内容创作方法论是什么？自己能不能也做到甚至超越？

它们的内容创作需要多少时间？后期编辑推送又需要多少时间？

它们跟用户的互动（含推文留言回复、社群运营）用了什么模式？用户评价（满意度）如何？

它们采用过哪些商业变现方式？跌过哪些坑？目前是否赢利？赢利模式是什么？

它们是否真正解决了用户痛点、满足了用户需求？用户在什么情况下会关注、使用并信任它们？

它们的用户量级是多少？是否不可替代？有没有弯道超车的机会？如果有，机会点在哪里？

对标分析的目的是向优秀同行学习成功经验，快速了解垂直领域的用户需求。在分析对标账号的过程中，要学习对标账号成功的核心原因，而不是盲目照搬照抄，更不是剽窃别人创作果实。表2-2所示为自媒体同行拆解模板，运营者可参考使用。

表2-2 自媒体同行拆解模板

自媒体同行拆解模板			
定位	垂直领域		
	内容属性		
	人设关键词		
	行业属性		
	赢利模式		
	人群定位		
	价格定位		
	产品定位		
背景	个人/团队/工作室/公司		
	渠道分析		
	成长路径原因		
内容	选题	选题方向	
		系列专题	
	基础信息	头像	
		昵称	
		签名	
	作品标题		
	作品封面		
	作品音乐		
	金句		
	槽点		
	燃点		
	内容形式		
	作品风格		
	作品框架结构		
	人物形象/年龄		

续表

内容	拍摄场景							
	服装道具							
	作品镜头/画质							
	引流方式							
	联系方式							
	记忆点（固定形式）							
数据分析	粉丝数		播放量		点赞量		收藏量	
	转发量		评论量		历史作品量		视频时长	
	发布时间		发布频次		文章字数			
	单品热词							
	总体热词							
	评论关键词							
	对标要素							
用户画像	粉丝痛点/需求							
	粉丝年龄/地域							
	经济收入							
	学历							
	性格							
	爱好							
	兴趣							
总结								

4．寻找差异化空位

在信息量爆炸的时代，要从越来越多的竞争对手中脱颖而出，差异化是必由之路。没有差异的、"泛而全"的内容很难被认可和记住。差异化的第一步是选择，与其做一锅面面俱到的大杂烩，不如取优舍劣，深耕某一领域，选择某一细分赛道。运营者可以从内容、用户、平台、商业变现等不同维度，与对标账号进行分析比对，再结合自身的优势、兴趣，找到差异化创新点。例如，情感领域的新媒体内容已然泛滥，当多数账号发布甜蜜恋爱的情感内容时，你可另辟蹊径开设关于分手指南的账号。再如，别人都是运营职场相关账号，你可以做一个跳槽账号或辞职账号。差异化定位，要在细分领域寻找更具体的内容，去实现与头部账号的差异化。

差异化的本质，是让自己的账号"别具一格"，在文旅赛道中有着自己的独特价值，从而吸引用户的关注。差异化也不是一劳永逸的，因为当某一账号通过差异化特色取得成功后，可能会有很多模仿者跟进。只有在差异化的基础上不断推陈出新，才能做到即使被模仿也不会被超越。

2.3.3 确定运营方向

了解运营针对的用户群体，才能提供他们想要的内容、产品或服务，获得粉丝的信任、用户的认可及客户的成交。运营者需要清楚自己的目标用户是谁、这类用户有什么特点，为运营工作打下坚实的基础。

在新媒体运营初期，由于粉丝量较少，对目标用户的了解不够深入，可能导致定位不够清晰准确。此时，可借助分析同领域大号的粉丝情况，来推导目标用户的相关特征。另一种途径是寻找相关新媒体垂直行业的研究报告，其中一般会有对某类用户画像的量化数据和定性分析，如图 2-8 所示。

旅游行业相关调研报告资料：
1. 2018年中国在线旅游行业研究报告.pdf
2. 2019年中国亲子出行生态影响力研究报告.pdf
3. 2018年中国高端旅游人群洞察报告.pdf
4. 2019年中国中产女性消费报告.pdf
5. 2018年中国在线定制旅游行业研究报告.pdf
6. 2018年中国在线旅游平台用户洞察报告.pdf
7. 《360：2018出行旅游行业洞察报告》--119IT

图 2-8　旅游行业相关调研报告资料

例如，2021 年国际劳动妇女节来临之际，携程发布《女性旅行白皮书》，得出"酒店即是风景线"的结论。白皮书显示，超过 40%的女性出行选择入住 4 星级以上酒店；携程直播订单中，女性较男性订单量高 16%，客单价超 1600 元，高出男性 7%。携程网上女性酒店订单中，38%的下单来自 90 后，说明 90 后更看中旅行中的酒店体验。80 后女性更"贪玩"，女性景区门票订单的 42%来自 80 后。在景点方面，白皮书显示出女性"无论几岁内心永远住着一个小公主"的少女心。数据显示，上海迪士尼度假区稳居女性热门景区榜首；武汉欢乐谷、上海海昌海洋公园、故宫、珠海长隆海洋王国、蜈支洲岛等景区也荣登热门榜。

描绘精准可靠的用户画像是一个需要被不断验证和优化的过程。随着运营推进，运营人员要持续收集目标用户信息，以优化完善用户画像。信息收集方式可以通过新媒体后台数据去了解，也可以通过线上问卷调查，或者实际用户走访、用户访谈。

人的复杂性决定了用户画像的复杂性，一幅完整、细化的用户画像可以被无限扩展。以常见维度来描述，可以将用户画像的标签分为 4 类：社会属性、行为习惯、兴趣偏好和信仰观念。

1. 用户的社会属性

用户的社会属性主要由年龄、性别、职业、星座、身高、体型、婚姻情况、教育情况、家庭组成情况、收入情况等构成。

2. 用户的行为习惯

用户的行为习惯包括作息习惯、社交习惯、网络使用习惯、消费行为习惯、理财习惯、阅读习惯、交通出行习惯等。

3．用户的兴趣偏好

用户的兴趣偏好包括颜色偏好、饮食偏好、休闲偏好（娱乐影音等）、情感偏好、风险偏好、品牌偏好、旅行偏好等。

4．用户的信仰观念

用户的信仰观念主要包括对人生的理解（人生观）、对社会或世界的认知与看法（世界观）、对金钱和消费的态度（价值观）。

图 2-9 所示为 2017 年去哪儿旅行 App 总体用户画像，基本囊括以上信息维度。

图 2-9　去哪儿旅行 App 总体用户画像

通过对标账号分析、用户属性调研，就能绘制出用来分析对标账号用户定位、内容定位的积木模型，如表 2-3 所示。

表 2-3　对标账号定位分析积木模型

用户属性					内容属性		
性别	年龄	收入特征	婚姻	地区	内容方向	内容表现形式	消费水平
男性	24岁及以下	家庭月收入2万元以下	未婚用户	一线城市	景点推荐	图文	国内旅游
女性	25-34岁	家庭月收入2万元以上	已婚用户	二线城市	地方美食	视频	出境旅游
	35岁及以上		已婚用户有小孩	三四线城市	酒店住宿安利	音频	高端旅游，智慧旅游，定制旅游
				五线城市以下	游记体验	图文+音频	亲子旅游
					人物明星		
					旅行案例		
					旅行故事		

上述积木模型只是前期对标分析的结果，自己的账号怎么定位，还需要在积木模型中找到突破点。

第一步，细分内容方向。例如，别人写小众旅行地，写旅游攻略，我写大众热门旅行地的新玩法或者旅游避雷；别人利用图文做内容，我考虑采用漫画+视频的形式实现内容创新的可行性。

第二步，细分用户属性。如果不能直接从内容入手做差异化创新，就可以考虑从用户属性入手。例如，别人写文青旅行，我写全家欢旅行；别人针对的用户是一线城市 20~29 岁的人群，我的目标对象可以瞄准三四线城市 30~39 岁人群。

第三步，根据自己的细分内容方向和用户属性，画出自己账号定位的积木模型，从而明确运营方向。

2.3.4　不断优化定位

影响新媒体定位的因素很多，如运营目标、用户群体、内容方向、发布平台特性等，当上述某个因素发生变化时，新媒体定位也要进行相应调整。

生活美学类短视频账号"一条"的定位就经历过几次创新迭代。2014 年 9 月，"一条"微信公众号创立，每天发布一条原创短视频作品，以生活、潮流、文艺为核心标签，内容风格偏高冷，包括"隐世小店""城中潮客""独立设计""中国建筑新浪潮""男士型格""艺术现场"等主题。早期"一条"通过优质内容积累目标粉丝，盈利模式以广告变现为主，如图 2-10 所示。

图 2-10　早期"一条"部分主题视频

2016 年，"一条"以"日用之美"为主题，打造线上高级买手店，建立生活美学电商平台"一条生活馆"，相继推出同名微信公众号、小程序，及"一条"App。

由此，"一条"就从媒体型新媒体转型为售卖型新媒体。用"一条"创始人徐沪生的话来说，2015 年之前，"一条"是一个媒体；2016 年，"一条"是一个"有电商的媒体"；2017 年以后，"一条"变成一个"有媒体的电商"，如图 2-11 所示。可见，新媒体定位不是一劳永逸、刻板不变的，相关因素发生变化时，就需要重新定位，重新明确运营方向。

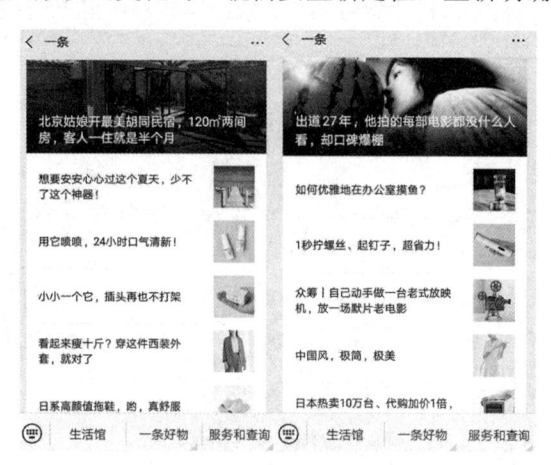

图 2-11　重新定位后的"一条"微信公众号

2.4　文旅新媒体定位原则

账号定位越精准、越垂直，粉丝越精准，变现越快，获得的精准流量就越多。总结文旅新媒体的定位，有以下 5 个原则。

1．垂直原则

一个账号只专注一个细分领域，我们要把用户群体进行拆分，专注地针对固定类别的用户群体提供服务、制作内容，而不是面对一个泛泛的群体进行无差别传播。不垂直等于不专注，你越想迎合所有用户，做各种各样的内容，后面就越会发现，所有的用户都不喜欢你甚至抛弃你。

2．价值原则

对用户来说，他们会选择浏览有价值的内容，也会更倾向于关注有价值的账号。价值可以分为很多种，如视觉享受价值、娱乐休闲价值、知识获取价值等。好看、好玩、有趣和实用都是很好且受用户青睐的价值取向。

3．深度原则

深度是指定位好一个方向后，就保持这个方向并深入发展，找到更深层、更有价值的内容提供给用户，不能向他们一味输出肤浅、低级趣味、缺乏创意的东西。

4．差异原则

只有差异，才能让你的账号从众多账号中脱颖而出，让用户记住你、关注你。差异可以从内容领域、IP 或人设的特点、内容结构、表达方式、表现场景、拍摄方式、视觉效果等多方面体现。大的差异也许很难做到，但可以先从小的差异着手。

5．持续原则

持续是最后也是最重要的一个原则。不管以上 4 个做得多好，如果不坚持持续、稳定的内容更新，平台的规则和算法机制会使账号的权重下降，获得的平台推荐量就会变少，从而失去稳定的流量。

2.5　文旅新媒体形象定位

新媒体形象定位其实是新媒体品牌化战略的结果。形象定位需要新媒体品牌拥有外在可识别的视觉符号，并赋予新媒体品牌某种人格属性或调性。简单来说，就是要让新媒体品牌像一个有鲜明特征的"人"，"他"能和粉丝做朋友，具备涨粉能力和粉丝黏性。有这样一句话："喜欢上一个平台可能需要很久，但是喜欢上一个人可能只需要五分钟"，用户对人的认可在一定程度上大于对内容本身的认可。例如，你是某个账号的忠实粉丝，无论它发什么内容你都会点进去看看。

国外学者很早就关注到了品牌的人格化传播，认为品牌人格化可以增强品牌对消费者的吸引力，赋予品牌独特的个性。Kim 等发现，拟人化的品牌比非拟人化的品牌更能引发人们的积极评价，增加在社交媒体上的互动可能性。

下面从新媒体品牌战略出发，介绍文旅新媒体形象定位的内容。

2.5.1　确定账号名称

账号名称，在一定程度上直接代表账号内容是什么。账号名称要通俗易懂、一目了然，就算没有关注过的用户也能"望名生义"，大致知道它会发布什么资讯或提供哪些服务。好的账号名有 4 个特点：简单易懂、过目不忘、有识别度、有提示性。

文旅政务新媒体或景区新媒体的命名方式比较常规，景区名称、单位名称和账号名称基本一致，如图 2-12 所示的漠河文体旅游局的抖音账号和图 2-13 所示的乌镇旅游景区的 B 站账号。

图 2-12　抖音账号漠河文体旅游局

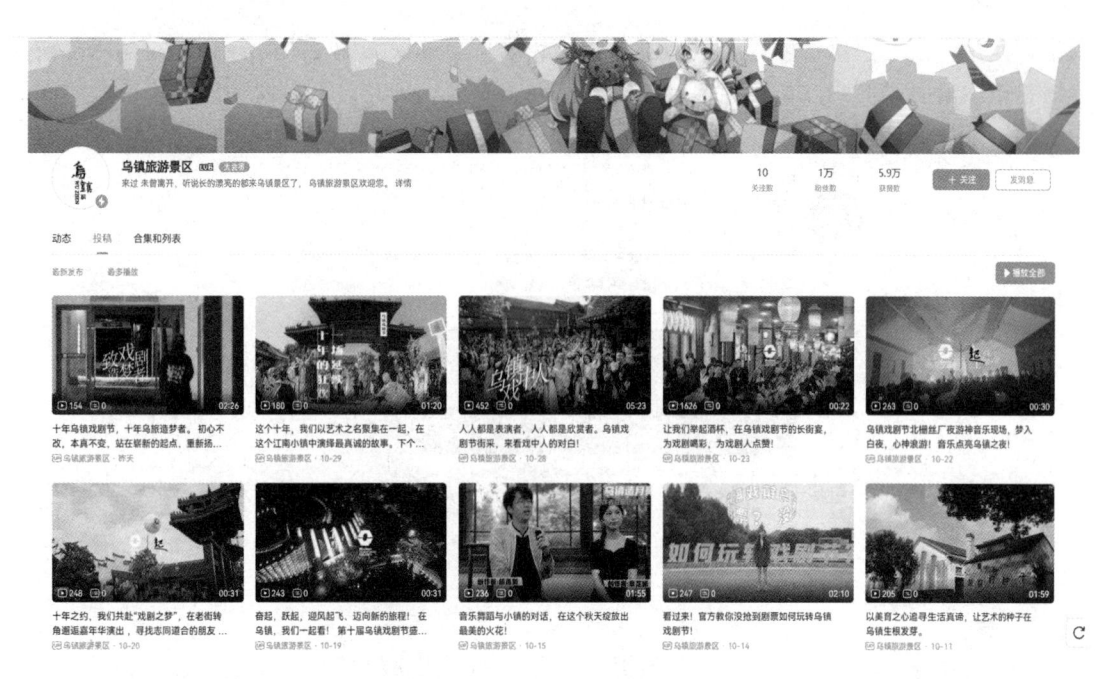

图 2-13　B 站账号乌镇旅游景区

账号名称也可以和内容垂类、职业或者自己名字相关。例如，"美食作家王刚"，用户一眼就知道这是一个美食垂类的账号；"五十岁阿姨自驾游"则将自己的创作内容作为账号名称。

以 2022 年抖音官方发布的年度高光时刻上榜的文旅类自媒体账号为例，名字+内容垂类是较为常见的账号命名方式，名字可以是真实姓名，也可以是网名，如"旅行小游侠""大珂的辞职旅行""小白的奇幻旅行"等，如图 2-14 所示。

图 2-14　抖音部分旅行账号名称

除了账号名称，运营者还可以给账号取一个小名或昵称，因为昵称在人格化语言中有着更高频的使用。昵称是运营者和用户互动的日常用语。在账号昵称的基础上，也可以给用户取一个昵称。账号昵称、用户昵称能拉近用户与品牌之间的距离，帮助品牌快速形成社群。

例如，四川广汉三星堆博物馆在微博中总以"我堆"自称（如图 2-15 所示），在与网友或其他博物馆微博互动时也永远保持着幽默风趣，网友不会因为它是一个博物馆的官方微博而产生距离感，反而觉得这是一个有温度、有人情味的微博。

图 2-15 四川广汉三星堆博物馆微博

2.5.2 设计视觉呈现

新媒体环境中，名称、头像、简介是一个账号的三大关键要素。在大多数情况下，三者会一起出现，让用户对该账号产生初步的印象。账号头像可以帮助用户更好地记住账号名称，相当于品牌的视觉标识。账号简介则起补充说明的作用，将账号名称中没有表达清楚的含义进行完整展现。例如，微博账号"小希在日本"的部分简介为"发布日本好玩又有用的资讯"，如图 2-16 所示。光看微博名，就知道这位博主身在日本；看到她的头像和微博背景中的樱花元素，自然联想到樱花是日本的国花；而她的简介能让用户清楚了解到她的微博里分享的内容与日本相关，当用户想要了解一些日本的文化、旅游资讯、近期流行元素等信息时，都可以试着浏览她的微博寻找自己想要的内容。

图 2-16 微博账号"小希在日本"截图

有效的头像设计有以下 4 个标准。

1. 极简风格

要想让用户记住你，就要用简单的 Logo、汉字、拼音、英文、符号、数字等符号元素。如果元素过多，用户会因为繁杂而选择忽略，学会元素的取舍更利于突出记忆点。例如，用账号名称中的其中一个字作为头像的支付宝、故宫博物院；利用简约的图形头像表示账号含义的鸟人与鱼、北方公园 NorthPark、overwater、Simon_阿文，如图 2-17 所示。

图 2-17 极简风格的微博头像

2. 色泽鲜明

颜色不能多，两种颜色为佳，尽量不超过三种。而且，颜色要够纯、够亮、够饱满，尽量少用暗色，避免主体色和底色相近导致主体不明。例如，支付宝微博头像采用蓝底衬托白字，这种色彩搭配能增强对比、突出重点。

3. 关联名字

账号名称和头像其实是图文搭配关系，起到互相解释和补充的作用。用户通过头像和账号名称就可以知道该账号的基本信息。如图 2-18 所示，以和菜头的"槽边往事"微信公众号为例，作者名为和菜头，账号名称为槽边往事，头像是一个戴熊猫头套的人。初次搜索到该账号的用户并不能将账号名称和头像内容联系起来，也无法直观地通过头像和账号名称联想账号要传达的内容，可能导致该账号失去一些潜在的流量。

图 2-18 "槽边往事"微信公众号视觉呈现

4．清晰明了

头像上呈现的所有元素都要让人看清楚，如支付宝、36 氪、故宫博物院等微博头像。但中国艺术品收藏的微博头像是像素较低的古画，无法让用户看清头像所包含的元素，只能隐约感觉到账号与艺术藏品有关。

另外，还可以优化账号主页，撰写账号简介，用更直观的方式塑造账号形象。例如，浙江省博物馆用水彩风格的场馆图像作为微博封面图（如图 2-19 所示），营造出江南烟雨的朦胧感。

图 2-19　浙江省博物馆微博封面图

2.5.3　人格化设计

实现账号人格化的关键是给新媒体品牌赋予鲜活的人格属性。这个人格属性不是虚无缥缈的，而是可以被实际感知到的存在，能让用户把"账号"当成一位"好友"或真实存在的"网上邻居"。人格化设计让新媒体品牌拥有属于自身特定的语言特征、性别、年龄层、思维习惯、优缺点等设定，恰当地将这些人格属性融入新媒体品牌，使其呈现清晰的人格化形象。

提起自媒体"毒 Sir 电影"，其人格化设计的经典 IP 就是言辞犀利的"毒 Sir"。这其实是一个背后由多人运作的人格 IP，每天都会以吐槽的方式跟粉丝聊电影。"毒 Sir"的人格化形象就是一个吐槽青年，语言幽默风趣，喜欢用调侃戏谑的方式表达观点，桀骜不驯，敢于言说。

随着品牌发展，"毒 Sir 电影"后来打造出一个完整的人格化矩阵，或者说是一个 IP 家族。在这个家族里，有代表女性群体的"表妹"、重口味恶趣味的小镇青年"菊长"与"椒爷"、文艺片爱好者"机叔"及"云舅""钱德勒""肉叔"等 IP。每一个 IP 背后都代表着一个影迷群体，用文字、图像及视频的方式，对电影进行不同角度的解读。

2.5.4　人格化传播

品牌人格化最能被粉丝所感知到的一点就是"说人话"。说人话，其实是一种平等对话的态度。有些传统媒体在向用户输送内容的时候，由于信息的不对等，传播信息过程中往往会伴随着一种居高临下的优越感。要想品牌成功人格化，新媒体必须改变陈旧的内容传播模式，以朋友的角色与用户平等对话。

每当发布新的内容时，都可以根据人物设定在内容输出中带入符合该种人物设定的口头禅、常用语。一次接触也许不能立刻被用户记住，然而长期坚持下来，哪怕通过简单的一句标语、一个能让人记住的声音都可以带来潜移默化的影响，加深用户对账号人格的感知。运营者可以设计一段有特色的标语，利用富有个性的语言表达，搭配固定的片头片尾，通过特定的视听符号与粉丝加强链接。

另外，加强与用户的互动也是实现人格化的必要手段。有些新媒体账号像一台无生命的机器，用户在后台与它对话互动，得不到及时的反馈或仅能收到毫无意义的自动回复，这就是非人格化的典型表现。人是需要互相交流的，而交流又是双向的。用户与账号交流时，账号应该做出符合设定的回应，让用户真正感受到账号后面运营者的存在。因此，运营者平时有必要抽时间认真回复后台的用户消息和留言，也可以请专人以账号人格的口吻负责所有的回复工作。久而久之，忠实用户会与该账户建立起稳定的联系和"友谊"，有助于账号稳固流量，保持粉丝黏性。

四川广汉三星堆博物馆的官方微博在这方面就表现得十分积极。无论是对粉丝的询问、建议，还是对日常闲聊，都会给予及时回复，用户的黏性和好感度也因此大大提高，如图2-20所示。

图2-20　四川广汉三星堆博物馆微博账号与粉丝互动

除了与粉丝互动，同领域、同类别的账号之间也可以进行联动，增大自身的曝光量。在地方博物馆微博体系中，可以经常看到陕西历史博物馆及苏州博物馆之间的互动，如图2-21所示。而四川的三家博物馆金沙、三星堆、成博在微博上的互动也乐此不疲。四川广汉三星堆博物馆与金沙遗址博物馆互动如图2-22所示。

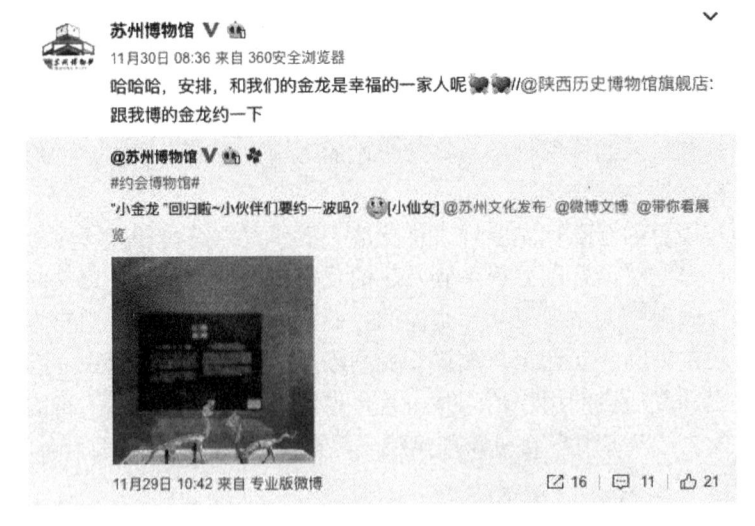

图 2-21　苏州博物馆与陕西历史博物馆互动

图 2-22　四川广汉三星堆博物馆与金沙遗址博物馆互动

2.5.5　输出价值观

正如我们平日结交朋友一样，好玩、幽默固然重要，但是契合的三观才能让彼此成为最忠诚的朋友。

新媒体账号只有拥有了鲜明的、直指人心的价值观，才能真正打动粉丝。因此，新媒体品牌人格化设计的最高目标是输出品牌的价值观。在众多的短视频旅行博主中，房琪 kiki 不是去过地方最多的，也不是剪辑手法、拍摄效果最好的，更不是短视频博主中流量最大的，但她每一个视频都在用心地讲述一个故事，诉说诗和远方。"声音温柔，笑容甜美"是她的标签，"封面留白，文案励志，画面优美"是她的特点。她的作品既是在分享旅途，又是在分享生活的正能量，很多人都被她作品中积极乐观的情绪所打动。无论在哪个平台，总被一个小女孩刷屏，她眼里有光，也发着光，她的"我叫房琪，不放弃"就是她账号所输出的核心价值观。房琪以个人经历让观众产生共鸣，用作品给用户呈现诗和远方。她引导了粉丝的想象力，并与粉丝达成共识，获得粉丝的认同，同时也精准定位了她想要吸引的粉丝群体：不甘服输、不甘于向生活妥协的人，热爱生活的人，向往自由的人。当一个账号和粉丝三观一致、爱好相近、性格相投时，粉丝就会把这个新媒体账号当成一个知己来看待。网上有句流行语："好看的皮囊千篇一律，有趣的灵魂万里挑一。"新媒体运营也是如此，如何在这个人人皆可出名的时代运营出彩，就需要一个核心的人格化形象。正如"得到"创始人罗振宇所说："人格，是全新的商品物种和价值载体。"

同 步 训 练

一、知识训练

1．简述新媒体定位的重要性。
2．简述新媒体定位的操作步骤。
3．何为对标分析？利用积木模型完成一个对标账号分析。
4．结合相关案例，阐述有效的头像设计的四个标准。
5．谈谈对账号人格化设计的理解。

二、技能训练

根据所学知识和技能，分小组完成对标账号分析，并说明文旅新媒体账号定位的重要性。

第3章 文旅新媒体平台运营

伴随着互联网技术的广泛应用，各行各业都在寻求当今媒介变革时代下的"新出路"。过去，文旅行业极度依赖传统线下宣传营销渠道，现在搭上了新媒体营销的快车。但由于目前文旅行业对各种新媒体平台的平台特性、用户画像、流量推荐机制及运营规则的认识不深刻，导致平台运营的水平参差不齐。本章主要介绍目前主流的新媒体平台相关特点及用户属性，并适当提供相关运营细则，为文旅新媒体运营人员提供一些实际可行的策略指导。

> **知识目标**

掌握新媒体平台运营的概念及作用，熟悉文旅新媒体平台的属性、特点和平台规则。

> **能力目标**

能够基于不同新媒体平台属性进行账号运营、内容投放。

> **思政目标**

培育并践行社会主义核心价值观，加强新媒体运营人员职业道德的培养。

> **思维导图**

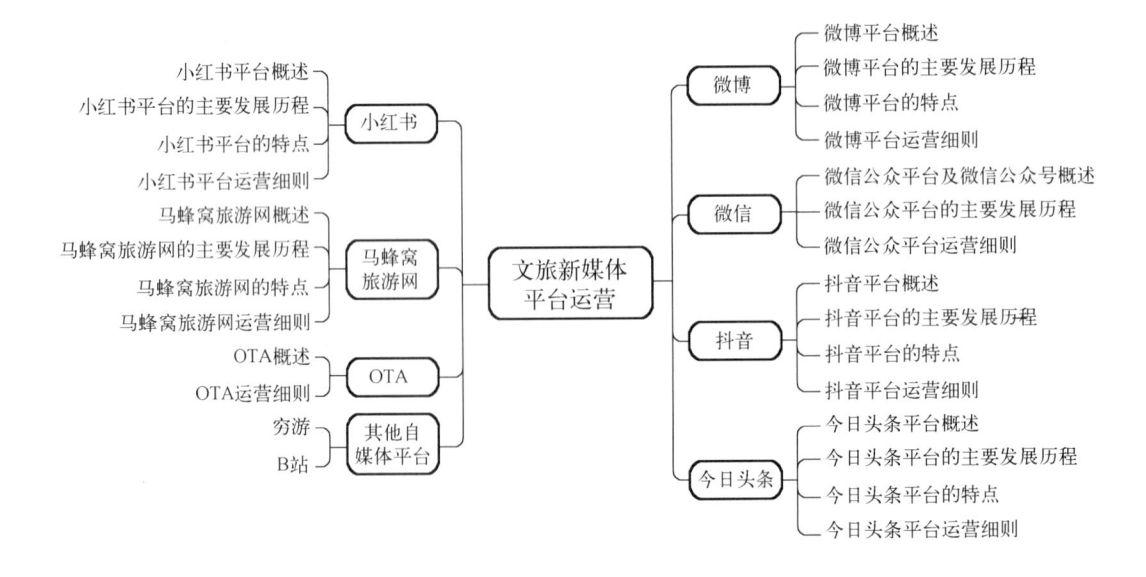

文旅新媒体平台运营
- 小红书
  - 小红书平台概述
  - 小红书平台的主要发展历程
  - 小红书平台的特点
  - 小红书平台运营细则
- 马蜂窝旅游网
  - 马蜂窝旅游网概述
  - 马蜂窝旅游网的主要发展历程
  - 马蜂窝旅游网的特点
  - 马蜂窝旅游网运营细则
- OTA
  - OTA概述
  - OTA运营细则
- 其他自媒体平台
  - 穷游
  - B站
- 微博
  - 微博平台概述
  - 微博平台的主要发展历程
  - 微博平台的特点
  - 微博平台运营细则
- 微信
  - 微信公众平台及微信公众号概述
  - 微信公众平台的主要发展历程
  - 微信公众平台运营细则
- 抖音
  - 抖音平台概述
  - 抖音平台的主要发展历程
  - 抖音平台的特点
  - 抖音平台运营细则
- 今日头条
  - 今日头条平台概述
  - 今日头条平台的主要发展历程
  - 今日头条平台的特点
  - 今日头条平台运营细则

导入案例

2020年8月9日,"杭州文旅"正式上线抖音平台,如图3-1所示。在"互联网+文旅消费"理念的引领下,杭州市文化广电旅游局对杭州文旅官方抖音账号的建设高度重视,在所发布的第一条短视频"比心杭州"中,不仅邀请著名钢琴家郎朗为杭州文旅官方抖音账号代言,还邀请广大市民和游客参与该条短视频的拍摄。同时,杭州文旅官方抖音账号在利用短视频进行事件营销上颇具特色。例如,利用节日进行事件营销,在2021年3月14日"白色情人节"当天,该账号发布"杭州1314路公交车"短视频,并配文"带着心爱的人去坐1314中意巴士……去感受这个浪漫的城市!",在内容发布时搭配了杭州西湖景区地址信息。借助情人节的热度,1314路公交车被塑造成浪漫杭州的代表物之一。最终,该条短视频获得1.6万次点赞,而乘坐杭州1314路公交车逐渐成为情侣游客来杭旅游新的打卡项目。"杭州文旅"以文旅行业引领内容生产,发掘杭州大街小巷的点滴故事,为杭州城市旅游助力,或通过主动打造营销事件,引起受众的关注,激起大众到杭州旅游、分享杭州旅游见闻的热情,形成内容生产的UGC(User Generated Content)模式。《2021抖音数据报告》中,国内景点搜索点赞量排名最高的景点是杭州西湖景区。截至2023年3月,杭州文旅官方抖音账号已积累6.3万粉丝,所发布的短视频累计获赞达33.7万次。

图3-1 "杭州文旅"在抖音平台发布的相关作品

3.1 新媒体平台的概念及分类

3.1.1 新媒体平台的概念

第1章介绍了新媒体的概念。那么，何谓新媒体平台呢？要理解新媒体平台的含义，首先要理解平台的含义。人类文明最早的平台是市场。市场为商品和信息交换提供公开场所，但不会参与到商品或者信息的生产及销售环节中。同理，新媒体平台中内容的提供者和消费者都来自用户，平台只提供内容消费的场所和内容发布的规则。

新媒体平台是基于新媒体的综合载体，作为平台的新媒体已经不局限于媒体的传播属性，而是朝着综合性的平台属性发展。今时今日的新媒体平台是集内容生产、信息传播、生活社交、提供服务、商业经营等多功能于一体的综合性空间平台。平台要靠核心业务吸引足够规模的用户，形成强有力的用户黏性，并在此基础上形成多元化的衍生业务，从而形成强大的平台效应。

当下，社交媒体、搜索引擎和个性化资讯服务应用等已经成为信息传播的主要新媒体平台。这些开发、共享平台拥有巨大的公共流量，运营者在平台上注册账号，成为独立传播信息的主体。

3.1.2 新媒体平台的分类

依据不同的分类标准，如内容形态、内容生产者、内容分发方式等，新媒体平台可以细分为不同的类型。对新媒体平台进行分类，有助于运营者清晰地认识平台属性和特点。按平台内容形态不同，主流新媒体平台可分为图文、音频、视频、直播等类型。注意，同一个平台可能同时囊括三种内容形态。

1. 图文类

图文类平台，主要以微信公众号、小红书等为主。微信公众号平台是较为主流的新媒体平台，优点在于平台对内容的开放度和接受度较大，适合缓慢积累粉丝，以粉丝订阅为主。虽然开放了类似"看一看"等算法推荐，但对粉丝数量依赖较大，属于"私域"类型平台。小红书则是算法推荐类平台，对内容质量的要求更高。一篇好的笔记，如果符合平台的推荐算法，即使粉丝较少，也能获得较好的反馈。

2. 音频类

音频也是一种由来已久的内容载体，相比文字或视频内容，音频内容解放用户双眼，在某些场景下更契合人们的需求，如通勤路上、开车途中。喜马拉雅、荔枝FM、网易云音乐、得到等是很多人都用过的有声应用，这些音频平台开设了各种品类的音频节目，拥有非常丰富的有声内容。值得一提的是，作为垂直旅行文化内容服务领域的先行者，手机应用"三毛游"实现在一个App内即可"听游"全球多个景区和博物馆，为用户提供"走到哪里讲解到哪里"的智能中文导览解说。

3. 视频类

视频类平台主要分为长视频、中视频和短视频平台。其中，短视频平台是目前最常见、普及程度最广的新媒体平台，常见的有抖音、快手和视频号，长视频则有"优爱腾"和 B 站。长视频、中视频与短视频平台在平台调性、用户使用行为等层面都存在着明显的差异化特征。抖音、快手都属于短视频平台，内容以"简短"为主要特征，以算法推荐为主；视频号则将"社交算法"和"兴趣推荐"相结合。视频号基于产品发展周期和产品调性，与抖音、快手两大流量平台相比，前期表现"稍显逊色"，但近两年由于抖音、快手平台新用户入驻数量的相对饱和，视频号作为微信的衍生功能，在坐拥庞大使用群体的背景下，其发展潜力也不容忽视。

4. 直播类

直播是比较新颖的视频形式，具体分为电商直播、游戏直播及娱乐直播等。常见的有淘宝直播、抖音直播、快手直播、微信直播等。淘宝直播内容相对垂直，适合电商类有货源或者垂直可变现的领域作者；斗鱼直播更倾向于推广游戏直播；抖音、快手的直播则充分体现了多元的特征，内容涵盖面广，表现形式多样，用户群体规模较大。

3.2 新媒体平台运营的概念及作用

3.2.1 新媒体平台运营的概念

随着新媒体在文旅行业的普遍应用，各种新媒体平台成为信息传播的重要渠道，推动用户在出行决策、选择偏好上做出相应改变。

新媒体平台是文旅信息触达用户的关键载体。因此，系统了解各种平台的特点，利用各种平台的优势，搭建新媒体平台矩阵，实现信息的多渠道传播，触达更多用户，成为平台运营工作的核心任务。

不同的新媒体平台凭借各自的内容特点和平台优势培育了一大批忠实的用户群体，例如，微信是最大的社交平台，微博是舆情事件讨论的重要平台，抖音是短视频娱乐平台。多平台联结的矩阵式传播体系可以实现"1+1>2"的价值，不同平台的产品及调性可以形成互补，平台相互联动可以强化用户对企业品牌、产品推广的认知。通过多个新媒体平台的运营，用户对文旅品牌会逐渐形成偶尔有印象→反复有印象→完成品牌认知→产生消费冲动的认知路径。

例如，重庆的"洪崖洞""穿楼轻轨""8D 立交桥"等景观，在抖音视频迅速走红，吸引了众多旅游博主前去打卡，然后这些博主又在微博、小红书、微信公众号、视频号等其他新媒体平台发布更多类似内容的视频，进一步提升了重庆作为网红城市的热度，从而激发更多网友前去旅游打卡的欲望，重庆的游客量和旅游收入明显增加。

3.2.2 新媒体平台运营的作用

新媒体平台具有传播速度快、范围广、互动性强等特点，搭建新媒体平台矩阵，有利于扩大信息覆盖范围，增加粉丝数量。不同平台有不同的内容属性，用户画像也不尽相同。运用各个平台的优势，构建新媒体矩阵，其作用主要体现在实现内容多元化，分散风险，协同放大宣传效果，具体如下所述。

提高用户多样性。每个平台都有独特的内容风格，例如，微信公众号以图文为主，微博以140字内的短状态加照片为主，抖音以15秒到1分钟的视频为主，小红书兼有图文笔记和视频笔记。文旅企业或机构在多个新媒体平台上建立账号，可以使内容形式多元化，吸引不同用户群体。

应对平台变化和风险。构建多平台账号矩阵，还可以有效规避类似"封禁账号"等风险，如果一旦风险出现，就可以及时把粉丝引导到新平台，把负面影响程度降到最低。

实现"1+1＞2"的效应。不同平台的内容调性可以形成互补，例如，针对某一活动的宣传，可以先在微博上造势，再在微信上进行转化，最后在抖音、今日头条等流量平台分发品牌公关稿以达到协同放大的宣传效果，让消费者多次面对活动宣传，从而产生参与的冲动。

一般把新媒体矩阵分为横向矩阵和纵向矩阵两种类型。横向矩阵指文旅机构在全媒体平台的布局，包括自有App、网站和各类新媒体平台，如微信、微博、今日头条、一点资讯、企鹅号等，也称为外矩阵。纵向矩阵主要指文旅机构在某个新媒体平台的生态布局，也称为内矩阵。例如，在微信平台可以布局订阅号、服务号、社群、个人号及小程序。搭建新媒体矩阵，可以从以下两方面入手：①在选择媒体时需要考量自身的推广诉求及目的用户；②基于每个平台的分发优势，针对性选择平台。

后文将逐一分解论述目前主流新媒体平台的特点及属性，并适当提供平台的相关运营细则，为文旅行业新媒体平台运营的相关人员提供平台运营实际可行的策略指导。

案例分析

进入春秋航空股份有限公司（以下简称春秋航空）的官方抖音账号会发现，已经17岁的春秋航空在社交平台上是一位"翩翩少年"，在抖音已经有70万粉丝的"他"，有一个很好听的名字——"阿春"。他说话语速快，没有明显的情绪变化，以"平平无奇"的行事方式配合对网络表情包的熟练运用，把原本很艰深的飞行科学原理解释得生动有趣。

现今，阿春已经成为名副其实的网红"少年"，春秋航空以阿春为核心人物打造的《阿春的冷知识》和《阿春的小伙伴》已经成为系列剧，评论区里常有用户在线"催更"。

阿春拥有自由出入机场、春秋航空办公室等地方的"特权"，用第一视角带领观众领略多个奇妙角落。例如，系列剧的一集，阿春来到上海虹桥机场，展示一面专门用来放置扳手的墙，他说："飞机维修保养是非常精细的工作，光是不同的扳手，就需要准备200多种。"话锋一转，阿春调侃粉丝，连200多种扳手都能找到自己对应的用处，可有些人还是找不到对象。

这种"反转"设计出现在这部剧中的每一集里，看似调侃的背后，实则潜移默化地让春秋航空以轻松幽默的方式走进了用户心中。

春秋航空通过抖音品牌号塑造出了"有趣的科技大男孩"人设，这源于春秋航空对自己的品牌形象、目标受众有着清晰的认识。

"春秋航空是一家高性价比的航空公司，主要目标客户群是自掏腰包的旅客。这其中有80%是年轻人，到他们喜欢去的社交平台做分享，是我们与时俱进要去做的事情。"春秋航空副总裁、新闻发言人张武安表示，不仅仅在抖音，在微博、微信、B 站这些年轻人聚集的地方，都有春秋航空的声音。

"现在只要发现有海量年轻流量的平台，我们营销部门的同事就会认真调研，根据这些平台的流量特征等来决定与他们合作的最优线上营销方案，并大胆决策、投放，以获得更多的流量聚集。"张武安说。

3.3 微　　博

3.3.1　微博平台概述

微博是由早年的博客（Blogger）演变迭代而来的，即微型博客（Microblog）的简称。它是依托网络用户的社交关系，基于各式互联网终端进行连接的网络平台。这一平台致力于传播、获取、分享信息三位一体，用户可以便捷地将文字、图像、视频、音频等多媒体信息发布到微博平台。

3.3.2　微博平台的主要发展历程

作为 Web 2.0 时代的初级产物——博客，其主要功能是网络用户可以通过特定网站发表具有鲜明个人化特征的网络日志。曾经博主将他们的创作视角聚焦于垂类知识科普、热点新闻评论、生活状态分享等领域。注册成为博主的渠道手段多样且相对便捷，但值得注意的是，网站博客的注册者多是现实社会的"意见领袖"，试图通过互联网途径来进一步扩大自己意见影响力的个人或群体。随着 2004 年"Web 2.0"概念的普及，互联网行业发生了翻天覆地的变化，"以网民个人为中心"的观点被反复提及。互联网不再简简单单是现实社会"意见领袖"的传声筒，承载更多的是网民个人意识形态的表达。

2009 年 8 月 14 日，新浪微博正式内测。新浪微博搭上了 Web 2.0 时代的发展快车，致力于打造一个为大众提供娱乐休闲生活服务的信息分享和交流平台。2010 年新浪微博官方公布的数据显示，每天有超过 2500 万条信息通过微博平台发布，其中约 38%的用户是使用移动终端进行相关操作的。同时，微博发布的信息总数也累计超过了 20 亿条。2013 年 10 月 29 日，新浪微博针对当时的信息服务功能进行了适度优化，推出了强调用户自主行为选择订阅的"粉丝服务平台"。该平台旨在为用户提供除平台算法推荐外的相关信息与互动服务，这一功能的设立也让微博从"传统网络营销产品"逐渐过渡至"营销+服务"的互联网产品。

2014 年新浪微博官方公布的数据显示，微博月活跃用户数已达 1.438 亿，日活跃用户数高达 6660 万。除广大普通网民和部分个人"意见领袖"已注册微博账号外，在平台活跃用户中还存在着大量的政府机构、官员、企业认证账号。可见，微博平台相对开放的信息创作与传播模式得到了国内大部分网民的认可，也充分地验证了平台自身作为"公共话语空间"的一部分。至此，新浪微博也逐渐成为大多数中国网民最常使用的互联网产品之一。基于庞大的用户体量，一些文旅企业开始依托微博平台进行品牌形象宣传或产品内容运营。基于相对精准的粉丝画像，微博账号的博主能够持续输出有针对性的相关内容。

2016年11月，微博取消了发布140字符的内容长度限制，进一步扩大了普通网民在互联网空间下的创作自由。同时，由于创作内容限制的取消，各博主的内容运营也在悄然地发生着一些变化。

2017年3月，微博相继推出网红电商平台，平台囊括各垂直领域的电商红人、电商企业和相关服务商，依托平台串联起电商的"三个环节"，实现资源共享。这一举措也促进了文旅行业在微博平台的成长与发展。同年，微博第一季度财报数据显示，月活跃用户突破3.4亿人，远超国外同类型的互联网产品Twitter（现更名为"X"，为方便描述，本书仍用Twitter）。

3.3.3 微博平台的特点

第一，与传统博客相比，微博承载的内容信息相对简短。虽然用户可以发布长微博内容，但从用户实际的使用数据来看，用户在微博平台下发布的内容信息绝大多数仍秉承"微型博客"的概念。与此同时，微博下的内容信息互动性更强，网民粉丝与博主之间的评论互动能够及时给出提示并得到反馈。

第二，与传统论坛相比，微博除强调"公共话语空间"外，还拥有"私人话语空间"，能够进行"私信""提及"等功能的操作，打通了平台内用户间的信息交流渠道，将平台功能使用的选择意愿完全交付于用户。

第三，与即时通信软件相比，微博仍是依托用户社交关系所建立的，但多数微博用户仍会大量关注与自己兴趣爱好、工作领域或行业相关的账号。因此，"分享"成为微博平台有别于即时通信软件的一大特征。同时，内容信息的传播模式更类似于广播，是一种"一对多"的信息传播模式。

第四，与电子邮件相比，微博能承载内容信息的样式更加丰富，通过多种样式的多媒体信息表达，接收者能够获取特定的、精准的、多样的内容服务。同时，依托分享转发功能的设定，将相关内容信息进行二次传播变得相对简便。因此，微博也兼具媒体的传播功能。

正是基于上述几大特点，微博真正成为一个媒体平台。同时微博庞大的用户体量、裂变式的传播模型，也使其成为一个可持续对产品进行营销的平台。文旅行业选择入驻微博平台，也正是看中了其鲜明的平台属性与丰富的用户行为。举个例子，谈及湖北的旅游胜地，作为世界文化遗产、道教圣地的武当山，可谓"人尽皆知"。但如何将武当山的自然风光和人文盛景有机结合，一直是当地的一大策划"难题"。2019年9月4日，武当山旅游经济特区旅游局和新浪湖北共同主办了"48小时康young武当"微博达人武当山线下深度体验行。该活动邀请了来自北京、武汉、河南、深圳、广州等地的微博文旅达人齐聚武当山，线下深度体验，如图3-2、图3-3所示。截至6日凌晨0点，"48小时康young武当"主话题阅读量突破8082.5万次，评论达1.5万条；"要健康到武当"话题阅读量达6691.6万次，评论达1.6万条，收获了不俗的关注度。"湖北旅游"以微博为平台，以武当山"康young"为活动示范，曾经低调的旅游大省也搭上了互联网新媒体时代的快车。"湖北旅游"账号保持每天至少一则微博内容的发布，截至目前，该账号拥有约26.4万个粉丝，发布了约2.6万条微博内容，并相继推出了"龟峰山杜鹃花开""春暖花开游秭归""江城绽放—湖北微博樱花嘉年华"等一系列微博话题活动，激起了广大网友的湖北旅行热。

图 3-2 "撷芳主人"微博账号发布的相关内容

图 3-3 "遗产君"微博账号发布的相关内容

3.3.4 微博平台运营细则

1. 微博用户的定位

（1）用户属性

用户属性是独立个体作为"社会人"的一些相对静态且稳定的信息，如性别、年龄、地域、受教育程度等。由于微博获取用户属性渠道的多样性，运营者在梳理收集用户属性的过程中，需要注意规范标签，同时针对不同来源的信息进行适度验证。

（2）用户行为

微博中的用户行为包括关注、点赞、转发、评论、打赏、取关等，用户的行为多样且碎片化，不同行为反映出的兴趣差异也较大。运营者分析用户行为，可以适当描摹目标用户的兴趣点，为后续描摹用户画像服务。

在构建用户画像时，要想快速获得用户属性和用户行为的相关数据，运营人员可以借助数据工具，如 BlueMC、Flask，对微博用户的基本属性、社交属性、兴趣爱好、讨论角度等方面进行统计，以此快速完成用户画像，了解目标人群特征。

对用户群体进行定位后，可以勾画目标用户，挖掘用户诉求。但用户画像所形成的形象角色并不是直接的、具象的，而是建立在产品或市场范畴上的形象角色，它们具有相对抽象的意义。运营人员需要分析与整理抽象的形象角色，才能针对产品或市场形成相对具象的认知与判断。

另外，基于微博庞大的用户基数，构建单一的用户画像还稍显单薄。特定领域的运营者甚至还应进一步细化用户画像的相关属性研究，了解各类型用户（不同领域、不同阶层、不同黏性等）在各种生活情境下（通勤途中、户外环境、居家环境等）的操作行为与使用习惯，梳理归纳为各种用户模型，最终为优化后续平台运营方案，探究典型场景下的用户需求开辟新思路。

2．微博内容的定位

微博账号的定位不同，其发布的微博内容也有所不同。如果该微博博主在某领域比较专业，则其微博内容多以其专业领域的知识为主；如果微博内容定位偏向于娱乐化，则其目的是娱乐大众。微博内容的定位与微信公众号内容的定位类似，应当在确定企业的运营目的后，结合目标用户群体、微博属性、自身企业产品或品牌的特点、卖点及行业数据等进行。

3．微博的认证

微博认证功能用于对个人、企业、媒体、网站等进行认证，通过认证的微博账号，其名称后面会有一个"V"标志。微博认证不但可以提高微博的权威性和知名度，而且能赢得微博用户的信任，从而吸引更多用户关注。另外，微博认证能提高微博账号的辨识度，提高传播能力与营销能力，促进品牌成长。认证包括个人认证和机构认证，下面分别进行介绍。

（1）个人认证

个人认证的标识是一个橙色的 V 字。个人认证使账号可以基于身份构建个人平台个性化模块，更加多元化地进行自我展示，同时在搜索页面中被推荐，增加个人微博的曝光度以吸引"粉丝"，提高知名度。根据认证类型的不同，个人认证又可分为以下 6 种类型，每种类型需要符合不同的申请条件，下面详细介绍。

① 身份认证

身份认证即个人用户真实身份确认，申请过程分为补充基本信息、填写认证信息、邀请好友帮助 3 步。注意，在邀请好友帮助时，需要已认证满 3 个月、开通辅助认证功能的橙 V 好友来辅助认证，并且好友辅助认证人数当月不能超过 4，总量不能超过 50 人。

② 兴趣认证

申请兴趣认证的个人微博用户要满足如图 3-4 所示的条件。为达到兴趣认证的要求，用户可在个人的基本信息里添加与想要认证领域相关的标签，关注相关领域的超级话题，在超级话题里坚持签到、发帖，同时关注相关领域的知名微博博主，坚持每天发布相关领域的微博。

③ 超话认证

超话即超级话题，超话认证可与现有的身份认证、兴趣认证等叠加。申请超话认证需要满足以下 5 个条件：

- 申请账户需有清晰的头像；
- 已绑定手机号；
- 完成身份验证；
- 账户的粉丝数及关注用户数均大于或等于 50；
- 担任超话主持人或小主持人的用户，超话内等级至少为 12 级。

目前，超话社区不支持用户主动申请取消认证，当用户不再担任超话主持人时，超话认证将自动取消。当用户在两个或两个以上的超话中都满足申请条件时，只能选择其中一个超话进行认证，且认证后不支持修改。认证一个超话后，若又满足另一个超话的条件，不支持修改认证。

④ 金 V 认证

一般带有金 V 标志的个人微博账号都是具有较大影响力的金 V 用户，如明星、网络红人、知名作家等，个人微博用户在金 V 认证成功后即代表自己拥有成为超级大 V 的潜力，更容易获得粉丝的青睐。个人用户要想认证为金 V 用户，其粉丝数量不能够少于 1 万人，月阅读量不低于 1000 万次。认证成功的金 V 用户可以享受如图 3-5 所示的特权。

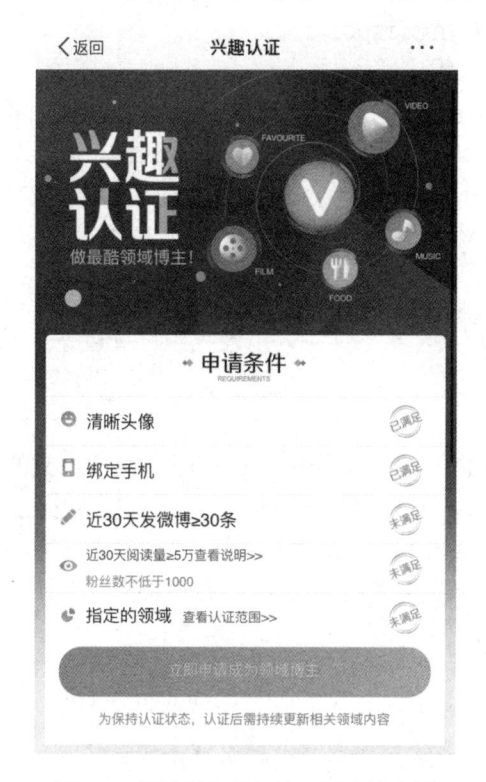

图 3-4　微博平台兴趣认证的申请条件　　　图 3-5　微博平台金 V 用户享受的特权

⑤ 视频认证

视频认证的申请类型分为原创认证、二次创作认证、非自制认证 3 类，博主仅可选其中一类申请，不可同时申请。其中，原创认证包括微博原创视频博主认证、微博 Vlog 博主认证、微博故事红人认证，这 3 类认证可同时申请。二次创作认证包括微博解说视频博主认证、微博译制视频博主认证、微博剪辑视频博主认证，这 3 类认证仅可选其一，不可同时申请。非自制认证仅有视频博主认证。

⑥ 文章/问答认证

文章/问答认证的申请类型包括头条文章作者认证和问答答主认证两种。通过头条文章作者认证，不仅可以获得官方认证，还可以申请对原创文章进行版权认证，且用户需要关注作者才能阅读后半部分文章，从而使账号获得更多的关注量。通过问答答主认证，可以申请对高质量回答进行热门推荐，并获得问答新功能优先体验权。

（2）机构认证

机构认证也称蓝 V 认证，包括企业认证、机构团体认证、政府认证、媒体认证、校园认证、公益组织认证。认证成功的微博名称后会有一个蓝色的 V 字标志。下面简单介绍可认证的申请机构。

- 营利性组织、企业、个体工商户等可申请企业认证。
- 公立行政机构、体育、粉丝会、社会团体等民间组织可申请机构团体认证。
- 各党政机构及事业单位、国企、行政属性的社团可申请政府认证。
- 电视台、报纸、期刊、媒体网站、新媒体等机构可申请媒体认证。
- 校园官方机构及学生组织等相关团体可申请校园认证。
- 社会公益组织、公益性账号可申请公益组织认证。

与个人认证相比，机构认证较为简单，大多按照选择认证类型—填写认证信息（或提交认证材料）—审核认证信息—确认认证结果的顺序进行。例如，申请企业认证，应准备好营业执照（副本、原件的照片或扫描件）和认证公函（加盖企业公章）。企业认证申请成功后可拥有专属蓝 V 标识，通过多种运营工具玩转粉丝经济，使运营推广更精准高效。

4. 微博的发布

微博内容的发布形式非常多元化，如微博短文、头条文章，以及视频、直播等，下面从微博的发布形式出发介绍微博内容的创作。

（1）微博短文

微博短文可以直接通过微博首页文字输入框发布，不需要刻意排版。微博短文的内容一般比较随意，不要求特定的内容与格式，可以是百字以内的随笔感悟，也可以是上千字的整理归纳等。很多人以为微博短文只能发布 140 字符，实际上，用户也可以发布超过 140 字符的微博短文，只是超过 140 字符的部分会被折叠起来，单击"展开全文"按钮才能全部显示。微博短文按表现形式可分为以下两种。

① 纯文字的微博短文

对纯文字的微博短文来说，有价值的、发人深省的、让人产生认同感的、有趣的、有名的、有创意的、真实的内容更容易受用户的欢迎，从而能够获得较多评论数和转发数。微博短文的篇幅有限，博主要想吸引用户的注意力，就要从用户的爱好和需求出发，在文字上多多下功夫。一般来说，发布纯文字的微博短文可以结合故事、上新预告、寻求共鸣、话题讨论、购物分享、第三方反馈等进行展现。

② 图文结合的微博短文

与纯文字的微博短文相比，图文结合的微博短文更适合当代人的阅读特性。一般来说，图文结合的微博短文包括单图、多图和拼图3种形式，其图像可以是长图，也可以是动图。图文结合的微博短文中，图像一般与文字相匹配，可用作补充，或强调、说明文字。除为微博文字服务外，图像还可能是微博短文的主体，因为图像的表现能力更强，视觉效果也更佳。

在创作图文结合的微博短文时，可使用美景、人物等类型的图像，将主题简洁地表达出来，再结合幽默、夸张的元素给用户留下充分的想象空间，引起用户的情感共鸣，增强图像在用户心中的印象，使用户收藏图像并关注微博。图文结合的微博短文中，图像、文字都应该贴近用户，尽量简单浅显，生动有趣。

（2）头条文章

头条文章是微博于2016年打造的长文产品，篇幅一般较长，通常需要用户花费更多的时间和精力去阅读，而支持受众坚持阅读下去的动力就是头条文章的内容价值。因此，微博头条文章的内容应当针对目标人群的特点和喜好选题并写作，这样才能激发大家阅读和讨论的热情，才能达到真正的运营效果。

微博头条文章包含的元素更多，其标题和摘要、正文内容、表达风格、排版设计等因素都会影响文章的阅读量，如下所述。

标题和摘要。微博头条文章中，标题和摘要是直接显示在微博中的，是用户第一眼就可以看见的内容，标题和摘要只有引起用户的兴趣，才能促使用户打开文章阅读正文的内容，因此标题和摘要应将提供的价值直截了当地表达出来。在创作标题时，还应多多运用符号（如"【】""，""？""！"等）与各类句式（祈使句、疑问句、感叹句等）来作为标题元素。

正文内容。正文内容必须是有价值的内容，且要与标题相呼应，不能让用户产生被标题"欺骗"的感觉。在撰写正文时，可以将正文分为开头、主体和结尾3部分，也可以设置悬念，还可以采用欲扬先抑或层层递进的写法。

表达风格。表达风格与微博博主的写作风格有关，可以是严谨的，也可以是幽默的、风趣的，但应与用户的特点相呼应，可根据目标用户的喜好来调整。

排版设计。排版质量关系着用户的阅读体验，一般应选择适中的字号，将标题、重要句子和词语等加粗显示，让文章的字体和字号产生对比，也可以添加一些图像、表情等，增加版面的美观性，提升用户的阅读体验。

5. 微博营销矩阵的打造

就行业经验来看，单一的微博账号所聚焦的内容与领域都是有限的。若某一微博账号涉及的内容与领域过于笼统（部分"意见领袖"以分享生活点滴为主要内容的账号除外），缺乏对某一领域专业内容的涵盖，同时难以满足该领域用户的使用需求，往往会导致内容的无效传播。因此，针对这种平台现象，传播内容的"专业化""垂直化"便成为运营者的共识。同时，也延伸出了针对不同领域内容的传播模式——建立微博矩阵。各微博账号基于不同定位，建立不同的兴趣领域，内容对立，各司其职。

（1）建立微博矩阵的方法

常用的建立微博矩阵的方法有如下几种。

按品牌需求进行建设。大多数企业都有很多产品线，这些产品线所塑造的品牌不同，因此可以直接根据品牌来建立微博矩阵，将品牌利用不同的微博账号连接起来，使用微博矩阵账号进行不同用户流量的相互引导，以避免用户流失。

按地域进行建设。按地域进行建设的方法在银行和互联网等行业使用较为普遍，便于进行区域化管理。例如，建设银行就开通了北京、上海、深圳分行等子微博。

按功能定位进行建设。根据微博账号功能的不同，可以建设不同的微博子账号以形成微博矩阵。例如，宝洁根据功能不同建立了宝洁招聘、宝洁生活家等子账号。

按业务需求进行建设。对公司业务较多的企业来说，可直接根据业务需求来建立微博矩阵。例如，海尔为其主要产品建立了海尔洗衣机、海尔空调等子账号；腾讯为其主要服务建立了腾讯动漫、腾讯新闻、腾讯游戏等子账号，打造了覆盖面更加广泛的微博矩阵。

（2）建立微博矩阵的模式

目前，企业建立微博矩阵比较常见的模式主要有以下3种。

蒲公英式。蒲公英式指由一个核心账号统一管理旗下多个账号，适合拥有多个子品牌的集团，如阿迪达斯等。

放射式。放射式是比较常见的一种模式，主要由一个核心账号统领各分属账号，分属账号之间是平等的关系，信息由核心账号放射到分属账号，分属账号之间并不进行信息交互，如万达集团等。

双子星式。顾名思义，这种模式存在两个或者多个核心账号。例如，小米有一个官方账号，但创始人微博账号的关注度也比较高，但是这两个微博账号的实质都是宣传小米，两者形成良性的互动。

3.4 微　　信

3.4.1 微信公众平台及微信公众号概述

微信公众平台于2012年8月正式上线，由腾讯出品，是一个集内容信息推送、产品内容推广、分享于一体的开放应用平台。

微信公众号是由特定使用者在微信公众平台自主申请使用的应用型账号，用于创建并发布针对目标群体的内容信息，包括文字、图像、音频、视频等多媒体内容。注意，利用微信公众号发布内容，也是典型的"一对多"式的媒体行为。在用户完成"关注公众号"这一自主行为后，公众号平台后台能够及时收集用户相关数据，形成相对精准的用户画像，以此为后续创作更优质的内容信息提供数据支持，并最终服务于促使用户产生"分享转发"行为，进而扩大内容信息传播影响力的目的。

微信公众号的受众群体是基于微信超12亿个注册用户，通过特定内容信息转化而来的。同时，通过平台推出的一系列功能服务，使用者能够对应进行官网信息的设置、会员模块体系的搭建、自动内容回复的设定、内容信息的定时定量推送、平台线上支付的统筹管理等操作，微信公众平台也为使用者与用户搭建一个互联网信息沟通的新渠道。对内容推广者而言，坐拥庞大的潜在受众群体，单单这一条件就已经能让大家趋之若鹜，再加之合理完善的平台运营模式的架构、较完善的线上线下营销转化的模式，推广者愿意向该领域投入大量的精力与物力来策划与运营账号。随着越来越多的企业、机构、媒体、个人用户的加入，微信公众平台成为内容推广者继微博之后的又一大主要新媒体运营阵地。

3.4.2 微信公众平台的主要发展历程

微信公众平台在微信运营一年后，于 2012 年 8 月 23 日正式上线。

2013 年 6 月，微信公众平台新增账号自定义 LBS（Location Based Services，基于位置的服务），账号可以在后台提前设置店铺位置信息，在用户将本人位置信息提交给后台后，迅速生成店铺对应地理位置信息，以便用户快速寻找定位。

2013 年 8 月，微信公众平台对用户服务进行了针对性的调整与优化。将微信公众号根据服务类型区分为服务号和订阅号。其中，企业、媒体等组织性运营主体，可以申请服务号，而个人用户不允许申请服务号；但对订阅号没有具体的运营主体类型限制，个人和组织都能够申请使用。通过运营主体类型进行账号使用属性的区分，进而为用户提供更加精准的服务类型，这一创新性的举措在国内还属先例。

2015 年 4 月，微信公众平台推出自动回复、自定义菜单的账号功能。这些功能的推出，对账号运营者针对自己账号有了更好的"自定义"设计，不同类型的公众号能够通过个性化的自动回复和多样式多模块化的自定义菜单来增强与用户的互动性，进而保证用户的留存和转化。

2018 年 6 月，微信公众平台为了解决优质内容传播影响的问题，正式上线开放转载功能，类似于微博平台的转发功能，以此为传播裂变提供功能性辅助。

2020 年 6 月，微信公众平台针对推送的内容信息进行了升级，在文章页面底部新增了"分享""赞"的功能，用户可以通过更加简化的操作转发分享给微信好友或到朋友圈。

2023 年 2 月，微信公众平台对内容信息中图像消息功能进行调整。内容创作者可以调整内容标题；内容描述也由原先的 140 字符扩充至 300 字符；新增 3:4 图像浏览的横滑功能。

近年来，微信公众平台的一系列功能性的升级与优化都着眼于用户的服务体验。但针对用户体验的升级，在一定程度上也影响着创作者的内容信息创作与发布。

3.4.3 微信公众平台运营细则

1. 微信公众号账号类型

（1）订阅号

订阅号具有发布和传播信息的功能，可以展示个人或企业的个性、特色和理念，树立个人形象或品牌文化。订阅号主要偏向于为用户传达资讯，认证后每天可以群发 1 次消息，具有较大的传播空间。如果想通过简单的发送消息便可以达到宣传效果，可选择订阅号。

（2）服务号

服务号具有管理用户和提供业务服务的功能，服务效率比较高，主要偏向于服务交互，如银行提供查询功能的服务号。企业若对用户服务需求高则可开通服务号。服务号认证后每个月可群发4次消息，还可开通微信支付功能。

2. 微信公众号运营

（1）注册微信公众号

微信公众号名称的设置名应当遵循统一、简洁、便于搜索、注明功能等基本要求。下面分别进行介绍。

统一。微信公众号名称应保证与其他媒体平台的名称一致，特别是已经积累了一定影响力和知名度的微信公众号。一般来说，企业、媒体、名人、平台等都会采用各新媒体平台完全统一的命名方式。

简洁。微信公众号名称要便于用户记忆和识别，在简洁的基础上，也可以有一些个性化的优化，从而给用户留下深刻印象。

便于搜索。很多用户在添加微信公众号时，都会使用搜索微信公众号名称的方法搜索微信公众号，如果微信公众号名称过于拗口、有生僻字或有不方便记忆的外国文字，则容易影响搜索结果，可能会损失一部分用户。

注明功能。微信公众号名称要与产品相联系，例如，一个服装搭配的微信公众号，可以叫"××穿搭""教你日常穿搭""××穿搭札记"等，方便用户通过名字快速了解微信公众号的性质。

在为微信公众号设置名称时，要非常谨慎，因为名称的修改机会有限，个人用户的微信公众号名称一个自然年内可主动修改两次（如2019年1月1日至2019年12月31日可修改两次），虽然企业、媒体、政府等微信公众号可以在通过微信认证确认主体身份后改名，但是频繁更改名称并不利于品牌的长期积淀。

只要在遵循微信公众号设置基本要求的基础上，尽量做到个性化、易辨识，就能设置出一个合适的微信公众号名称。

（2）设置自动回复内容（被关注回复、收到消息回复、关键词回复）

设置被关注回复、收到消息回复和关键词回复，可以缩短公众号与用户之间的距离，让用户感到亲切。例如，用户关注故宫淘宝的公众号后，会收到"既然关注了，从此以后你就是本'公'的人了！"的回复，可爱有趣的账号人格化形象跃然出现，深受年轻用户喜爱。

（3）定位用户群体

微信公众号用户运营首先需要对用户群体进行定位，只有用户群体定位明确的微信公众号才容易获得更多的关注。定位目标用户群体不是单纯地知道微信公众号适合哪些人，而是要准确地知道该群体的喜好、特性、习惯等详细信息。

（4）微信公众号的推广

微信公众号推广，可以从以下三个方面着手。

① 打造好内容

在微信公众号的运营中，内容运营也是非常重要的一个方面，微信公众号内容的优质与否直接影响用户数量多少，最终影响运营的效果。

注意，在定位微信公众号内容时不能仅仅从用户的角度出发，还应结合平台定位。只有确立了适合自身发展、符合自身形象的平台定位，再结合用户定位，才能创作出平台能够提供、满足用户需求的优质内容，从而逐渐形成品牌效应，达到微信公众号的运营效果。

平台定位后，就可以根据微信公众号服务或推广受众的特点来确定微信公众号的内容，策划出用户喜欢的风格和服务等。就用户的性别而言，女性会对护肤、穿搭等内容感兴趣，男性一般会对游戏、比赛等内容感兴趣；就用户的职业而言，不同职业的用户，关注的内容也不一样，医生会对医学方面的内容感兴趣，销售人员会被营销方面的内容所吸引；就用户的喜好而言，每个用户的喜好不一样，其感兴趣的内容也是有差异的，喜欢旅游的人就会关注风景、人文历史等，喜欢篮球的人就会关注球赛、球星近况方面的内容。

微信公众号内容策划是建立在分析和了解用户与平台的基础上，对内容进行的设计。其目的是吸引用户阅读文章，让用户产生其所期望的行动，或通过文章来保持用户对微信公众号的长期关注。微信公众号内容策划可以从标题、正文、图片、排版等方面展开。

② 推广渠道

平台内推广。这种方式主要基于微信平台的 SEO 进行，在创作内容时需要优化关键词，使文章被检索到的概率更大。同时还可以运用微信朋友圈和微信群进行宣传推广。

平台外推广。主要利用一切可利用的自媒体平台，如微博、论坛等，在发布内容时，加上自己公众号的信息，达到引流效果。

③ 粉丝积累

随着"粉丝"经济的崛起，现在无论是企业还是品牌，甚至是一款产品，都会积聚自己的"粉丝"。通过"粉丝"进行传播，可以进一步开发市场，引起大众消费者的关注。进行微信公众号运营时，"粉丝"的力量也不容小觑，下面介绍几种"增粉"的常用技巧。

● 邀请老客户"增粉"

无论企业的规模大小如何，老客户都占有一定的比例。因此，可以通过微信、短信等方式邀请老客户（如有过交易的、有过互动的用户）关注微信公众号。

● 其他媒体平台引流"增粉"

如果已经运营了其他新媒体平台（如微博等），就可以在此基础上推广来"增粉"；如果没有运营其他新媒体平台，则可以在各种新媒体平台上分享有价值的内容，吸引用户关注。可以引流的平台有很多，如微博、QQ 等社交平台，新闻、博客等门户类平台，贴吧等 BBS 类平台，知乎、百度知道等问答平台，美拍、秒拍等短视频分享平台，以及文库、网盘等资源分享平台等。

● 个人微信号"增粉"

微信是一个社交平台，大部分用户都是基于社交需求使用微信的。微信公众号可以充分利用微信的社交属性，先增加个人微信号好友数量，再利用微信朋友圈或者微信群等途径让个人微信号好友关注微信公众号。

● 活动"增粉"

为了吸引新用户，并提高用户的活跃性，可以设置一些线上或线下活动，吸引用户参加。利用活动增加微信公众号的"粉丝"，运营人员应保证活动对用户具备足够的吸引力，一般来说可以开展一些"转发+关注"的抽奖活动，或者发布富有吸引力的 H5 活动等。

- 设置微信公众号功能"增粉"

如果微信公众号的功能比较有特色，可以满足用户的具体需求，或为用户提供具体服务，就很容易吸引用户的关注。例如，某知识分享微信公众号，在分享信息时，还为用户提供一些模板、素材、学习资料的下载服务，这样就可以吸引需要这些服务的用户，所以公众号功能的设置非常重要。

- 瞄准用户的利益点"增粉"

用户转化为"粉丝"的一个重要动机就是希望通过微信公众号获得某种利益，若微信公众号能让用户获得有价值的感受或信息，如获得学习资料、满减的折扣券等，其就会主动关注这个微信公众号。

3. 微信视频号

（1）明确账号定位

依托新媒体平台的属性特征，微信视频号运营的首要任务也是明确账号定位，即应当明确该账号平台属性并把握运营账号的基本用户画像。

（2）明确运营目标

由于运营主体的差异化直接影响着账号的运营目的，因此，具体的实际策划工作都应以明确目标为前提，安排有针对性的运营策略。例如，想增加话题参与人数，就要思考如何吸引用户参与话题，如何提高用户参与的积极性。

（3）明确目标群体及需求

目标群体，也就是想吸引的群体。视频号想吸引什么样的用户，内容就要满足这个群体的需求。明确了用户的需求，就能针对这个需求制作内容。

（4）明确自身特色

想要留住用户，内容必须有能够吸引用户的特色。特色可以从以下维度进行打造。

① 内容亮点

内容如果和其他同类作品没有任何区别，就很难在用户心中留下印象。在选题时，要尽量有自己的想法，有同行没有或者少有的亮点。

② 人设规划

除个别不需要具象化人物出镜的作品外，目前微信视频号的创作往往需要一个"主角"，即使该"主角"并不是真人（目前也有虚拟人或物充当"主角"的案例）。而该"主角"设置的主要目的是在呈现鲜明个性与特征的基础上，给用户一个"强记忆点"。即便目前传播内容存在着明显的差异化，但针对"主角"设置的安排已经是众多新媒体平台运营工作者的共识了。针对"主角"的设计与安排，常称为"人设规划"。鲜明而稳定的人设能够给用户留下深刻的印象，让用户愿意持续关注。但对刚刚接触账号运营的工作者而言，能够在短时间内做好账号人设的规划并不是一件容易的事。一方面是因为对自身优势认识不足，另一方面是因为对整体形势及各内容赛道不太了解。因此，"人设规划"虽然属于账号运营的前期基本工作，但该内容的特殊性导致其应作为长期性的工作内容进行安排，做到循序渐进，逐步改良优化。

③ 精心策划内容

在明确账号定位和设立账号运营的方向后，就可逐步进入内容策划的环节了。运营人员也把这一阶段定义为"大胆试错，优化内容"的环节。在该环节应尽量保持持续高频的内容输出，以此进一步甄别用户属性，把握用户兴趣方向。与此同时，虽然是新媒体平台，但其"内容为王"的特征并未消散，反而更加重要。而这也是刚接触运营工作的新手最容易忽视的一点——简单地认为"前期运营多以量取胜"，而忽视输出内容的优劣。实际上，在运营前期便持续地进行优质内容的输出，往往可以迅速地了解账号定位的准确性，以此为后续运营工作的开展奠定基础。

形象打造。用户第一眼看到作品，会对作品有一个基本判断。视频号的形象可分为4个维度：账号形象、作品形象、角色形象、场景形象。

涨粉策略。不管是在哪个平台，粉丝数量的增加都是非常重要的，尤其是在运营早期，涨粉是最重要的目标之一。视频号的涨粉方式有很多，可分为平台内部引流和外部导流两大类。

平台内部引流。在视频剪辑时，可在视频结尾设置"引导互动或关注"的内容。具体方法是使用箭头动态图片或设置具体文字，如"关注我，下个视频教你……""关注我，每天学习一个……"来强化引导"关注"这一用户行为。这种行为往往适合需要持续强化账号属性或特征的垂直内容领域。

系列内容。在保证系列内容的风格一致性的前提下，每个作品的主题呈现却有所差异。当用户在对该系列的某一内容产生兴趣后，基于系列内容的安排与设置，往往会促使用户进一步浏览该账号下的系列内容的其他作品。而这些系列内容的命名方式也遵循着明确的序号特征，如"辞职体验100种职业——今天是宠物店员工""这是我体验创业生活的第99天"。

评论区互动，能够增加用户的好感，提高关注的可能性。例如，有用户提出问题或者要求，如果正好在自己视频号规划范围之内，可以告知后面会有相关内容。

平台外部导流是指通过其他平台将视频号内容传播出去，吸引用户的关注。作为微信生态下的平台，视频号在微信生态圈里畅通无阻。

把视频号内容转发到朋友圈。如果作品内容不错，可能会有微信好友点赞或者转发，形成二次传播，从而获得一波来自朋友圈的流量。

同样作为微信平台的类型产品，打造公众号与视频号的联动往往也是运营者常用的策划方法。可以通过公众号文章推荐视频号，即在公众号文章里，除可以放视频号二维码外，还可以直接插入视频号作品。至此，形成"双向互通"的引流格局。除此之外，还可以在作品内容设计中穿插安排 "赠送福利或相关教程"等内容，达到引导关注的目的。例如，在作品最后设置关注视频号送教程、抽取评论或私信用户"赠送福利"的内容，达到引导用户行为的目的。

3.5 抖　　音

3.5.1 抖音平台概述

抖音是由北京抖音信息服务有限公司（原北京字节跳动科技有限公司）于2016年9月2日上线的一款音乐创意短视频社交软件。在软件创立之初，旨在打造一个拥有年轻生活态度的15秒音乐短视频社区，用户可以自主选择歌曲，并进行相关内容的拍摄。抖音平台早期的用户定位为一二线城市的 90 后年轻人，因此，当时平台的 Slogan 为"让崇拜从这里开始"。

3.5.2 抖音平台的主要发展历程

2016 年 9 月 2 日，抖音正式上线。

2018 年，抖音日活跃用户数正式突破 3000 万，标志着抖音正式成为当时现象级的互联网产品。

2018 年 3 月 19 日，抖音平台基于社区属性的拓展，依托平台用户使用行为的属性特点将原有的产品 Slogan "让崇拜从这里开始"更改为"记录美好生活"，进一步明确了平台的多样化内容呈现。

2020 年，抖音平台发布官方数据报告——《2019 抖音数据报告》：截至 2020 年 1 月 5 日，抖音日活跃用户数突破 4 亿。

2021 年 6 月 21 日，抖音针对产品线做出相应拓展，正式上线网页版，充分考量台式计算机端用户需求，在导航栏中清晰地罗列了直播、娱乐、知识、二次元等 10 个内容标签分类。同时，网页版还新增了横屏浏览的功能。

2022 年 8 月 19 日，抖音平台与餐饮外卖平台"饿了么"达成合作。"饿了么"将基于抖音平台庞大的用户基础，以小程序为载体，助力数百万商家用户的内容种草、在线点单、即时配送等 LBS 的生活服务。

2023 年 1 月数据显示，抖音生活服务在 2022 年最终完成了大约 770 亿元商品交易额。在本地团购广告业务上，抖音生活服务在 2022 年最终完成了约 83 亿元广告收入。

3.5.3 抖音平台的特点

抖音作为 2016 年才出现的一款短视频平台，经过不断发展和完善，在 2018 年以后持续火爆，已经成为短视频平台中的佼佼者。与此同时，庞大的用户体量、较低的宣传成本、用户互动性强，促使不少商家选择使用抖音平台进行短视频营销。短视频蓬勃发展，深刻影响用户生活的方方面面，改变人们的交流和表达的方式，成为当今媒体结构中的重要组成部分，同时也成为各地官方机构对外宣传的重要窗口。其中，在旅游营销方面，已经有不少旅游相关账号通过多种样式的短视频内容收获了大量的粉丝关注，达到宣传当地丰富的文化旅游资源的目的。

例如，四川省、杭州市等文化和旅游部门在抖音平台均设有官方账号，如图 3-6 和图 3-7 所示；著名景区九寨沟也在抖音平台通过短视频的方式进行宣传，如图 3-8 所示；除此之外，在抖音平台内还有许多个人用户和文旅推广中心账号，通过短视频向广大网友推介着自己的家乡或景区，如图 3-9 和图 3-10 所示。

抖音平台拥有相对丰富的文旅信息，加之庞大的日活跃用户基础，根据《2019 抖音数据报告》，用户全年打卡 6.6 亿次，足迹遍及全世界 233 个国家和地区，最受欢迎的国外城市是曼谷、首尔和东京；西安与北京、成都、上海等一同入围 2019 抖音点赞量最高的国内城市 TOP10；"大唐不夜城不倒翁"相关视频播放量超 23 亿次，西安大唐不夜城景点位列 2019 年抖音播放量最高的景点排行榜首位。《2021 抖音数据报告》显示，抖音日活跃用户突破 6 亿人次，日均视频搜索次数已经突破 4 亿。而在"2021 抖音最受欢迎十大城市"排行榜中，北京、上海、重庆获前三位，成都位列第四位，如图 3-11 所示；而在这一年里，西安大唐不夜城景点的播放量跌出前三，杭州西湖风景名胜区荣登榜首，如图 3-12 所示；"2021 抖音最受欢迎十大地方美食"排行榜中，重庆火锅排名第一，如图 3-13 所示。

图 3-6 "四川文旅"抖音账号主页

图 3-7 "杭州文旅"抖音账号主页

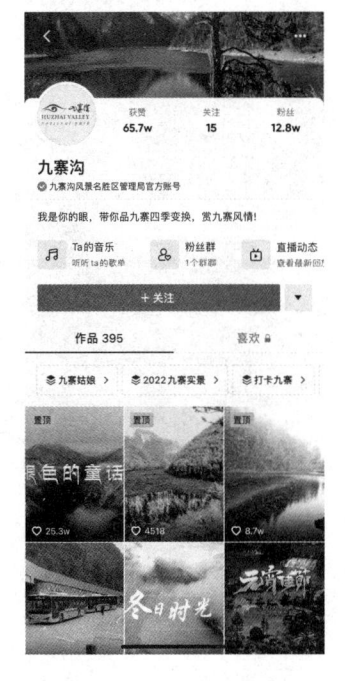

图 3-8 "九寨沟"抖音账号主页

图 3-9 "信马游疆"抖音账号主页

图 3-10 "新疆是个好地方"抖音账号主页

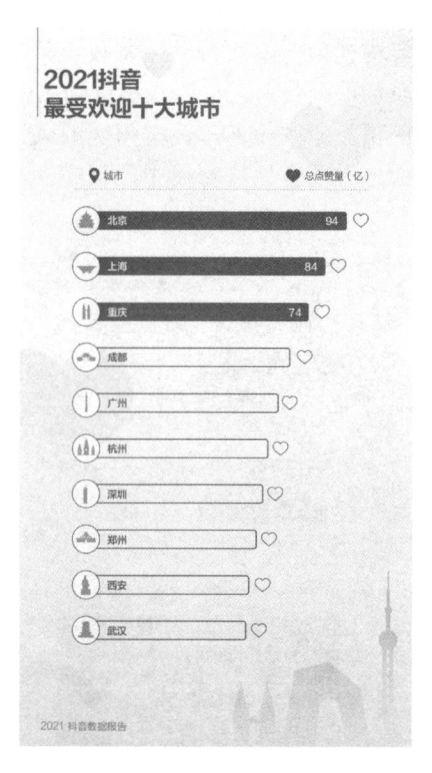

图 3-11 "2021抖音最受欢迎十大城市"排行榜

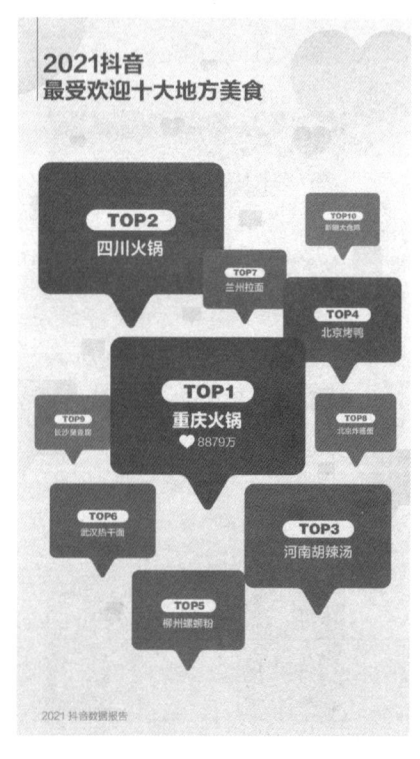

图 3-12 "2021抖音最受欢迎十大景点"排行榜

图 3-13 "2021抖音最受欢迎十大地方美食"排行榜

在 2019 年排名靠前的西安大唐不夜城、成都等，在 2021 年抖音平台整体运营宣传的效力有所降低。可见，旅游形象塑造的含义是传播主体借助传播媒介使潜在游客与旅游目的地达成形象认同并诱发旅游意愿。除网红、游客和普通用户外，旅游企业、媒体和旅游主管部门等也应该积极参与短视频内容生产与传播，充分调动相关资源与渠道，打造"民间 UGC + 媒体联动 + 口碑传播"三位一体的抖音平台运营模式，实现在抖音平台长效运营，宣传当地相关的文旅项目与资源。

课堂讨论

1. 在抖音平台，你观看过哪些呈现样式的文旅主题作品？
2. 你认为在众多呈现样式中哪种或哪些样式更适合表达文旅主题？
3. 如果以"自己所在城市的古建筑遗址"为系列内容的主题，同时基于各大新媒体平台调性的区别，在内容表达与呈现方面会做什么调整与补充？

3.5.4　抖音平台运营细则

1. 抖音推广策略

进行短视频推广的目的是促进短视频的有效传播，加强与用户沟通，增强视频营销的效果。如何才能让短视频得到广泛传播，以获得更多的流量，是运营人员需要关注的问题。下面介绍短视频营销常用的推广策略。

（1）持续发布、更新短视频

形成固定的发布频率，可以培养用户的观看习惯，增加用户黏性。最佳的短视频更新频率是每日更新或隔天更新。如果是生产周期较长的短视频可以选择每周更新。另外，在发布短视频时，还应注意发布的时间，可选择人流量比较大的时间段，如上班前、下班后及休息放假时。因为用户的职业不同、工作性质不同，每个细分行业的人群的时间还有着不同的属性，所以还应结合目标用户群体的时间去发布短视频。

（2）互动体验策略

互动体验策略是指在短视频运营过程中，及时与用户保持互动和沟通，关注用户的体验，并根据他们的需求提供更多的体验手段。为了提高用户的体验，建立更牢固的关系，需要综合设计短视频表达方式，例如，通过镜头、画面、拍摄、构图、色彩等专业手法制作短视频，为用户提供良好的视觉体验；用贴心的元素、贴近用户的角度、日常生活中的素材制作视频，拉近与用户之间的心理距离。在保证短视频本身互动性的基础上，还需要通过平台与用户保持直接的互动，包括引导用户评论、转发、分享和点赞等，让用户通过多元化的互动平台表达自己的看法和意见。

（3）连锁传播策略

连锁即一环扣一环，短视频的传播渠道是营销中非常重要的一环，单一的传播渠道往往无法取得良好的营销效果，此时需要采用多渠道、多链接的形式——连锁传播，从而打造具有连续性和连锁性的传播方式，扩大视频的影响范围。连锁传播应贯穿短视频构思、制作、宣传、发布、传播的每个环节，精确抓住每个环节的传播节点，配合相应的渠道进行推广。

例如，某企业要制作一个推广短视频，在制作初期可以透露短视频的制作消息，包括短视频热点、拍摄人员等信息，进行宣传预热；在制作阶段也可以剪辑一些片段发布到网上，利用各种媒体渠道和新闻渠道进行宣传；短视频上线后，进一步对前期预热的效果进行扩展和升华，加大宣传的力度和广度，强化短视频营销的作用。

（4）整合营销策略

整合营销是对各种营销工具、营销手段的系统化结合，注重系统化管理，强调协调统一。应用到短视频中的整合传播，则不仅需要体现在工具和手段的整合上，还需要在整合的基础上进行内容传播。以用户为中心，以产品或服务为核心，以互联网为媒介，整合营销和传播的多种形式与内容，达到立体传播的效果。

不同的用户通常拥有不同的上网习惯，拥有不同的与短视频接触的途径，这使单一的传播途径很难获得良好的效果。因此，在利用互联网进行短视频营销的过程中，还可以整合线下活动资源和媒体进行品牌传播。

2．抖音内容设计

精彩的内容是短视频得到广泛传播的基本前提，为了能深层次地策划短视频的内容，需要进行脚本的策划和撰写，进行短视频内容的创意等工作。

（1）脚本的策划和撰写

短视频的脚本即主线，用于表现内容的整体方向。一个优质的短视频，其脚本的策划和撰写是不容忽视的。短视频的脚本可分为拍摄提纲、文字脚本和分镜头脚本3种，创作者可根据拍摄内容自行选择脚本的类型。

① 拍摄提纲。确定短视频的拍摄提纲即搭建基本框架，适用于一些不容易掌控和预测的内容，如记录类、故事类短视频。在一般情况下，确定拍摄提纲包括以下5个步骤。

明确选题。明确短视频的立意、创作方向等，确定创作目标。

明确视角。确定选题的角度和切入点。

确定调性。确定短视频的风格、画面、节奏、色调、影调、构图、用光等，例如，对短视频光线的使用，节奏是轻快的还是沉重的。

呈现内容。完整地阐述短视频场景的转换、结构、视角和主题等，从而指导创作者的后续工作。

充盈细节。短视频的细节可以增强表现感，调动用户的情绪，使视频中的人物更加丰满。细节包括音乐、配音、解说等。

② 文字脚本。撰写文字脚本需要列出所有可控的拍摄思路，其在拍摄提纲的基础上增添了一些细节，更加完善。文字脚本的重点在于镜头拍摄的要求，适用于没有剧情、直接展现画面的短视频，如教学视频、测评视频等。在文字脚本中，只需规定人物需要执行的任务、台词，所选用的镜头和短视频的长短。

③ 分镜头脚本。分镜头脚本的要求十分细致，每个画面都要在掌控之中，包括每个镜头的长短和细节，适合类似微电影的短视频。策划分镜头脚本时，必须充分体现短视频故事所要表达内容的真实意图，还要清楚规划短视频的对话和音效等。分镜头脚本大多采用表格形式，格式不一，一般设有镜号、数字标注、景别、拍摄技巧、时长、画面内容、解说、声音内容等栏目。

镜号。镜头顺序号,可作为某一镜头的代号。

数字标注。在拍摄短视频时,不必按顺序号进行;而在编辑短视频时,则必须严格按照顺序号。

景别。包括远景、全景、中景、近景和特写等,代表在不同距离观看被拍摄的对象。景别能根据内容、情节的不同反映对象的整体或突出局部。

拍摄技巧。包括拍摄时镜头的运动技巧(如推、拉、摇、移、跟等)和镜头画面的组合技巧,以及镜头之间的转接技巧(如切、淡入淡出、叠化等)。在分镜头脚本中,一般在技巧栏中只标明镜头的转接技巧。

时长。镜头画面的长短,一般以秒为单位。

画面内容。用文字叙述所拍摄的具体画面(即画面内容)。为了阐述方便,拍摄技巧也在这一栏中与具体画面相结合,加以说明。

解说。对应一组镜头的解说词,与画面密切配合。

声音内容。需要注明声音的内容、起止位置、配音等。

策划分镜头脚本比较耗时耗力,它是前期拍摄的脚本,也是后期制作的依据。

(2)短视频内容的创意

短视频内容的创意需要创作者突破既有的思维定式,其创意主要体现在内容和表现形式两个方面。

内容。内容的创意主要体现在创作过程中对内容的把控。经典的、有趣的、轻松的视频内容更容易吸引用户,同时在这些内容中加入创意,提高其趣味性、想象力、延伸力,可以引发用户传播短视频,甚至形成病毒式扩散。另外,很多广为传播的短视频都具有故事性的特点,只有为内容设计值得品味的开头、过程和结尾或跌宕起伏的故事情节,才能吸引用户的注意。为了快速获得用户的关注,还可以利用热点,借势策划内容。

表现形式。短视频的表现形式非常多元化,精彩的创意内容与恰当的短视频表现形式相搭配,能够获得更好的传播效果。这就需要运营人员和创作人员根据内容设计适合的视频形式。例如,某位定位搞笑、幽默的短视频达人,就采用情景剧的方式创作短视频。在短视频中,这个"90后"男生时而化身烫发穿貂的中年大妈,时而扮演二十出头的小姑娘,一人分饰多角,对妈妈出门旅游时的表现、坐飞机时遇到的空姐和乘客、大学期末考试前学生的各种状态等进行演绎。

3. 抖音发布

(1)发布时间

发布抖音的最佳时间为上午 8:00、中午 13:00、下午 18:00、晚上 21:00。

统计数据显示,62%的用户在吃饭前和睡前"刷"抖音,而只有 10.9%的用户在上班或上厕所等部分时间"刷"抖音。最佳发布时间要根据不同的行业进行调整。平日中午 12:00、下午 18:00、晚上 21:00,周五晚上和周末,都是每个人比较自由的时间。例如,晚上 21:30 "送"鸡汤和情感,适合大多数年轻男女打发闲暇时光;对穿搭类账号来说,9:30、11:30 和 12:30 是黄金时间。

（2）视频封面

① 本人形象照

有不少创作者喜欢将本人形象设计作为封面，这其实是深度人格化运营的一种体现，运用得当能够形成自己独特的风格，塑造出自身 IP。

这种封面往往适用于一些高颜值的帅哥、美女，因为抖音的核心人群年龄集中在 24 岁和 35 岁之间，这群人对颜值特别钟爱，高颜值的封面能够给这部分群体带来强大的视觉冲击力，而且这样的封面一目了然，比较容易吸引人驻足观看。

② 产品效果图

美食类账号就喜欢用成品图作为封面，用诱人的食物刺激粉丝；美妆类账号喜欢用效果图吸引粉丝，让粉丝深入了解产品。将这种直接展示产品效果的图片作为封面，有利于促进粉丝点开视频，增加历史视频的播放量和账号的整体流量。

③ 创意文字

创意文字是很多大 V 常用的一种做法，文字不但能够直观准确地描述视频内容，还有思想上的触动，文字用得好，光是封面就能够给用户留下很深的印象。当然，在使用文字时也不是随意配字就可以的，要讲究视觉效果，设计文字封面其实是有很多方法和讲究的。

其一，提取视频关键点覆盖于视频上。抖音用户的注意力其实是有限的，用户会在很短的时间内判断是否要继续看下去，不仅没耐心看大段的文字，甚至还会增加烦躁感，得不偿失。因此，创作者必须学会提取视频的关键点，直接将文字覆盖到视频前面几帧上，便于让粉丝区分每个视频的不同重点。同时，在字体、字号、字数方面，切忌密密麻麻，丢失封面原有的美感和观感。

其二，贴片式的文字封面是制作成本最低的，而且用起来比较灵活，能够加深品牌的影响力，只需要设定一个封面模板，每次替换内容就可以了。不过其缺点是，因为少了封面图片的视觉冲击，对标题的要求更高了，而且视频的内容还要足够优质，保持足够的期待感。注意，一些专业性比较强的账号用这种贴片式的文字封面不失为一种好的选择。

（3）频率数量

一个新账号的初期，需要用连续性的作品来获得持续的关注，这个阶段应保持一天发 2～3 条视频，在累积了一定的粉丝数后，就要提高作品的质量，一天或两天发 1 条视频即可。

现在是信息时代，各式各样互联网事件五花八门，热搜不断，倘若账号不长期稳定地更新内容就容易被取代，而定期的更新可以保持账号的活跃性，避免粉丝遗忘。一般来说，建议在抖音发布作品时，频率最高的是一天两条，最低的是一周两条。新账号可以保持一天一条到两条的发布频率，增加自己的作品，提升账号活跃度。

3.6 今日头条

3.6.1 今日头条平台概述

今日头条是由北京抖音信息服务有限公司（原北京字节跳动科技有限公司）孵化的一款根植于数据挖掘的推荐引擎产品，于 2012 年 8 月上线发布。该产品通过后台抓取用户数据，

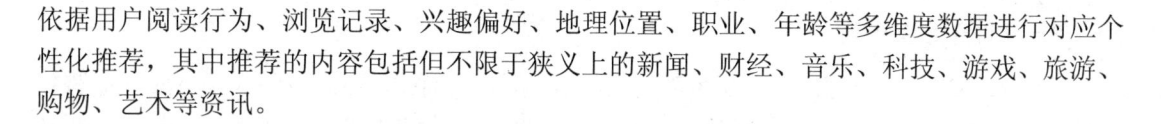

依据用户阅读行为、浏览记录、兴趣偏好、地理位置、职业、年龄等多维度数据进行对应个性化推荐,其中推荐的内容包括但不限于狭义上的新闻、财经、音乐、科技、游戏、旅游、购物、艺术等资讯。

3.6.2 今日头条平台的主要发展历程

2012年8月,今日头条正式上线发布。

2015年5月,国内旅游社交网站马蜂窝入驻今日头条,开通"头条号",为网友提供有价值的旅游资讯。

2021年,抖音公司宣布正在开发一款高端版今日头条,只聚焦于相对有限的领域,包括商业、文化、财经和历史等精品内容。

3.6.3 今日头条平台的特点

在今日头条出现之前,算法推荐在各大资讯类推荐引擎中并未得到很好的运用,推荐的相关信息往往以信息重要程度由高到低排列依次推送。而这种推荐模式的关键性缺陷在于并不能有效建立用户画像,以至于无法真正挖掘潜在用户与精准营销。以简单的地理位置信息抓取举例,传统推荐引擎针对陕西省推出电子消费券的活动信息进行推送,而远在其他省份的用户会感觉与自身利益并无关联,以至于忽视或直接拒绝浏览阅读。另外,基于用户心理与用户行为的区别,每个用户的兴趣偏好都有不同,所以其所需要获取的资讯类型也有所不同。传统推荐引擎往往更愿意推送一些高阅读、高转发、高评论、社会热议的信息给用户,而作为"长尾理论"最重要的案例阵地——互联网,资讯的同质化显得格外严重。可见,个性化推荐才是资讯类推荐引擎最好的策略。

今日头条出现后,强大的数据算法推荐机制才备受业界称道——通过社交行为分析,5秒内推算用户兴趣画像;通过用户行为分析,在每次用户决策动作后,10秒内更新用户模型。基于高频更新的用户画像,算法将用户特征、环境特征、文章特征三者对应匹配并最终推送信息给用户。可见,今日头条与其他资讯类推荐引擎产品的核心区别在于用户画像、自然语言理解和协同过滤。而自然语言理解和协同过滤也是为了更加精准的供给和智能匹配。因此,今日头条背后强大的数据挖掘、算法推荐机制、重视潜在用户挖掘与文旅产业的强调精准营销可谓"一拍即合"。

3.6.4 今日头条平台运营细则

1. 账号注册与设置

在今日头条官网,使用手机号注册一个账号。注册完成之后选择头条号的类型,通常有6种类型:个人、群媒体、国家机构、企业、新闻媒体、其他组织。根据实际情况选择即可。

选择"个人"后,必须填写个人信息和资料,如名称、介绍、头像、所在地、涉及领域、电话及邮箱等。另外,填写自己的公众号、百家号等辅助资料,会提高审查通过率。

填写完毕后提交,等待系统审核,通常3~4天内账号被通过。

2. 认证今日头条号

新账号的审核与通过，还需要实名认证，一般后台会有提示。在今日头条 App 中，根据系统提示完成实名认证。审查通过后，会收到短信提示，提醒可以发布文章和视频。文章和视频都必须严格遵守平台规则。

3. 今日头条号的运营

与其他新媒体平台运营类似，在建立今日头条号之初，就应当对今日头条的账号属性有明确的定位。值得注意的是，介于今日头条平台推荐机制有别于传统推荐引擎，今日头条的账号特征需要运营者更加精准地分析与定位，明确账号的行业类型和专业化范围。

定时公布微头条内容，而且运用媒体实验室中的"热门词汇剖析"查询网络热点内容，公布原创文章内容，保证不断平稳内容输出。

每日公布的微头条不必太频繁，因为并不是每条内容他人都是用心看的，也不用每一次都配许多图。

保持良好的平台活跃度。持续活跃在"悟空回答"社区，选择与行业类型相关联或本专业的问题进行解答。

了解今日头条号题目文案设计技巧。善用提问的方式来设置与安排标题文案，并针对题目发布视频或文章内容。

针对今日头条号来讲，关注行业达人，而且积极主动合理地评价，有益于吸引大量的评论。因此，需要每日挑选达人内容，而且精心策划回应内容。

3.7 小 红 书

3.7.1 小红书平台概述

小红书是由行吟信息科技（上海）有限公司于 2013 年上线的一个消费分享与"种草"决策平台。该平台旨在利用机器学习的方法，将各类信息与用户进行精准、高效的匹配并最终实现推送。早期的小红书平台基于平台的调性，平台内的信息聚焦于"种草"分享，多数用户也将其定义为一个美妆、个护类购物分享的互联网社区。但随着小红书平台入驻的用户数量的不断扩张，更多优质 UGC（User Generated Content）的呈现，在小红书平台下出现了更多类型的"种草"分享，如运动、家居、旅行、餐饮、酒店等领域的信息分享。

3.7.2 小红书平台的主要发展历程

2013 年 6 月，小红书成立。

2013 年 12 月，小红书推出海外购物分享社区。

2014 年 12 月，小红书正式上线电商平台，从互联网分享社区进一步拓展为电商服务机构，完善商业闭环式发展。

2019 年 7 月，小红书用户数突破 3 亿。

2019 年 10 月，月活跃用户数破 1 亿，其中约有 70%的新增用户为 90 后群体。

2019 年 11 月，推出"创作者 123 计划"，并相继推出品牌合作平台、好物推荐平台和互动直播平台。

2022 年 7 月，小红书申请注册"小红书露营地""小红书文旅"等商标，也预示着平台在下一个发展周期内对文旅产业内容的长线布局。

2023 年 2 月，小红书上线网页版。

3.7.3 小红书平台的特点

算法内容推荐超前。与目前主流的内容推荐平台类似，小红书平台在 2016 年初开始使用机器分发的推荐形式，将传统人工运营模式调整为利用大数据和人工智能进行算法内容推荐，将社区中的内容精准匹配推荐给有相关领域兴趣爱好的用户，以此提升用户的平台使用体验。

平台用户使用目的明确。与其他互联网传统电商平台不同的是，小红书平台是典型的"以内容为王""以分享为核心"的内容社区。不论是从早期的海外购物经验分享，到平台典型的美妆、个护使用分享，还是如今平台出现运动、教育、旅行、酒店、餐饮等生活中多领域的内容分享，"分享"这一行为词汇已经成为小红书最重要的平台属性。通过丰富多样的内容分享，使用户能够明确了解该领域相关内容的使用经验或测评感受，以至于进一步地影响其现实生活中的相关消费决策与行为。至此，用户的使用需求又将引导和促使平台的内容生产者进一步创作有关该领域听"种草拔草"内容，最终在用户与内容生产者之间形成一个"信息供给"的良性循环。

内容真实有迹可循。基于互联网本身的属性特点，"虚拟社区"是大多数互联网社区的共性，然而针对发布内容的真实性问题，一直是各大平台着力思考的。特别是消费体验分享类的内容，由于后续可能会直接影响消费决策与行为，用户对分享内容的真实性显得更为在意。2021 年 4 月，小红书平台上线《社区公约》，从分享、互动层面对内容创作者提出了对应的创作规范，明确要求内容创作者在分享与创作过程中如受到商家提供的相关赞助或便利，需要在后续创作的内容中主动申明利益关系，并由用户自行判断分享内容的"真实性""可靠性"。

回到文旅产业的推广与消费问题层面的思考，再基于小红书平台的上述特点，二者可谓是互利共赢之典范。传统网络社区用户在线上消费内容，对应在线进行消费体验；而小红书平台用户在接收了相关餐饮、酒店内容的分享推介后，仍旧需要回归现实生活进行消费使用。基于长时期优质内容的推介与线下用户真实感受体验的结合，已经形成"线上分享"消费体验—引发"社区互动"—推动其他用户"线下消费"—基于线下良好的体验感受进一步诱发更多用户进行相关"线上分享"的良性创作循环。

例如，2020 年 10 月，小红书旅游博主"人字拖游记"，如图 3-14 所示，她的直播间出现了一个新的带货品类——民宿，作为填补小红书旅游板块人群需求空白的产品。同时，不同于酒店行业主要按日期进行预订的方式，直播间提供了更灵活的预订方式——购买"房券"，用户看中民宿后可直接购买相应房券，不用在下单前纠结出行日期，大幅提高了直播带货转化效率。最终成就了直播间互动率超过 22%，相比十一之前同类产品在其他 OTA 的直播带货交易金额翻倍，总交易金额破百万元的"傲人战绩"。真正实现了凭借旅游博主的个人影响力，帮助分散在各地难以打破区域圈的当地民宿进入大众粉丝视野，并借助博主的专业度，增加粉丝对品牌的信任度，从而在全网放大其影响力，实现区域品牌在全网积累品牌资产。

图 3-14 "人字拖游记"小红书账号主页

3.7.4 小红书平台运营细则

1. 账号权重要素

（1）定义

小红书账号的权重是账号对小红书平台的重要性。账号权重越高，账号对平台越重要。

（2）影响因素

影响小红书账号权重的因素很多，核心因素基本可以归纳为三个，分别是：账号级别、粉丝数、工作数据。账号级别越高，权重越高；粉丝数越多，权重越高；账户的工作数据越好，权重越高。

（3）推荐动作

提升账号等级相对容易，完成相应的任务即可，升级后可以制造爆文。

（4）小红书账号的 10 个等级

① 尿布薯

所有新注册的账号都要争取这个等级，账号需要解锁才能看到你的账号权重等级。其对应的要求是发布有效笔记,被赞并征集评论 1 次。

② 奶瓶薯

对应的要求是获得 5 个收藏或者 10 个赞;或者发布一篇话题笔记,在笔记中添加#,选择官方发布的话题创建笔记。

③ 困困薯

对应的要求是累计 3 篇笔记,获得 5 个收藏或者 10 个赞;或者累计发布 3 个话题笔记。

④ 泡泡薯

对应的要求是累计 5 篇笔记,获得 10 个收藏或者 50 个赞,至少 1 篇参加话题活动的视频笔记。

⑤ 甜筒薯

对应的要求是累计 12 篇笔记,获得 10 个收藏或者 50 个赞,至少 3 篇参加话题活动的视频笔记。

⑥ 小马薯

对应的要求是累计 50 篇笔记,获得 10 个收藏或者 50 个赞,至少 5 篇参加话题活动的视频笔记。

⑦ 文化薯

对应的要求是累计 9 篇参加话题活动的视频笔记,获得 10 个收藏或者 50 个赞;或者累计 100 篇笔记,获得 10 个收藏或者 50 个赞。

⑧ 铜冠薯

对应的要求是累计 12 篇参加话题活动的视频笔记,获得 10 个收藏或者 50 个赞;或者累计 300 篇笔记,获得 10 个收藏或者 50 个赞。

⑨ 银冠薯

银冠薯是小红书账号中的第 9 个权重级别,也是第二高的级别。它所对应的要求是累计 15 篇参加话题活动的视频笔记,获得 10 个收藏或者 50 个赞;或者累计 500 篇笔记,获得 10 个收藏或者 50 个赞。

⑩ 金冠薯

金冠薯是小红书账号权重体系下最高级别的账号,要求也是最高的,要想达成这个账号权重等级,确实非常不容易,它的具体要求是累计 18 篇参加话题活动的视频笔记,获得 10 个收藏或者 50 个赞;或者累计 800 篇笔记,获得 10 个收藏或者 50 个赞。

2. 如何打造小红书爆文

(1) 找准用户定位

用户定位是分析自身或者结合产品选准定位。注意,不是所有人都喜欢你的笔记,所以需要定位,固定范围,然后想方设法让一部分人群满意。

(2) 细化关键词

确定受众人群后,要细化主题关键词。很多人因为刚开始接触没有经验,往往会把自身的喜好、自己的观点选作关键词。但是很明显,账号是为受众服务的,更应站在受众人群的角度分析,抓住他们感兴趣的点。

（3）标题与封面

因为小红书平台的特性，用户第一眼看到的不是笔记的内容而是笔记的封面与标题，这就导致封面与标题是第一印象。第一印象是极为重要的，封面与标题一定要结合关键词和内容来进行选择。

（4）把握内容核心要素

小红书爆文内容的核心要素就一个：内容可以给粉丝带来价值。在小红书做内容真的要有利他心态与用户心态，标题党与挂羊头卖狗肉的软文，用户一眼就会识破。应了解平台粉丝最近在关注什么；思考热点+产品的内容形式；思考内容能为粉丝解决什么问题；以用户价值为初心生产内容，适当且巧妙地植入产品。

（5）合理选择发布时间

在不同的时间，用户的活跃流量不同，造成的效果不同。因为小红书的用户大部分都是上班族和学生党，所以一般而言 16:00 — 18:00 为一个高峰期，18:00 — 20:00 则活跃人数开始下降，20:00 — 23:00 又迎来一个高峰期。这些都是一个参考，具体应根据产品使用人群的不同来推测这类用户的活跃时间段。

3.8 马蜂窝旅游网

3.8.1 马蜂窝旅游网概述

马蜂窝旅游网是由北京蚂蜂窝网络科技有限公司于 2006 年上线，于 2010 年正式投入运营的在线旅游平台，致力于将传统复杂的旅游决策、预订和体验变得简单、高效、便捷。在数据趋动平台的大背景下，驱动新型旅游电商模式，为用户提供全球 6 万个旅游目的地的交通、酒店、景点、餐饮、购物、当地玩乐等信息内容和产品预订服务。

3.8.2 马蜂窝旅游网的主要发展历程

2006 年 1 月，网站上线。

2010 年 3 月，正式成立公司投入运营。

2014 年 6 月，注册用户数突破 5000 万。

2018 年 2 月，"蚂蜂窝旅行网"正式更名为"马蜂窝旅游网"。

2018 年 4 月 3 日，马蜂窝旅游网与银联国际宣布年度合作，双方将实现业务层面的深度结合，利用马蜂窝大数据平台与银联卡全球受理网络，重塑自由行时代下的旅游消费环境。

2018 年 12 月 21 日，马蜂窝旅游网在北京召开以"共创产业新生态"为主题的新旅游电商大会，着眼 2019 年产业发展新生态，与优质旅游商家共议新时代下的营商之道，并发布全新升级的商家赋能系统。

2020 年 12 月，马蜂窝发布全新攻略品牌"北极星攻略"。

3.8.3 马蜂窝旅游网的特点

1. UGC 内容与 AI 算法推荐的有机结合

马蜂窝的独特之处在于 UGC 的发布与分享。平台允许旅行者分享他们的旅行经验、游记、照片和评论等。这些真实的用户故事和建议为其他计划旅行的用户提供了宝贵的参考。

基于此，马蜂窝建立起了一个庞大旅行社交网络。用户可以关注其他用户，分享旅行计划，提问和回答问题，甚至找到旅行伙伴。而其他 OTA 通常更侧重于酒店、机票和旅游套餐的预订服务。

与此同时，经过十余年的内容积累，马蜂窝通过 AI 技术与大数据算法，将个性化旅行信息与来自全球各地的旅游产品供应商实现链接，为用户提供与众不同的旅行体验。马蜂窝独有的"内容获客"模式，高效匹配供需，助力平台商家提升利润率，并重塑旅游产业链。

2. 特殊的营销模式和独特的使用体验

马蜂窝特有的"内容 + 交易"模式，在打破信息不对等、解决出行难题、消费决策等用户行为阶段起着独特的作用。马蜂窝提供详尽的目的地信息，包括景点介绍、美食指南、当地习俗和购物建议，有助于用户全面了解即将前往的目的地。同时，与其他 OTA 可能更专注于主题公园、度假胜地等娱乐性旅行不同，马蜂窝强调文化体验和深度旅游，为旅行者提供探索目的地本地文化、历史和风土人情的机会。

马蜂窝通常不直接提供酒店和机票的预订和支付服务，更侧重提供旅行灵感和信息，再让用户链接到其他平台进行实际预订。也就是说，通过攻略的"内容入口"将庞大的流量与合作伙伴分享，帮助旅游企业获得精准的流量与订单，同时节省高昂的营销费用，也为用户提供极具性价比的旅行产品，实现用户、伙伴企业、马蜂窝的三方共赢。而马蜂窝特有的营销模式带来的是独特的用户使用体验。当用户阅读到一篇优秀、真实、走心的攻略或游记时，伴随着的是与之对应相关旅行类产品的推广，此时的用户很难不动心。

3.8.4 马蜂窝旅游网运营细则

1. 店铺装修

马蜂窝提供店铺装修功能，这为旅行社、酒店、旅游服务提供商等业务伙伴提供了一个展示自己的平台。店铺装修的主要目的是吸引更多用户，提高品牌知名度，为潜在用户提供关于业务的详细信息。具体包括以下几方面。

品牌形象的展示，如品牌的标志、名称、口号等。

产品业务的详细信息，如产品简介、价格、服务范围等。

联系渠道与沟通途径，如电话号码、电子邮件地址、社交媒体链接，以此确保潜在用户可以在第一时间了解相关产品。

特别优惠和促销，如果有特别的优惠、折扣或促销活动，可以在店铺上宣传。

2. 产品标题、头图、详情页一起展示

标题和头图影响用户搜索点击率，详情页影响用户转化率。因此，如何能在同类型产品

中脱颖而出，标题和头图的设置与设计就显得格外重要。

在设置头图时，尽量确保头图是清晰度高、内容简洁明了的图片；与此同时，图片内容应与提供的产品、服务或目的地有关。

注意，如果是一个品牌，应确保头图与品牌形象、调性一致，有助于建立品牌识别度。

3. 点评

与其费尽心思地回复差评，不如引导用户给好评，一般引导好评的方法是返现。还要及时关心用户，在用户回程后立马关心用户促使其分享行程，一般用户刚回来玩得开心都会有分享的欲望。而万一用户真的在行程中遇到了不开心的事情，就要正面回复用户：首先表示对用户的遭遇非常同情和理解；其次说明已经与地接人员沟通过表示不会再有类似情况发生；最后赠送小礼品或者优惠券以示诚意。

4. 店铺问答

回答要体现专业性，最好有真正去过的人给予真正的"干货"。当用户在马蜂窝社区提问时，可能是在特别紧急的情况下，如果你的回复帮助了他，可想而知他的感激和信任感。

5. 目的地攻略

在攻略中插入产品链接，是比较好的一种带货方式。但目前马蜂窝对攻略的产出要求比较严格，绝大部分攻略都是马蜂窝攻略编辑部产出的，还有少部分是认证攻略号的。攻略首先关联的是目的地，运营人员应预测目的地的热度，实时关注马蜂窝的首页目的地热搜，提前准备"热搜"相关主题的攻略。攻略可以是目的地盘点概括，如"重庆好吃的火锅大盘点"；也可以是小众玩法，如"你不知道的上海老街"。内容需要尽可能地传递给用户一种生活方式主张和价值观，通过价值观吸引来的用户黏性更强，而且更可能复购。

3.9 OTA

3.9.1 OTA 概述

OTA（Online Travel Agency，在线旅游平台），是旅游电子商务行业的专业词语，旅游消费者通过网络从旅游服务提供商处预订旅游产品或服务，并通过网上支付或者线下付费，即各旅游主体可以通过网络进行产品营销或产品销售。

OTA 运营部门主要负责公司的宣传推广及日常运营；使用营销工具进行产品及店铺推广，提升销售业绩；根据流量、咨询量、转化量、推广效果等数据做全方位的阶段性评估；维护所属区域内的产品正常售卖等。

3.9.2 OTA 运营细则

1. 一幅好图片胜过一千字

适当精选一些周边旅游资源的照片放上去，照片不能太多、太滥，也不能没有，具有高像素、高清晰度，突出特色。

2. 内容为王

从用户的需要出发，多用用户搜索的热词，联系景点、事件、交通枢纽、设备设施、价位等，提高被搜索到的概率。

3. 一碗水端平，公平竞争

坚持价格一致性，防止价格倒挂。例如，酒店直销渠道（官网、步入、电话、微信等）价格比 OTA 高，用户肯定流失到 OTA 上预订，并对 OTA 有忠诚度。提供给 OTA 的促销价，与在酒店直销渠道一样，让用户自己选择是到 OTA 上预订还是直订。

3.10 其他新媒体平台

1. 穷游

穷游是国内领先的出境游分享社区，包含论坛、问答、专栏等多种功能。穷游论坛里面有真实原创游记，汇聚全球目的地，为旅行爱好者提供详尽的目的地旅游信息，深度挖掘全球新旅行地，引领旅行新风尚。穷游问答是用户互相解决关于旅行的各类问题的栏目，分享实用资讯，讨论交流。穷游专栏于 2018 年上线，从专业旅行者的角度分享旅行知识与趣闻，现已签约众多旅行领域优秀作者。穷游锦囊是原创旅游指南，由精选旅行作者打造，致力于为旅行者提供实用的自助游攻略，包括美食购物、交通住宿、路线推荐、自驾路书、当地特色体验等，是必不可少的旅游攻略。

2. B 站

哔哩哔哩（简称 B 站）的主要用户为爱看有趣视频、喜欢社交的年轻人，他们想找到自己感兴趣的视频，并和有共同话题的人交流。B 站是一个综合娱乐社交视频平台，为用户推送感兴趣的视频，营造良好的交流社区环境。内容涵盖动画、生活、音乐、舞蹈、游戏等年轻人喜爱的内容。

实践训练

以小组为单位，以"自己所在城市的博物馆游览"为系列主题，撰写该主题的运营策略项目书。项目书内容应涵盖：各新媒体平台下该系列主题的内容分析、表达呈现样式的梳理、平台运营效果的预估等。

第4章 文旅新媒体内容运营

2019—2022年,"云旅游"消化了大量出游需求,也催生出旅游直播等新业态,内容成为文旅消费决策的流量入口。在业内人士看来,深耕内容成为文旅行业下一个十年的大方向。当前,成为主流消费群体的年轻用户,对文旅消费有着多元化、个性化、品质化的需求。随着供应端信息差逐渐缩小,用户对出行决策权的把控越来越强,传统模式下平台缺乏对用户这一需求的主动满足,而内容正好能补上这一短板,满足消费者在旅游消费决策层面的信息需求,进而将消费者导入消费环节。

➢ **知识目标**

掌握内容运营的概念,熟悉内容运营的基本工作逻辑,了解内容的组织与流通方法。

➢ **能力目标**

掌握内容的生产流程;掌握选题策划的方法,做好长期内容规划,保证内容生产的稳定性和持久性;掌握内容的组织与流通方法。

➢ **思政目标**

树立弘扬优秀文化、坚定文化自信的使命感和责任感,培养文旅新媒体内容审美能力,强化新媒体运营人员的职业素养。

➢ **思维导图**

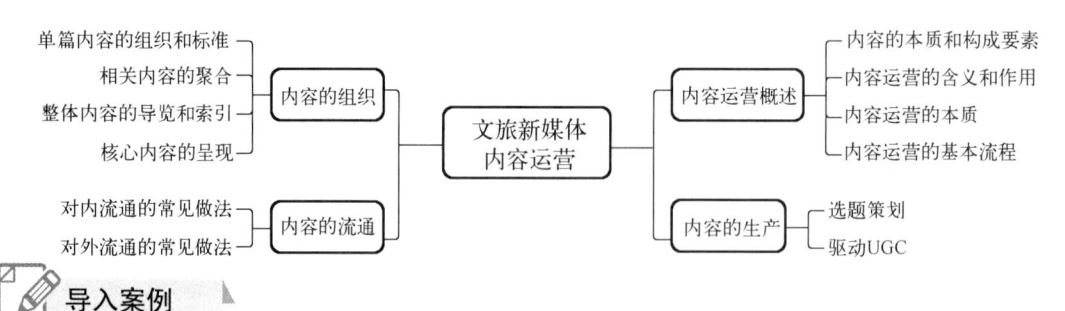

```
单篇内容的组织和标准 ┐                                    ┌ 内容的本质和构成要素
相关内容的聚合     ├─ 内容的组织 ┐          ┌ 内容运营概述 ├ 内容运营的含义和作用
整体内容的导览和索引 │            │          │              ├ 内容运营的本质
核心内容的呈现     ┘            ├ 文旅新媒体 ┤              └ 内容运营的基本流程
                                │ 内容运营  │
对内流通的常见做法 ┐            │          │              ┌ 选题策划
                 ├─ 内容的流通 ┘          └ 内容的生产   ┤
对外流通的常见做法 ┘                                      └ 驱动UGC
```

📝 导入案例

在旅游旺季,重庆轻轨2号线李子坝站铁路轨道下方,两三百人做着一样的动作——仰起头,举起手机,等着拍下轻轨列车穿楼而过的几秒,如图4-1所示。自2018年在抖音走红后,李子坝站就成为重庆网红旅游景点,吸引了数以万计的游客来此打卡,重庆市政府甚至专门在轻轨站外建了一个观景台。

在抖音和快手迅速风靡、短视频流量爆发的背景下,大批用户开始接受短视频种草旅游景点的新样态。旅游短视频激活了城市的网红基因,催生出一批批热门景点。短视频旅游风口涌现后，旅行平台马蜂窝、穷游、携程、飞猪等 OTA 也开始加码短视频内容扶持，增加或重视短视频内容分享端口。"内容 + 交易"是旅游行业愈发清晰可见的未来。

图 4-1　李子坝轻轨列车穿楼而过

4.1　内容运营概述

内容泛指一切可以传播的信息。在文旅新媒体中，内容无处不在：各种旅游"种草""拔草"的文章、图片、视频，一个文旅网站或 App 的内容分类和目录，甚至文旅商品的描述和介绍、用户评价等，都可以看作某种内容。在文旅新媒体运营工作中，优质内容是吸引用户、留住用户、增进与用户情感关联的常见手段。了解内容运营，首先要理解文旅新媒体内容的本质和构成要素。

4.1.1　内容的本质和构成要素

各大新媒体平台上都有着海量的内容，什么样的内容才能称为优质内容呢？好内容的本质是什么？当用户在消费文旅新媒体内容的时候，他们到底在消费什么呢？

从经济学角度来看，内容是一种特殊的消费品，最终目的是为用户带来良好的精神消费体验。用户在观看内容后，思想有收获、情绪有共鸣，这就是消费体验。只有带来良好消费体验的内容，用户才会愿意传播、分享和付费。

"普陀山小帅""兵马俑冰蛋""杭州小黑诸鸣"是抖音上受欢迎的网红导游，他们都有丰富的知识储备，讲解业务能力出众，但他们的视频风格、表现手法又存在很大差异。可见，内容是一种非标准产品，不仅体现在用户对内容的判断非常主观，而且对创作者而言，内容生产源于自我的表达——它们从来不会重复，因为每一个人是如此不同。

那么，在内容非标准化的背后，有没有什么是相通的呢？

以普陀山小帅为例，在旅游业被按下暂停键后，在普陀山带团做导游已经 8 年的小帅在抖音上做起了"云导游"，带领全国各地的游客了解普陀山、认识普陀山，如图 4-2 所示。他的短视频将景点介绍、传统文化、人生感悟融为一体，用真挚的情感、走心的语言娓娓道来。他不仅导游还导心，他化身情感导师开导游客的视频曾多次被各大官媒转载，收获点赞数过千万。

从小帅的案例可以看出，内容的价值归根结底是要通过触达用户的情绪和情感实现的。内容触达的人群范围越大，情感层次越多，情感程度越深，带来的价值越大。因此，内容的本质是情感共鸣和情绪共振。

齐白石曾说："学我者生，似我者死。"抄袭不可取，但学习优秀作品的创作方法论是可行的。拆解单一内容作品，可以帮助运营人员快速掌握内容的构成要素，是学习内容创作的有效途径。对单一内容作品来说，选题、内容传播点、内容构成元素、内容表现形式、内容结构这 5 大要素决定了用户的主要内容消费体验。无论是何种文旅新媒体内容，都可以用这 5 大要素来拆解。

图 4-2　普陀山小帅的抖音账号

1. 选题

选题决定了用户消费一个内容的初始动力和欲望。选题策划是整个内容生产流程中权重最高的一个环节。一般情况下，选题可分为常规选题和热点选题两种。判断一个选题值不值得做、要做多大或多深，可以从以下两个问题中找到答案：目标用户为什么需要这些内容？这些内容对用户有什么用处和价值？假设一个旅行类新媒体账号，从用户需求出发，它能做的常规选题包括：旅行目的地推荐、旅行目的地攻略、旅游相关优惠资讯、目的地民俗文化等。而热点选题，顾名思义，是从当下热点新闻和热点情绪等出发寻找的选题。

2. 内容传播点

内容传播点（也称关键记忆点）是文本中出现的金句，或视频中出现的名场面。它们是内容的核心要素，如同内容的结晶，浓缩了内容中最具有传播能力的信息碎片，甚至能够独立于内容单独传播。这些自带记忆点和传播力的信息碎片决定了用户在消费完一个内容后，是否对其形成记忆和二轮传播。例如，科幻电影《流浪地球》在上映后有一句台词让观众记忆深刻："北京第三区交通委提醒您：道路千万条，安全第一条；行车不规范，亲人两行泪。"一时间，各种改编的版本层出不穷，在微博上还出现过"流浪地球造句大赛"活动，如图 4-3 所示。这句传播力极强的台词就是这部电影的内容传播点。

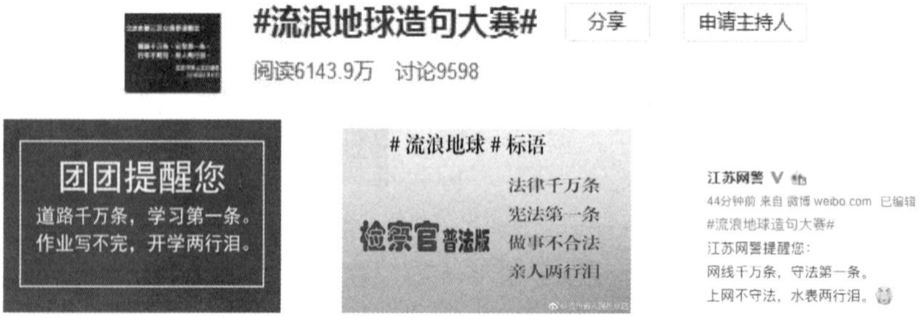

共青团中央　　　　贵州省人民检察院　　　　江苏网警

图 4-3　"流浪地球造句大赛"活动部分案例

3．内容构成元素

内容构成元素是指组成内容的符号元素。到目前为止，文旅新媒体内容产品主要有四种形式：图文、音频、短视频和 VR（虚拟现实）。值得注意的是，单一内容作品所包含的符号元素往往不是单一的，而是多种符号叠加使用。

图文的内容构成元素包括文字、图片、照片，以及图表、漫画、表情包、动图等。

音频的内容构成元素包括主播声音、自然声响、背景音乐及特殊音效等。

在图文作品里，图片排版的美观程度对用户体验产生较大影响；而在音频作品里，主播的声音是否能唤起用户的信任感和亲切感，或者背景音乐是否能够唤起用户的情绪，则对用户体验至关重要。

短视频的内容构成元素则更为丰富，除图文、音频包含的符号元素外，一个短视频中可能还包括如下元素。

一是镜头与背景。一个文旅短视频，无论背景是简洁明亮、以暖色调为主、突出轻松欢快感，还是以冷色调为主、幽暗深沉、呈现厚重感，都会影响用户的审美体验。另外，视频是用单镜头固定位置拍摄，是单机位一镜到底跟拍，还是多个机位跟拍之后再进行剪辑的，用户得到的视觉体验也非常不同。

二是人物形象与镜头感。在文旅视频中，如果需要人物出镜，出镜者的衣着配饰、妆容、镜头前的表情神态和肢体语言等，能传达丰富的信息，需要精心设计和安排。

三是背景音乐和特殊音效。在文旅短视频内容中，除博主自身独特的声音外，还要选择与视频内容关联性强的背景音乐，才能带动用户的情绪，增强用户的体验感。

最后提一下 VR＋旅游。相对于平面的图片、视频来说，VR 全景技术用于创建内嵌丰富的视频、图片、文字、音频、4D 动画的场景，让用户观看到无死角的风景画面，想看哪儿就看哪儿，给用户带来强烈的真实感、立体感和代入感，是目前文旅新媒体内容产品重要的发展方向之一。

图 4-4　弱冠年华的漫画旅游攻略

4．内容表现形式

内容表现形式即呈现内容的具体形式。例如，图文类内容，可以文章作为基本形态，也可选择问答对话、故事、诗歌等呈现形式，还可以选择条漫、长图等更为新颖的内容呈现形式。如图 4-4 所示，Feekr 旅行网的漫画师弱冠年华就使用漫画来制作旅游攻略。

文旅短视频的内容表现形式包括 Vlog、航拍、故事剧情、素材混剪、人文 MV 等。音频内容的表现形式则有口播、访谈对话、故事讲解等几种。

5．内容结构

内容结构是指内容的信息结构。"内容表现形式"和"内容结构"既有区别，又有联系。类似文学写作的体裁，新媒体内容的表现形式和内容结构本质上是叙事手法。选择了某些内容表现形式，就意味着选择了某种内容结构。例如，做评论常使用"总—分—总"结构，讲故事常使用"英雄之旅"叙事结构。

📖 课堂讨论

根据下列资料，从内容5大要素的角度，分析视频《丁真的世界》。

2022年11月25日，丁真作为理塘县旅游大使的首部微纪录片上线，该片由自媒体"时差岛"和甘孜文旅联合出品，是全网最早深度采访丁真的资料之一，上线后即登上当日微博日榜第一，单微博上的播放量近2500万次，如图4-5所示。

从选题来看，四川甘孜是时差岛当时正在进行的选题，原本计划做成一个慢直播作品。丁真走红网络后，制作团队立即向甘孜藏族自治州文化广播电视和旅游局提议：调整拍摄思路，通过丁真的自述来呈现甘孜的美好风景，呈现丁真眼中家乡的模样。

《丁真的世界》以丁真的独白为线索，文案篇幅只有400多字。制作团队采访了村里近200位村民和丁真理塘团队，并与丁真本人反复沟通。初稿完成以后，制作团队请翻译人员一句一句地告诉丁真这是什么意思，再请丁真确认这句话是不是他想说的，以及他会怎样说这句话。这个过程产生了很多来自丁真的"金句"，如"我的小马珍珠是用爸爸最好的马换来的""我想就这样待在我自己的世界里"等，制作团队都将其呈现在成片之中。

就制作水准而言，《丁真的世界》的拍摄、剪辑与包装都非常成熟。在视觉元素方面，手持拍摄、固定镜头和航拍等不同手法综合运用，配合当前流行的镜头加速、快节奏切换等技法。明亮湛蓝的天空是最好的背景，画面调色恰到好处，既保留真实感又体现出一种电影质感。丁真俊朗的外形、身着的民族服饰、带有口音的普通话，都给人淳朴自然、有灵性的美感。在音响元素方面，丁真的独白、背景音乐、藏族歌舞的现场音效等音响元素，在短片中交替变换，自然衔接。短片的时长有3分钟，有助于匆忙的用户在移动端看完视频，同时，又足够调动用户的注意力和情绪，进入短片提供的审美空间。

图4-5 时差岛制作的《丁真的世界》

4.1.2 内容运营的含义和作用

内容运营的核心目标是围绕内容生产和消费搭建起一个良性循环系统，通过不断优化内容，持续提升与内容相关的各种数据，如内容生产数量、内容浏览量、内容互动数、内容传播数等。

1. 含义

在不同语境下，新媒体"内容运营"的含义有所不同，如下所述。

（1）在一个新媒体内容平台内部，内容运营往往指某个账号通过内容持续获取流量，进而完成商业变现的过程。例如，抖音旅游博主"牛肉夫妻出逃记"，是一对爱旅行、爱吃，尤其钟爱牛肉的小夫妻。2018年，两人开始做旅游Vlog渐渐走红，接到了商业合作机会。有了商业变现的支持，夫妻二人才能继续出游并坚持创作。

（2）对一个内容型互联网产品，如抖音、快手、小红书、马蜂窝等，内容运营则指围绕内容的生产和消费，搭建起一套运营机制和体系，确保平台内内容生态的良性运作。例如，马蜂窝以"旅游攻略"为内容主题，联结各种用户活跃其中，马蜂窝的用户可粗略划分为信息生产者、信息消费者及信息传递者三类。内容平台运营的核心目标是内容生产质量的提升与分发效率的提升——以更低的成本，获取更丰富、优质的内容，并让 C 端用户更快、更方便地看到。

上述两种内容运营的含义，既有差异也有联系。从传播模式来看，生产、审核、分发构成新媒体内容传播的整个链条。上述两种内容运营，前者是在平台中进行内容创作，后者是对既有内容进行二次整理推荐。当创作者（B 端用户）生产内容的数量、质量、形态等指标，与用户（C 端用户）的内容消费需求完全匹配时，就形成一个稳定的生态——这是所有内容型平台（第 1 章提到的媒体型新媒体）追求的终极目标。

综上，可以给"内容运营"下一个相对完整的定义——在一家偏重内容的新媒体公司内部，持续关注内容从生产到消费再到流通和传播的全过程，通过撰写、编辑、组织加工、外部渠道传播等一系列手段更好地促进这个过程，最终提升重点业务指标，如流量、粉丝数、内容数量、内容浏览量、内容互动量、内容传播数、内容付费数等。

2．作用

对其他类型的新媒体而言，内容运营同样具备重要作用。无论是产品型新媒体还是售卖型新媒体，通过内容运营，可以延长用户停留时间，达到吸引流量、培养潜在用户和高效促成转化的目的。具体表现如下所述。

（1）内容运营有助于提高产品知名度

文旅产品是一种体验式产品，体验前无法使用，更无法被触摸，这就决定了旅游必须以内容的形式而存在。在文旅行业，内容最大的意义是为用户打造所谓的"旅行灵感"，为出行计划提供有效参照。优质的内容和多渠道的内容推送能让更多用户接触到文旅产品信息，提高文旅产品知名度。

（2）内容运营有助于提高用户黏性

许多用户关注产品，其实关注的是内容，优质的内容会让用户欲罢不能。"双微一抖"上的文旅大号之所以有那么多粉丝，是因为能够长期输出某个垂直领域的优质内容，满足粉丝的信息需求和审美需求。例如，"淘宝故宫""智族 GQ""一条""新世相"等微信大号，其输出的文章都有数万用户阅读，加上与用户深度互动，大大提升了用户黏性。

（3）内容运营有助于提高用户转化率

产品型/电商型产品的内容运营，其最终目的是转化，让用户愿意付费。如果把内容运营看作一场球赛，那么在射门之前必须有传球、盘带等过程，高转化率的内容是转化工作的"临门一脚"，为最终的转化铺垫，积累信任资本。因此，高转化率的新媒体内容并不只是一个爆款作品就能完成的，而需要建立在长期扎实的日常内容运营工作之上。

4.1.3　内容运营的本质

在新媒体环境下做内容运营，可以用一个公式来概括：

新媒体内容运营本质 = 平台 × 定位 × 内容价值 × 独特的内容风格或表现形式

这个公式用文字来说明，就是通过新媒体内容来获取流量和变现，首先要选好发布平台，然后在平台上找到明确的内容定位，最后找到独特的内容风格或内容表现形式，这些独特性能够给用户提供某些内容价值，自然就能收获用户的喜爱和认可。

同样做文旅短视频，选择抖音还是快手，区别非常大。不同平台的用户群体有差异，受欢迎的内容方向、流量分发规则也不一样。在成熟的流量平台上，供给侧的内容产品会被分为几个大类目，每个类目都能支撑一定数量的账号和运营者在其中持续获取流量并完成变现。

给用户带来价值是内容运营的基本前提。内容带来的价值，既可能是"信息增量"式的实用干货、认知性价值，也可能是某种情绪共鸣、情绪陪伴型的价值。

在新媒体时代，用户消费内容的时长、频次、速度都在大幅提升，用户在内容消费上，永远存在着"对新鲜感的无限追求"，也越来越容易对单一风格、单一类型的内容产生审美疲劳。与之相对的，内容创作需要精雕细琢反复打磨，创作一个优质作品要付出巨大的时间成本。

在今天的新媒体环境下，每隔一段时间就会涌现某些内容运营者或创作者，从内容本身提供的"信息增量"上来看，他们没有太大创新，但他们通过在主要内容构成元素、内容表现形式等局部创新，也能在短期走红，收获巨大流量和高关注度。

案例分析

2022年2月14日，抖音账号房琪kiki更新了一条关于"厦门蓝眼泪"的短视频，这条短视频点赞数超过400万，让已有1100万粉丝的她，再次涨粉40万。在这条短视频发布之前，房琪kiki的粉丝数呈现下降趋势，每天的掉粉量在2000人左右，如图4-6所示。

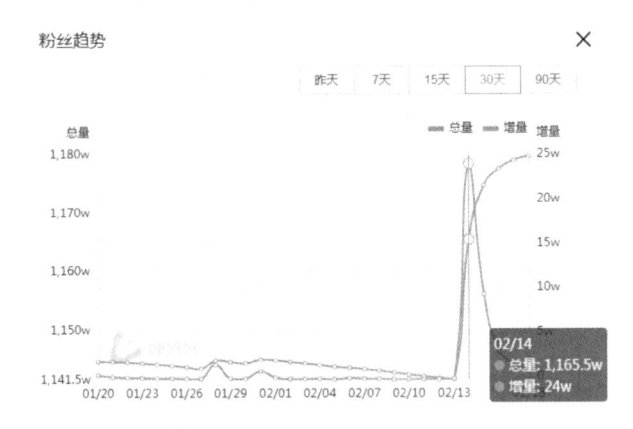

图4-6 房琪kiki的粉丝趋势

抖音上关于"厦门蓝眼泪"的视频有很多。房琪kiki不是第一个拍摄发布的，也不是拍摄最好的，但她却是其中收获成绩最好的。房琪kiki能在众多同质化内容当中脱颖而出，除发布作品的时间点临近2月14日情人节外，最主要的离不开她在视频中提到的影视剧人物"张万森与林北星"，从而在评论区引发了很多人共鸣。房琪kiki的文案一直是被粉丝赞叹的，基本每个作品都有粉丝留言称赞她的文案水平高。翻看研究房琪kiki的视频，发现她在视频文案方面有以下几个技巧。

1. 引起互动

引起粉丝互动，让粉丝看完作品之后情不自禁地想在评论区留下自己的看法，房琪kiki

的文案中有很多疑问和反问，如"有什么样的体验？""你过年回家吗？""什么是我的2021？是声音。"等，如图4-7所示。

2. 引起共鸣

好的作品一定是能引起粉丝强烈共鸣的。不论是音乐的选择还是文案的使用，只要能引起粉丝的共鸣，作品点赞量就不会低。文案可以是励志、共情等，让粉丝看完之后觉得说的非常对，房琪kiki发布的"厦门蓝眼泪"视频文案开头提到"原来张万森和林北星看的那片荧光海，真的存在"。这让粉丝立马回忆起看过的影视剧，可见集体回忆能制造情绪共鸣。

3. 变现方式

房琪kiki的主要变现方式是广告。平均一个月会拍摄1~2个广告作品，以汽车、手机、自拍杆等贴近旅行的产品为主，偶尔也有契合特殊节日的商品，如图4-8所示。

图4-7 抖音账号房琪kiki的互动文案

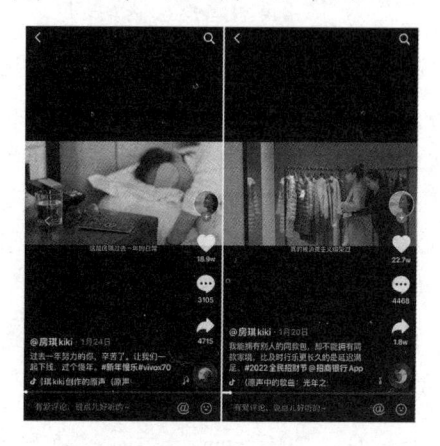

图4-8 房琪kiki的广告作品

在房琪kiki的视频中会偶尔看到一些地图定位。这些定位有景区的，也有某个旅游小镇的。房琪kiki会在作品中介绍这些景区或旅游小镇，最后"@"这些景点来进行推荐，如图4-9所示。

房琪kiki还开通了商品橱窗功能，将一些自己觉得好的商品上架，让粉丝自主下单购买，在特定视频中也会做一些简单的推荐。商品单价不高，但销量都不低，如图4-10所示。

图4-9 房琪kiki的景点推介作品

图4-10 房琪kiki的商品橱窗

4.1.4 内容运营的基本流程

"内容运营"在两种含义的语境下，具体工作的关注点其实不一样。对于第一种含义，运营者往往也是创作者，具备长期的内容输出能力；对于第二种含义，运营者需要具备内容审美和鉴别能力，设计更多规则和激励机制来确保内容供给平衡，内容生态良性循环。

但是，所有内容运营的工作流程具备某些共性，如表 4-1 所示。

表 4-1 内容运营的工作流程

内容定位				
内容生产	内容组织	内容分发	内容互动	内容再传播
选题，策划，资料收集，写稿，组稿，内容审核，驱动 UGC	内容标准设定，内容聚合，内容导览和索引	打标签，做专题，上推荐位，看数据，制定内容推送机制	设计互动点，维系互动，二次内容提炼	传播策略设计，传播渠道推广

所有的内容运营工作，先明确内容定位，再基于"内容生产—内容组织—内容分发—内容互动—内容再传播"这样一个基本逻辑展开。无论是做图文还是做视频，上述各个工作环节都基本一致。只不过，不同的内容表现形式，在进行策划、编排、分发时，需要关注的重点有所差异。另外，内容与用户互动、内容对外传播等工作，也需要结合各平台特性来进行差异化设计。

> 总结

做"内容"就是要在特定平台上找到一个独特的定位，然后对前文提到的"内容 5 要素"进行组合、创新、优化，最终为用户带来良好的消费体验，让账号收获更多流量。

4.2 内容的生产

内容生产有两种基本模式：PGC（Professionally Generated Content，专业生产内容）和 UGC（User Generated Content，用户生产内容）。二者的区别在于，前者是聘请了一批专业人员或付费请专栏作家来生产内容，如很多门户网站或新闻客户端开设的专栏；后者则是用户生产上传内容，如一些社区类产品或内容平台型产品，如小红书、马蜂窝、抖音等。

上述两种模式并没有绝对好坏之分。PGC 模式相对更可控，但基本逻辑是劳动密集型生产模式，随着内容量越来越大，作者团队一定会越来越庞大，运营成本也会越来越高。UGC 模式虽然听起来更容易，但内容生产质量良莠不齐，运营过程也不容易。以上两种模式，做好内容生产的重点有较大不同。

4.2.1 选题策划

内容行业有句名言："让用户爱你一天容易，让用户爱你 40 年很难。"意思是可持续性内容输出非常不易。无论是 PGC 还是 UGC，内容生产的第一个关卡都是选题。

选题策划是内容生产流程中权重最高的一个环节。运营圈流行这样一个公式：爆款 =

50%的选题＋30%的内容＋20%的推广。到底该如何做好选题策划，确保内容用户喜欢看、喜欢传呢？下面介绍一种操作性较强的选题方法——"内视""外窥"法。

"内视"指分析自己账号过往传播效果表现好的内容选题；而"外窥"指分析与自己目标用户相同账号的内容选题方向。"内视"用于分析账号历史发文数据，如浏览量、分享量、点赞量、打开率、分享率、推送时间等，总结出之前受欢迎的选题方向，如表4-2所示。

表4-2 账号过往选题方向

类型	文旅新媒体账号选题方向				
阅读效果最好	选题方向A	选题方向B	选题方向C	选题方向D	……
分享效果最好	选题方向A	选题方向B	选题方向C	选题方向D	……
收藏效果最好	选题方向A	选题方向B	选题方向C	选题方向D	……
打开效果最好	选题方向A	选题方向B	选题方向C	选题方向D	……

"内视"还可以直接去"问"用户喜欢的选题方向，例如，可以在后台让粉丝对感兴趣的选题投票，可以发起征集活动，也可以通过在线问卷进行粉丝调查，还可以在粉丝群里了解用户喜欢的选题，包括一对一深入沟通等，如表4-3所示。

表4-3 用户喜欢的选题方向

类型	文旅新媒体账号选题方向				
粉丝投票	选题方向A	选题方向B	选题方向C	选题方向D	……
粉丝群了解	选题方向A	选题方向B	选题方向C	选题方向D	……
问卷调查	选题方向A	选题方向B	选题方向C	选题方向D	……
私聊	选题方向A	选题方向B	选题方向C	选题方向D	……
后台消息	选题方向A	选题方向B	选题方向C	选题方向D	……
……	……	……	……	……	……

"外窥"就是找与自己目标用户重合度高的账号，看看他们在发什么内容，他们的哪些选题方向是用户比较欢迎的，如表4-4所示。

表4-4 对标账号的选题方向

账号	用户重合度	文旅新媒体账号选题方向			
账号1	高	选题方向A	选题方向B	选题方向C	选题方向D
账号2	高	选题方向A	选题方向B	选题方向C	选题方向D
账号3	中	选题方向A	选题方向B	选题方向C	选题方向D
账号4	一般	选题方向A	选题方向B	选题方向C	选题方向D
……	……	……	……	……	……

除了常规的选题，还有一个核心的选题方向即追踪热点选题。用户喜欢浏览和讨论与热点相关的话题，内容创作者也需要热点带来更多爆款。热点出现后，运营者需要快速判断热

点要不要追、以什么角度追。可以从热度、传播度、话题性、相关度、风险度等 5 个维度去判断，如表 4-5 所示。

表 4-5 判断热点的维度

如何判断热点要不要追					
目标热点	热度	传播度	话题性	相关度	风险度

先对各个维度打分。5 分到 0 分依次对应：高、不错、一般、一点点、基本没有。

再对各个评判标准打分，将各个判断标准和对应分值做成雷达图，如图 4-11 所示，这样可以直观地进行对比，越完整均衡的雷达图其价值越高。

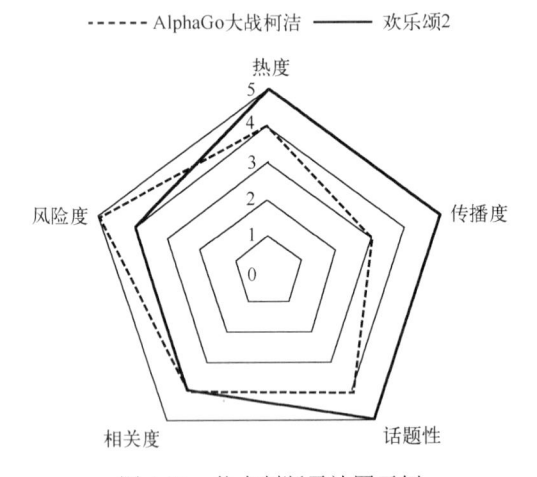

图 4-11 热点判断雷达图示例

确定选题以后，就要开始收集创作资料。在收集资料时务必有意识重点关注以下素材：
一些特别动人、有吸引力的故事、案例、图片、视频；
一些特别鲜明、犀利的观点；
一些特别翔实的数据；
一些直击灵魂的金句。

在创作内容时，上述素材会成为好内容的有力武器。最后是内容加工和生产，涉及文案写作、拍摄技巧、后期处理等具体内容创作方法，在此不再赘述。总之，内容质量的精进依靠天长日久的积累和练习。

4.2.2 驱动 UGC

UGC 指用户将自己原创的内容在互联网平台进行展示或者提供给其他用户。UGC 按照功能类型的复杂度由低到高可分为评论、动态、话题、问答、社区；按照内容载体/生产成本由低到高可分为文字、图文、音乐、短视频、Vlog、直播。在实际操作中，UGC 类型可能会有更多的细分。例如，评论可以细分为商品评价、视频弹幕、跟帖盖楼等各种展示形式。广义的 UGC 其实包括一切用户原创或参与创造的内容。

从运营角度看，UGC 模式内容生产体系的建构是一个循环往复、滚雪球式的发展过程，如图 4-12 所示。

```
内容初始化  →  少量用户加入生产  →  内容生产者激励  →  更多新用户加入  →  更多用户加入生产
• 气氛塑造      • 邀请并发现      • 及时回复&       • 已有优质       • 话题、标杆
• 话题挑选        种子用户加入      互动              内容传播         等鼓励更多
• 初始内容        生产            • 增加曝光&      • 其他拉新         用户加入
  填充                            关注              推广引入         生产
                                • 物质奖励
                                  驱动
```

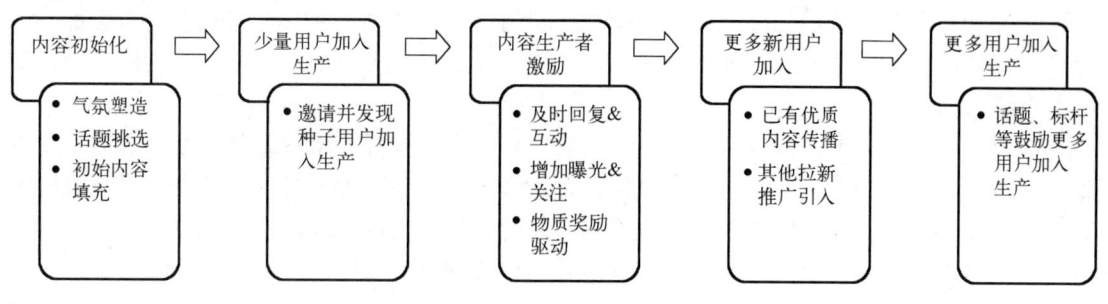

图 4-12　UGC 模式内容生产体系

1．内容初始化

一个新上线的 UGC 平台，起初内容数量有限。一个没有多少内容、看起缺少人气的产品基本不会有用户愿意关注。为了能够让这个产品对用户产生吸引力，就必须往里面填充内容。当然，内容不是随便填充的，初始内容必须符合目标用户的需求和喜好。例如，直至 2021 年，知乎全站都不支持 GIF 动图，就是为了避免动图出现在回答社区，破坏整个社区的氛围，这符合知乎早期"严肃认真型内容社区"的定位。

2．少量用户加入生产

平台内容氛围逐渐形成后，第一批能够生产优质内容的人开始进入。这些人也被称为早期"种子用户"。他们往往不太可能"从天而降"，需要内容运营人员一对一发出邀请并作充分沟通，才会进驻内容平台。这批种子用户，如果本身就是意见领袖或某圈子里的名人，更容易形成标杆效应，带动更多用户加入社区。还以知乎为例，知乎早期的回答者，除知乎的员工外，包括李开复、雷军等一大批互联网名人，都是知乎团队一对一邀请才入驻和使用知乎的。

3．内容生产者激励

如果想让种子用户愿意长期留在平台并持续贡献优质内容，平台运营团队需要给他们一些激励，例如，让他们获得更大的影响力、更多的存在感和被关注感、更多的物质激励，这些都可以成为他们留在平台的动因。B 站和知乎这两个以兴趣、话题为中心的社区，为了激励早期内容生产者，B 站、知乎的员工甚至 CEO 本人都经常到社区中给内容生产者点赞、评论、互动，通过及时反馈以情感纽带的方式来维系种子用户。

4．更多新用户加入

这一步要做的事就是把社区已有的优质内容尽可能地输送到外部并形成二次传播，同时借助其他一些运营手段来促进用户数量的增加。

5．更多用户加入生产

常用的鼓励和引导更多用户加入生产的手段如下。

一是在产品和文案等层面加强引导。例如，新浪微博，一直把"发微博"的输入框放在页面顶部，暗示用户：在微博里需要做的最重要的事就是发微博。

二是不断制造话题，借助话题引发用户参与生产的意愿。在一个大众话题面前，用户的表达欲和参与欲会显著加强。因此，善于制造和利用话题是一个 UGC 运营人员的必备技能之一。例如，曾经火遍全网的冰桶挑战、"只要心中有沙哪里都是马尔代夫"等话题策划，背后都有运营人员的介入。

三是通过"造典型、树标杆"为用户树立内容创作者榜样。用户看到早期微博上的郑渊洁、黄健翔、冷笑话精选等账号，通过每天发微博迅速收获一大批粉丝，又或看到早期知乎上的张亮 Leo、Keso、采铜等人通过认真回答问题获取一大批关注，就会向他们看齐进而仿效。在 UGC 社区中，要持续给用户树立内容创作者榜样，借助榜样的力量影响和驱动用户行为，让他们源源不断地贡献优质内容。

案例分析

对马蜂窝来说，内容背后的创作者是这家公司最大的宝藏。在马蜂窝创作者开放平台上，有数以十万计的专业旅游作者，这些人绝大多数是 90 后和 00 后。他们既有自己稳定的粉丝群体，也有旅行攻略内容的创作能力。马蜂窝每年在各地通过"蜂首俱乐部""未知旅行""未知饭局"等社区活动，与达人们保持着长效的沟通。一方面，马蜂窝的运营者通过摄影大赛、扶持泛旅游圈层内的达人，如马拉松达人、自驾达人、徒步达人、登山达人、滑雪达人等，寻找更多优秀的内容创作者；另一方面，马蜂窝也在创造各种通道帮助广大创作者实现商业变现。

2022 年 12 月，马蜂窝与吉林省共建全球首个"内容创享者友好省份"，让众多创作者利用体验并创作吉林旅游内容的方式，帮助吉林做好旅游推广，也让达人们通过与地方政府、景区景点的合作获取更多商业机会。

过去十年，马蜂窝凭借优质的旅游内容站稳了旅游消费决策第一入口的位置。疫情之后，众多平台也纷纷将目光投向"旅游内容"的赛道。很多人在问，马蜂窝紧张吗？马蜂窝如何卫冕？

经过大半年的打磨，马蜂窝联合创始人、CEO 陈罡在 2020 年底宣布了新的攻略品牌"北极星攻略"，这是全新形态的、深度结构化的攻略展现体系。陈罡说："我们要为旅行者提供更省时间、更专业的旅游攻略。"

至此，马蜂窝的内容"森林体系"已成规模：形式包含攻略、游记、短图文、短视频、直播、"北极星攻略"，这背后是马蜂窝 10 余年的内容积累和完整的创作者生态的强支撑。这是一个复利的过程，与时间做朋友，与创作者做朋友，与内容做朋友，才能将这片内容"森林"建成。

简要回顾中国的旅游内容进化史，就不难发现，马蜂窝每一次对旅游内容的更新几乎都引领了整个行业旅游内容形态的变化——从早期的旅游论坛，到 PC 网页时代以目的地为核心的内容结构化创新，再到如今的短内容和深度结构化的"北极星攻略"，"内容"和社区是马蜂窝的基因，也成了它固若金汤的城池。

首先，随意打开任何一个"北极星攻略"，对内容深度结构化都会有直观的了解。页面展示了结构化的信息，这是马蜂窝攻略团队通过实地调研、旅游大数据、与当地文旅机构和达人的沟通后，整理出来的体系化内容。这些内容要先符合年轻游客对目的地的期待。

其次，要提供当季最新的旅行信息。马蜂窝攻略专家对攻略的校准和更新时间往往以周计算。在系统化的攻略模块之后，是攻略专家精选的旅行玩乐产品。

最后，是 UGC 的笔记、游记等短内容和长内容混合的信息流，问答在这个结构化页面中也占有特殊地位，它能够解决细颗粒度信息决策及更高时效的问题，让用户帮助用户。陈罡曾在公开演讲中提到，内容的背后是信息，信息的背后是知识图谱，知识图谱的背后是价值。在人人都是自媒体的时代，生产内容不难，但生产有价值的内容，其门槛之高显而易见。

案例来源：新京报《马蜂窝旅游："人的价值"值得被放到最大》，作者王胜男。

4.3 内容的组织

当内容生产体系逐渐搭建起来后，如何将拥有的内容（如已经有超过几百部的内容作品）面向用户实现价值最大化，如何组织呈现这些内容呢？一般情况下，拥有大量可消费内容的内容型产品，内容的组织形式可分为如图 4-13 所示的 4 个层次，具体如下所述。

4. 核心内容的呈现
- 传递内容调性
- 建立内容识别度&品牌认知

3. 整体内容的导览和索引
- 建立内容消费路径
- 提升用户消费效率
- 培养用户消费习惯

2. 相关内容的聚合
- 激发内容消费兴趣
- 提升用户消费效率
- 放大内容价值

1. 单篇内容的组织和标准
- 提升内容消费体验
- 加强内容识别度

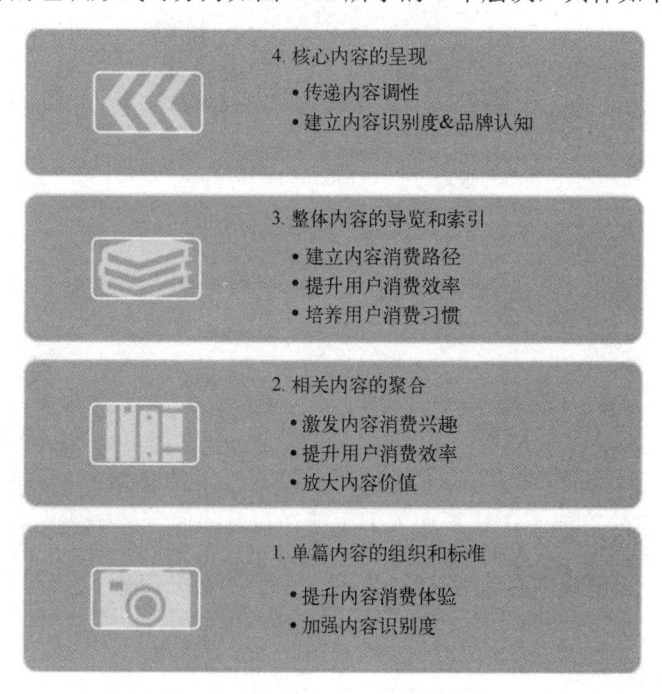

图 4-13 内容组织形式的 4 个层次

4.3.1 单篇内容的组织和标准

在单篇内容的生产中，要对内容的外观样式、构成要素等进行一系列标准化的设定，让内容整体风格、阅读体验一致，有识别度，同时也能保障质量，提高内容生产效率。

例如，发表小红书图文旅行笔记，全文字数一般在 200～500 之间。字数少了，用户会觉得分享的笔记没有实质性内容；但字数多了又显得太复杂，用户看不下去。小红书笔记的正文内容，每个段落区分明显，排版清晰明朗，多用各种表情、项目符号等增加文章的可读性。另外，小红书图片的标签属性非常有特色，用户对此也形成强烈的社区认知，在图片上添加相关标签说明形成小红书特有的风格，如图4-14所示。

图4-14 小红书旅行笔记示例

除了设定内容样式，还可以对内容构成本身进行标准化设定，从而提升内容的整体价值。例如，早期微博内容有最多140字符的限制，增强了内容的识别度，保持了站内内容的一致性，同时降低了内容生产成本，让每个人都可能在短时间内完成一段内容的创作。再如，早期抖音，只允许用户拍摄15秒以内的视频，定位于记录美好的生活瞬间，降低了用户的内容生产门槛。

4.3.2 相关内容的聚合

内容聚合是找到一个中心点，先把多篇内容组织聚合到一起，再整体打包并推送展现给用户，由此放大内容的整体价值。相关内容的聚合可以提升其被用户集中消费的可能性。常用的聚合形式有专题、专辑、话题、犀利、相关推荐、精选等。

文旅新媒体中的这种聚合，可能会以特定目的地或玩法话题为中心，如图4-15所示。马蜂窝的澳门北极星攻略，不再是一篇传统的长图文，而是将攻略分为《第一次去澳门》《澳门小众秘境》《玩转澳门嘉年华》《澳门漫步指南》等，针对不同玩法提供了系统化、结构化攻略。攻略中将当季最新的内容以"近期限定精彩体验"的方式提供给用户,让用户了解正在和即将在澳门开展的冬日嘉年华、圣诞节市集等信息,为游客提供一站式的内容和产品服务。

图 4-15 马蜂窝澳门北极星攻略

4.3.3 整体内容的导览和索引

当平台或账号的内容基数足够大以后,用户的访问行为可能不再是一种"推送啥看啥"的被动行为,更多会成为一种"我来找点我想要的东西"的主动行为。此时,运营者就必须考虑如何满足用户的这种主动行为。此时常用的手段包括内容分类、搜索导引、优先推荐机制、信息流等。

主动访问式的内容消费行为可以细分为两类:一是"闲逛"式的,用户在访问时可能没有特定目的,只是为了打发时间,随便看看;二是"目的导向"式的,用户在访问时就是为了解决某个特定的问题,或者为了查询某个特定资料。

围绕用户"闲逛"式行为,内容组织的解决方案可以是信息流这种随意刷新、随机获取信息的呈现方式,也可以是设置热门话题、官方推荐、最新最热排行榜等内容组织形式,让用户以较小的成本获取能够给自己带来刺激或价值的内容。

例如,抖音中用户的典型行为可能是"随机地发现一些还不错的视频内容以打发时间",加上短视频内容的观看需要沉浸式的体验,故其内容组织方式采用的是整屏显示视频、下拉刷新的瀑布流方式。相比之下,微博同样是消遣闲逛式的用户使用场景,由于大多数微博的内容载体是"短图文",因此在用户第一次登录后打开的首页里,经常会采用官方推荐和当前热门内容推荐结合的信息组织方式。

围绕用户"目的导向"式的行为,内容组织解决方案则可能是内容分类、加强搜索体验和导引等方式。这样的方式重在给予用户一条明确的信息浏览路径和查询线索,高效找到自己想要的内容。

例如，爱奇艺的某用户访问行为可能是"查询最近有哪些好看的新片、新节目"，所以爱奇艺的信息组织方式以节目类型为中心，突出按照"电视剧、电影、综艺、动漫"等不同类目来分类展示的方式。

其实很多时候，用户使用一款内容产品，其行为是多样化的，有时是"闲逛"，有时是有"目的导向"的。运营者需要通过不同的方式来服务不同的用户行为。例如，知乎既有信息流，又有分类和推荐，还有搜索导引。

4.3.4 核心内容的呈现

任何一款内容型产品，都要让自己的内容具备特定的调性和识别度。在内容产品绝对数量比较多的时候，尤其是需要在用户第一次访问产品时，把这种特定的调性和识别度传递给用户。常用的手段有站内 Banner 位、核心推荐位、浮层、弹窗等，用于把最具代表性的内容呈现给用户。

例如，在马蜂窝的内容体系中，"蜂首"处于核心地位，代表了马蜂窝的最优内容水平。马蜂窝编辑会从一众 UGC 游记中挑选篇目，提前与作者沟通，获取许可和物料，然后排期，将游记放上蜂首。这些游记多有独特的经历、较高的摄影水平及全面细致的攻略文字。该栏目更新时间为每日 0 点，会展示在马蜂窝网站首页头图 Banner 位、App 开屏及首屏推荐位，可见其对优质内容的重视。

4.4 内容的流通

内容的流通，也称内容分发，是指在内容存量较多的时候，通过一些人为干预或产品机制，更好地促进内容的流通，提升内容与用户之间的匹配效率。

内容流通分为以下两个维度。

一是对内的流通，即在产品或账号内部，内容如何更好地流通起来并与用户形成匹配。

二是对外的流通，即如何通过一些机制或手段，让站内已有的内容可以流通到外部平台（如微博、朋友圈），以此带来内容的二次传播和新用户的引入。

4.4.1 对内流通的常见做法

1. 内容运营人员的人为干预和组织

可以把内容展示页的维护和更新完全交给运营人员负责。运营人员进行页面更新或内容推荐，相应内容就会出现在用户面前。例如，很多新闻资讯 App、电商 App、知识付费 App 早期首页上的各种分类展示、推荐位等版块都是通过站内的编辑和运营人员来更新维护的。

这种分发方式比较适合早期用户基数还不大的产品，或者专业度很高、特别需要专业人员进行解读介绍的产品，以及用户的内容需求高度一致、个性化需求较小的内容类产品。

运营人员的干预和组织，其背后是职业经验，包括对内容的时效性、重要性及所属领域的判断。例如，刚刚发生的排前面，影响更多人的排前面，时政排娱乐前面。

2. 基于算法的智能推荐

算法推荐适用于有强大技术研发能力、用户规模和内容规模巨大的一些产品，如今日头条和抖音。基于用户的内容消费习惯，依靠算法在一个信息流中为用户推荐更适合用户消费习惯的内容。这种分发方式比较适合用户体量较大同时用户的个性化需求较多的内容类产品。在算法推荐里，用户其实是在看自己，容易陷入"信息茧房"，不过随着协同过滤、兴趣图谱等算法手段的应用，内容推荐多元化、多样化已成趋势。

3. 依靠用户关系和用户行为

这种分发方式比较适合具有社交属性的内容产品，或者用户对内容的消费习惯高度依赖于"人"的背书和推荐的内容产品，典型如知乎、微博、视频号。基于用户的好友或所关注的人际关系网络，通过点赞、评论、关注、转发等用户行为，把相应的内容推送到用户的信息流中。

4.4.2 对外流通的常见做法

内容对外流通有两种做法：一是通过产品机制、运营手段等鼓励用户自发地把一些优质内容分享到第三方平台；二是依赖运营人员主观挑选一部分优质内容将其分享到第三方平台，并获取更多人的关注。

对外流通的核心还是内容质量，在这个基础上，产品的体验（如分享顺畅、操作步骤简单等）和一些激励机制（如分享获积分奖励等）也会形成一些额外的助推力。

由于篇幅有限，还有一个重要话题没有展开——内容审核。近年来，因内容问题而被封禁的新媒体账号越来越多，内容安全是新媒体的生命线，也是不可逾越的红线。当然，内容安全不是仅靠审核就能保证的。内容安全是一个系统工程，包括对宏观政策的理解，业务标准和规章制度的制定、执行，技术的支持，以及与管理部门的充分沟通。

同 步 训 练

一、知识训练

1. 简述内容的概念和本质。
2. 简述内容运营在不同语境下的概念。
3. 结合相关案例，阐述驱动 UGC 的工作步骤。
4. 谈谈内容标准建立的作用和意义。

二、技能训练

根据所学知识和技能，分小组为指定的文旅新媒体账号完成一次内容聚合的策划。

第 5 章　文旅新媒体活动运营

文旅新媒体运营的几种方式中，效果最好的当属活动运营。在新媒体平台上开展丰富多彩的活动，是增加新用户数量、增强用户黏度及扩大文旅目的地知名度的重要方法。新媒体活动运营的完整流程和关键环节直接关系到新媒体活动开展的成效。新媒体运营可以通过开展多样化的线上线下活动来吸引更多用户，提高品牌曝光度，更好地推广文旅品牌。

➢ **知识目标**

掌握文旅新媒体活动运营的完整流程，掌握文旅新媒体活动运营的关键环节。

➢ **能力目标**

能够设计全年活动规划并提前筹备；能够根据表单确保活动精确执行，评估活动效果并做好活动复盘。

➢ **思政目标**

掌握文旅新媒体活动策划要点，培养学生遵纪守法的意识；掌握文旅新媒体活动流程，培养新媒体人的职业道德与职业精神。

➢ **思维导图**

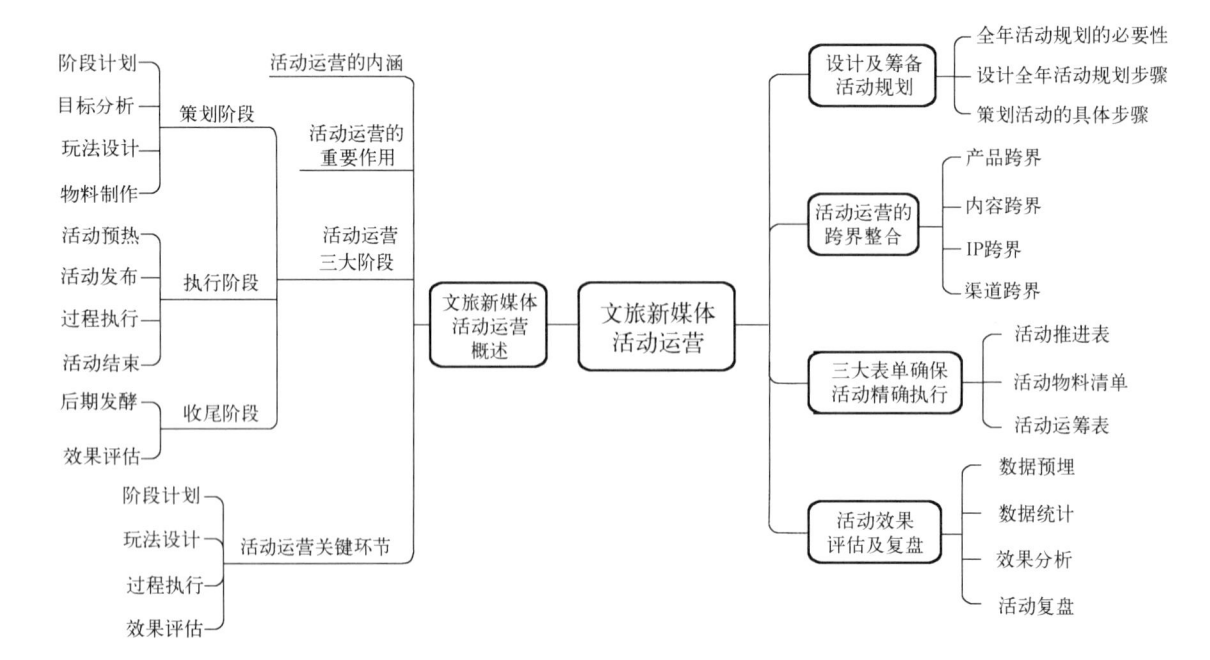

> **导入案例**

甘孜藏族自治州有 8 大类 36112 个旅游资源、94 个 A 级景区和 6 大类 15703 个文化资源、29 个世界级和国家级非遗资源、1103 个文物保护单位，它们犹如一颗颗珍珠散落在 15.37 万平方公里土地上，创造了四川省及涉藏地区多个之最，是自驾游的天堂。2022 年 6 月，甘孜州文化和旅游发展大会以"甘孜天团邀约全国游客"为话题发布微博，宣布 6 月 30 日甘孜州文化和旅游发展大会宣传推介会将在稻城县香格里拉镇召开。6 月 20 日，丁真等大 V 纷纷在微博发布词条#甘孜州文化和旅游发展大会#，向全世界发出圣洁甘孜之旅的邀约，如图 5-1 所示。仅不到一天时间，丁真的微博点赞量超 4 万个，评论量超 1 万条，转发量超 5000 条。

图 5-1 "甘孜天团邀约全国游客"

6 月 30 日下午，甘孜州文化和旅游发展大会的重头戏——宣传推介会在稻城县香格里拉镇亚丁密码大剧院举行，现场向参会来宾展示了甘孜藏族自治州壮美的自然风光、深厚的文化底蕴和优越的投资环境，表明了以推进统筹利用天文科研、雪山生态、史前文化等资源，打造世界级文化旅游新地标的目标。

通过组织此次大会，甘孜藏族自治州能在短期内快速提升相关传播指标与热度。

在活动运营过程中，运营者心中不仅仅要有活动目标，更不能忽略行动的目的，学会借力借势借热点，明确活动目的和受众群体去策划方案，从用户和产品角度切入，围绕对应目标去寻找达成目标的方法，提升指标，促进发展。

5.1 文旅新媒体活动运营概述

活动运营是指围绕运营目标而系统开展的一项或一系列活动，其中完整地包括阶段计划、目标分析、玩法设计、物料制作、活动预热、活动发布、过程执行、活动结束、后期发酵及效果评估等过程。

5.1.1 活动运营的内涵

活动运营是新媒体运营工作四大经典模块之一，是一种跨界与整合的手段，关键在于实现资源的有效利用与效果最大化。理解了"目标""系列""完整"三个关键词，也就理解了活动运营的内涵。

1. 目标

活动运营必须紧密围绕运营目标，如提升新品曝光度、产品销量、品牌美誉度等。否则，即使活动过程火爆、参与人数众多，也会在活动结束后进行效果评估时，因结果数据与目标不匹配而使活动效果减分。

2. 系列

新媒体活动多数情况下以"系列活动"的形式出现，一方面，活动之间需系列化，每个活动之间要有衔接；另一方面，活动自身也具有系列化特征，一场大型活动本身包括"预热活动""正式活动""发酵活动"等小活动。

以第 23 届峨眉山冰雪温泉节为例，如图 5-2 所示，在 2021 年 12 月之前，峨眉山景区官方在抖音等多个平台分期发布系列短视频进行预热和宣传，打开了景区"淡季不淡"的新局面，累计吸引了上千万"冰粉"到峨眉山赏雪玩雪，冰雪节活动多年成功开展使其成为"四川十大民俗节日"之一。

图 5-2　第 23 届峨眉山冰雪温泉节宣传

3. 完整

活动运营不仅仅是发布一篇活动文章、撰写一条转发抽奖微博，而包含三个阶段十大完整环节，如图 5-3 所示。

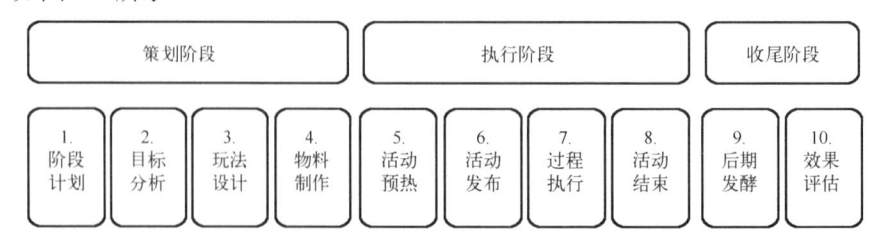

图 5-3　活动运营的完整环节

5.1.2　活动运营的重要作用

在新媒体运营工作中，之所以要重视活动运营，是因为活动运营具有"快速提升运营效果"的作用。例如，微信公众号发文、产品数据分析等日常运营工作，可以保证文旅企业新媒体稳定运行；而阶段性开展新媒体活动，可以使运营效果在某个时期内快速提升。

例如，四川峨眉山景区作为世界文化与自然双遗产，素有"植物王国""动物乐园""地质博物馆""中国佛教四大名山之一""普贤菩萨的道场"等美誉，以丰富的文旅资源闻名国内外。除了景区资源，还有峨眉山旅游股份有限公司打造"N个一"的核心产业，景区门票、索道、宾馆酒店、茶业、智慧旅游、演艺、研学及文创产品等全面发展，为新媒体运营提供了强大的内容支撑。目前，峨眉山景区在各大自媒体平台粉丝总数已超过 100 万。如图 5-4 所示，2023 年峨眉山景区在微博发起"带着微博去峨眉山"话题活动，通过独特的第三方视角，让游客身临其境，纷纷参与话题留下自己最想说的话，吸引了众多网友的关注和讨论。截至 2023 年 3 月，话题总阅读次数为 1.9 亿，讨论次数为 9.8 万，如图 5-5 所示。

图 5-4 "带着微博去峨眉山"微博话题　　图 5-5 "带着微博去峨眉山"微博话题热度详情

5.1.3 活动运营三大阶段

1. 策划阶段

活动进行前需要进行详细策划，明确活动目的并确定活动形式、内容、时间计划等。活动运营超过一半的工作量都在策划阶段，可以说"文旅新媒体活动，始于活动策划"。

策划阶段需要运营者完成阶段计划、目标分析、玩法设计及物料制作 4 项工作，为后续两个阶段搭建整体框架。

（1）阶段计划

运营者需要在每年年底结合旅游热门假期、节假日、周年庆等热点，制订第二年的年度活动计划。

（2）目标分析

每次活动开始前，运营者都要先把活动目标拆解清楚，根据目标设计活动玩法。运营的核心动作都是围绕用户开展的。因此，在做活动前要思考三个核心问题：活动目的、活动的目标用户和活动步骤。

针对用户的活动，以公众号为例，活动目标分为以下 5 点。

① 用户拉新（Acquisition），即以拉新为主的活动，其核心目的是增加用户数量，包括黏着式增长、病毒式增长、付费式增长等形式。

② 用户促活（Activation），即以增强用户活跃度为主的活动，其核心目的是与新进入公众号的用户互动。针对这一目的，采用的方法包括引导用户点击菜单栏、发送消息、参与活动、在文章内留言等。

③ 用户留存（Retention），即以留存用户而不致其流失为主的活动，其核心目的是保持用户长期在公众号内活跃，或者吸引老用户的积极关注。例如，邀请用户订阅某个主题活动，每天定时推送，在某种程度上可以达到留存用户的效果。

④ 用户购买（Revenue），即以吸引用户购买为主的活动，其核心目的是实现商业变现。可以采用分发优惠券等刺激用户购买的活动方式。例如，飞猪平台会不定期发放各种优惠券。

⑤ 用户分享（Referral），即以鼓励用户分享为主的活动，其核心目的是通过核心用户的分享，吸引新用户的关注。这类活动主要针对已购用户或活跃用户，运营者通过活动引发病毒式裂变，增加新用户的关注。常用的方法有老用户邀请新用户可以获得优惠等。例如，携程平台时常开展"助力"活动，新老用户双方都有机会获得免费机票、火车票或者门票。

这 5 点分别对应了 AARRR 模型（又称"海盗模型"，如图 5-6 所示，由美国风险投资机构的创始人 Dave McClure 提出）中企业在各阶段对用户采取的动作：拉新、促活、留存、购买、分享。这些动作形成一个循环。

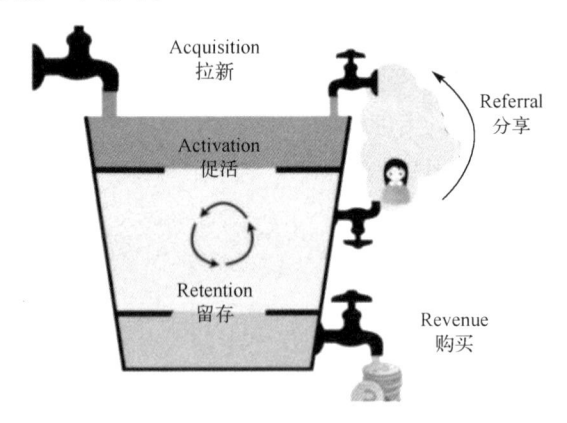

图 5-6 "海盗模型"示意图

（3）玩法设计

在设计玩法时要分析目标用户的心理状态，用户参与活动时有三个推动力和三个阻力，推动力指推动用户参加活动的因素，阻力指阻碍用户参与活动的因素。

① 三个推动力分别为有趣、有利、有用。

有趣：活动有趣，可以加强用户的身份认同，满足其好奇心，能够引起用户群发或主动分享。例如，活动嵌入创意文化主题，主题是旅游节庆的内核和前提，是旅游节庆的主旋律。深挖当地资源，与当地文化特征相结合，创造出地域特色鲜明、富有创意的主题或城市 IP，能引领节庆活动的飞速传播，增加游客参与度，塑造一个根植当地又独树一帜的节庆活动形象。

2019 年，北京举办了"文化惠民逛庙会 欢欢喜喜过大年"活动，充分挖掘节日文化内涵和首都文化资源，延续老传统，创意新设计，围绕"新春庙会""冰雪冬奥""魅力非遗""新潮过节"推出庙会过大年、影剧院中过大年、博物馆里过大年等一系列重点文化活动，向首都市民免费发放了 30 万张庙会门票。抢票活动还特别增加了"填春联"游戏活动，将有 2 万套手书春联和"福"字送给参与游戏活动的幸运市民，活动瞬间刷爆了朋友圈，如图 5-7 所示。

图 5-7　2019 年文化惠民逛庙会活动宣传

有利：本杰明·富兰克林曾说："如果你想说服别人，就要诉诸利益，而非诉诸理性。"给用户带来直接利益，在文旅电商平台常见的活动方式有砍价、拼团、团购等。在媒体型新媒体中，常见的有留言、点赞、前三名送奖品等形式。

有用：有用就是让用户觉得参与活动会对自己产生实用价值。例如，携程或者去哪儿平台采用分享助力的形式，参与助力的新人可以获得代金券。

② 三个阻力分别为形象、金钱和精力。

形象：社交形象是人们在人际交往中树立或期望树立的个体形象。用户在参与活动时，常常顾忌别人因此对"我"的看法是否会改变。例如，有些人不太愿意参加"朋友圈集赞送门票"活动，因为这会损害他们的社交形象，让别人觉得自己爱占小便宜。

金钱：金钱是活动的准入门槛。用户参与活动时，常会注意到是否需要交进场费。如果活动设置准入门槛过高，肯定会筛掉一批用户。例如，在某一活动中，用户要想参与分销，就要先买课程。

精力：活动发起方需慎重考虑活动操作步骤是否烦琐，是否会消耗用户大量精力和时间成本。例如，在早期的投票活动中，投票者需要记住候选人的 ID，投票时要在投票的页面内输入 ID，很多人觉得操作麻烦就放弃了。

活动能够成功的必要条件是推动力大于阻力。例如，集赞活动中，如果集赞只是为了价值 10 元的景区门票，许多人就不愿意参加；而当活动是"集满 200 赞送景区往返机票"时，很多用户可以"不顾形象"邀请朋友参加。

在设计玩法的同时，运营者需要将目标数据植入玩法，便于对活动进行监控。

（4）物料制作

运营者必须提前将物料制作完毕，防止因物料缺失而延误其他工作。

活动物料既包括线下物料（如易拉宝、宣传单、条幅），又包括线上物料（如活动海报、活动视频、活动文案）。

2．执行阶段

策划阶段完毕后随即进入执行阶段，也是活动落地的第一阶段。为了使策划阶段的工作顺利实施，运营者需要协调整个团队，保证活动预热、活动发布、过程执行、活动结束4个环节按照既定的方案精确执行。

在正式活动前，一般要先做演练测试，测试场景应尽可能保证接近真实的应用场景，以防实际过程中因一些偏差而导致出现诸多问题。在H5类型的活动中，活动方还需要做压力测试，测试系统在超过多少人的情况下会变慢甚至崩溃，是否需要请技术部门协助，运营者应提前协调好。

在具体执行过程中，原则上各责任人按照计划表实行。对活动过程中的所有节点，活动主管应把相应的数据记录下来，便于日后复盘。

3．收尾阶段

在对外宣布"活动结束"后，文旅新媒体活动运营工作实际上并未结束。

一方面，运营者需要做好后期发酵工作，整理出活动过程中的照片、视频、留言截图等，进行二次传播。另一方面，运营者需要进行效果评估，并带领团队复盘，把活动经验归档，便于后续活动的持续改进。

案例分析

河南"卢氏爆米花节"成为"网红"节日，就是一次成功的活动运营案例。其成功解析如下。

一、借力。河南省旅游局高度重视，并且成为本次活动的形象推手，让农旅融合、村旅融合成为一种合理合法的行为。

二、借机。国家在倡导农民丰收节，全国都在举办农业丰收节，爆米花把丰收季变成农产品的消费活动，脱颖而出。

三、借势。网红是互联网支撑下的新媒体与自媒体时代的一种现象，此爆米花节从短视频、直播等自媒体渠道入手，通过发布一系列备受青年关注的话题，巧妙地引导受众关注爆米花节，成为焦点话题。

四、借景。本次活动策划，让成熟的旅游景区模式与新奇的旅游活动结为一体，让全域化旅游、体验式旅游成为具象的产品。

五、借情。怀旧是当下情感旅游的关键词，爆米花本身家喻户晓，是许多人童年美好的记忆，这种记忆一直留存在人们的心灵深处，卢氏爆米花节将传统的爆米花和庙会等结合起来，相得益彰。

六、借智。乡村旅游活动之所以难以形成市场效应、消费效应、网红效应，是因为缺少专业的指导。本次爆米花节由中华风文旅集团全程策划、组织、执行。在爆米花节期间，有特色民俗表演、卡通人偶快闪舞、特色美食、乡夜电影、传统爆米花及竞技大赛等活动，主题鲜明，内容丰富，形式活泼。

5.1.4 活动运营关键环节

在活动运营的 10 大环节中，运营者需要重点关注以下 4 个关键环节。

1．阶段计划

阶段计划是活动运营的总纲。成熟的新媒体活动运营者并不是在某个热点到来后才开始"抓热点、做活动"，而是提前一年就进行热点预判及前期准备。

2．玩法设计

玩法设计是活动运营的灵魂。平淡无奇的活动无法抓住网民的注意力，丰富多彩的跨界活动和脑洞大开的活动创意，有助于活动效果的提升。

3．过程执行

过程执行是活动运营的根基。好的策划必须辅之以好的执行，否则一切都是纸上谈兵。运营者需要在策划阶段制作"活动推进表""活动物料清单""活动运筹表"三大表单，确保执行工作顺利完成。

4．效果评估

效果评估是活动运营的校验。运营者需要在活动开始前"预埋"监控数据，并在活动结束后汇总活动数据，便于总结与优化。

注意，这四个关键环节可以直接决定活动的成功与否。

课堂讨论

根据所学内容，从活动运营三大阶段角度，以"建立公园城市"为主题构思新媒体活动运营方案并将其以思维导图形式展现出来。

5.2 设计及筹备活动规划

5.2.1 全年活动规划的必要性

在新媒体运营的四大板块中，活动运营通常不会单独出现，而是结合其他三大模块（用户运营、产品运营及内容运营）以组合的形式出现。

产品运营 + 活动运营：策划一场新品发布活动。
用户运营 + 活动运营：策划一场提升用户活跃度的活动。
内容运营 + 活动运营：策划一次"转发海报即可抽奖"的活动。

因此，活动运营不能凭运营者的主观想法来独立设计，而应综合运营整体目标、团队运营规划和网民关注热点等，设计出整体的规划。

成熟的新媒体活动运营团队通常以年为单位对活动进行提前设计与规划。全年活动规划设计有以下两个重要的作用。

第一，制定出全年活动的整体框架，可以减少运营的随机性，防止运营者"临时抱佛脚"，不断追随热点而没有运营主线。

第二，规划出全年的活动安排，有助于相关执行者灵活安排时间，提前筹备活动海报、活动文案等素材。

5.2.2 设计全年活动规划步骤

1. 结合企业下一年整体目标，设计年度活动主题

设计全年活动规划，首先需要梳理企业下一年整体目标、新媒体整体运营规划和互联网热点，然后分别推导出年度活动主题、每月活动规划及热点活动规划，最后汇总形成全年规划，如图5-8所示。

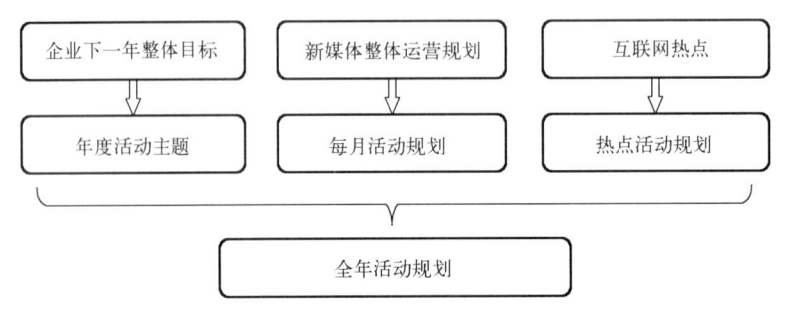

图 5-8　全年活动规划框图

年度活动主题即企业全年的新媒体活动主线与整体调性。企业全年的新媒体活动看起来是由一个个零散的活动组成的，但好的新媒体活动一定是围绕活动主线展开的，特别是细节执行中的海报、文案、视频等，其风格需要围绕整体调性来设计。

在设计年度活动主题时，运营者需要充分了解企业的整体目标，包括产品目标、品牌目标、销售目标等，并结合企业下一年整体目标，设计出年度活动主题。

案例分析

第31届世界大学生夏季运动会（简称大运会）于2023年在成都举行。成都大运会临近，四川积极筹备各项文旅活动，全面加强"安逸四川"宣传推广，推动加快建设世界重要旅游目的地。活动主办方以"迎大运"为抓手，全年筹备各项活动。

筹备文化活动。甄选推荐蜀锦、蜀绣、成都银花丝、青神竹编、自贡扎染、泸州油纸伞、阆中丝毯、藏族唐卡、羌族刺绣、彝族服饰等四川非遗项目30余项120余件非遗精品在大运村展示。组织展演话剧《苏东坡》、舞剧《大熊猫》等20部经典艺术剧目，会演曲艺名家20个名段精品，开展10处音乐消费新场景体验活动。指导成都打磨开闭幕演出，开展2023东亚文化之都·中国成都活动年、成都双年展、灿烂记忆——东方古国冶金文明展、成都国际友城青年音乐周等多项重大文化交流活动。

开展旅游服务。策划博物馆、古蜀文明、世界遗产、熊猫家园、烟火成都、人文艺术等6条主题旅游线路，在大运会官网和官方新媒体以6个语种开展线上推介，联动全省数百个旅行社门店开展线下推介。精选20余类"天府好礼"文旅文创特色产品"进村"展销，在"村外"的省非遗馆、东门市井、安仁小镇、阆中古城、鲁能小镇等10余个特色街区和热点景区开设非遗集市，联动 21 个市州线上线下举办"四川非遗购物节"。

大力宣传推广。在大运村媒体中心、志愿服务站、欢迎中心、运动员宿舍等处发放四川文旅图册，在村内公共屏幕滚动播放四川文旅宣介视频。在主要高速公路、主要交通场站、四川航空客舱、全省 A 级景区、公共文化场馆、剧场、部分星级饭店和旅行社门店集中推出"迎大运·游四川"主题中英文短片和海报，在央视 1 套和 13 套滚动播出"迎大运·游四川"15 秒主题广告短片，并通过咪咕音乐彩铃同步推广。联动省内主流媒体推广《四川有我有你》等 4 首大运会主题歌曲。征集"外国友人游四川"短视频，通过 60 家海外文旅机构宣传推广。邀请 30 多位境内外大学生记者代表赴乐山大佛、三星堆等地采风。在 Facebook、Twitter 等新媒体向国际广泛宣传推广"安逸四川"。

将全年主题与各月规划相结合，四川文旅借势大运会，将"安逸四川"名片打响国内外。

2. 结合新媒体整体运营规划，设计每月活动规划

新媒体部门一般会提前规划出第二年的运营工作，如某时间在线上发布新品、某时间进行降价促销、某时间推出会员新福利等。运营者需要参考上述的新媒体整体运营规划，设计每个月的活动主题、活动形式、活动玩法。

3. 预测与评估互联网热点，设计热点活动规划

围绕热点撰写的文章、策划的活动，其曝光效果有可能达到日常效果的数倍甚至数百倍。因此，运营者必须紧跟互联网热点，把握活动推出的时机。

对互联网热点，新媒体运营者需要先预测后评估。

第一，预测。互联网热点主要分为"突发热点""常规热点"两大类。突发热点一般没有征兆，运营者只能随机应变，如明星事件、社会事件等；而常规热点具有周期性，运营者可以提前预测，如表 5-1 所示。

第二，评估。全年热点五花八门，而未必所有热点都适合某一企业。因此，运营者需要评估热点与企业的相关性，选择最贴切的热点，策划相关活动。

表 5-1　活动策划时间表

类别	热点
东方传统节日	春节、元宵节、端午节、中秋节等
西方传统节日	愚人节、万圣节、感恩节、圣诞节等
国际节日	国际妇女节、国际消费权益日、国际劳动节等
平台自造节日	天猫"双十一"、京东"618"、喜马拉雅"知识狂欢节"等
热点时期	春运、元旦小长假、清明小长假、国庆黄金周等
名人生日	古人诞辰日、明星生日等

4. 形成《全年活动规划》表单或文件

完成年度主题、每月活动、热点活动后，新媒体运营者可以将三者综合，形成《全年活动规划》表单或文件。

随后运营者可将表单或文件发送至设计部门、编辑部门、开发部门等，便于相关同事灵活安排时间，提前筹备素材。

例如，百度会根据热点举办 Logo 替换的小活动，如图 5-9 所示。

图 5-9　百度热点 Logo 替换

实际上，百度的活动 Logo 策划者并非提前几天才突然有灵感，而是按照年度规划，提前数月就有了 Logo 设计方案。正因为提前有规划，百度每次 Logo 替换才能有条不紊，既突出创意又符合企业整体形象，获得大量网友的围观与讨论。

5.2.3　策划活动的具体步骤

1．活动主题

在筹划活动的初期阶段，需要明确本次活动举办的目的与最终想要达成的目标，敲定适合的主题。主题的选择通常与目标用户相关联。

先确定目标群体，了解用户属性，收集如性别、年龄、职业、收入水平等基本信息，匹配符合目标用户属性的主题。以茅台为例，作为一款拥有特殊的社会与文化地位的白酒，它的单瓶价格高于许多年轻人的消费水平。近年来，茅台一直在尝试将目标转向更年轻的消费群体，通过多种形式吸引年轻客户。从与蒙牛合作推出"年轻人的第一口茅台"的茅台冰淇淋，到与德芙联名生产符合"年轻人的仪式感"的茅台巧克力，这些主题的选择都与目标客户相呼应。

再精准把握用户需求。不甜的西瓜无法卖给追求西瓜甜度的客户，但若以"低糖西瓜"作为卖点，推荐给需要控糖但又想吃西瓜的人，则能打开新的销路。满足目标用户的需求，选择正确的主题，是活动成功推进的基础。

2．活动形式

通常，活动目标与时长会决定活动的形式。短期活动给用户的反应时间短，因此需要通过具有冲击力与刺激性的方式尽快让用户参与进来。长期活动则需要结合活动目标、用户需求与产品形态，给用户提供更有持续性的优质服务，满足用户在活动的不同阶段出现的不同需求，从而提高用户黏性。

（1）内容有趣

活动的目的是让更多的用户参与，让用户"玩"尽兴的同时达到运营的目的。因此，可以结合时下热点，让活动内容多样化、游戏化，使用户获得愉快体验的同时"心甘情愿"地帮助运营者实现活动的实质目标。

(2) 规则简单

规则就如一道门槛，高门槛会让用户望而却步。简单且表述清晰的规则能够让用户迅速明白"去做什么，就能得到什么"。例如，淘宝在早年推"双十一"促销活动时因为优惠力度大，吸引了大量用户积极参与。然而近几年的优惠规则愈加复杂，导致越来越多用户抱怨，并对此类促销活动失去了参与兴趣。因此，规则的设置与表述都需言简意赅。

(3) 操作便捷

当用户了解规则跨进了活动"大门"，便需要开始具体的操作。操作的每个步骤都可能因为各种因素导致用户流失，因此策划者需要对操作流程的长度、复杂程度进行把握与调整。便捷高效且有实质意义的操作能让用户拥有持续的体验意愿，对最终结果没有任何影响的"无用功"则会让观众的期待与耐心大打折扣。

3. 活动展现与用户参与形式

通常，线上与线下活动有多种展现形式。以线上活动发布为例，活动面向用户的展现形式一般有三种：海报、链接和小程序。三者显示面积、信息量不尽相同，如表 5-2 所示。海报可以在社群和朋友圈中以图片形式展现，显示面积最大，海报有文字和图片，信息量更丰富；小程序在社群中以卡片的形式存在，显示面积比海报要小；链接直接以文字形式呈现，显示面积最小，组成要素只有文案，从用户的角度看，能够直接获取的信息量较少，呈现形式稍显单一，而且在朋友圈中所占的位置也偏小，难以吸引用户视线。相同的活动在朋友圈中传播，用海报比用链接带来的用户关注度高。但从用户点开所耗时间来说，海报耗时最长，需要点开后放大或下滑图片查看内容，有时还要扫码才能查看更详细的信息；而小程序和链接都可以直接点开。

表 5-2 展现形式的特点

展现形式	显示面积	用户点开耗时
海报	大	长
链接	小	短
小程序	中	短

如今，活动大多设置了用户线上与线下双渠道参与机制。例如，线下参与活动，可能需要扫描活动的二维码；线上发起的活动也可以呼吁用户到线下活动场地拍照打卡，并上传到社交媒体以换取礼物、奖券或权益等。策划者若想提高活动参与度，则需要尽量降低目标用户的操作门槛，快速完成有实质意义的操作步骤，使用户获得想要的价值。

4. 两项预估

在实施活动前，活动方需要进行效果预估及风险预估。

(1) 效果预估

如果之前做过类似活动，活动方可以参考以往活动的效果、核心指标完成情况；如果之前没有做过类似活动，活动方可以关注竞争对手举办过的活动，借此判断本次活动大致能达到的效果，并为本次活动设置一个合理指标。

在效果预估中，要重视投入产出问题。ROI（投资回报率）= 税前年利润/投资总额×100%，是指企业在一项投资性商业活动的投资中得到的经济回报，是衡量一个企业盈利状况所使用的比率，也是衡量企业经营效果的一项综合性指标。在活动前，活动方需要设置 ROI 预估值，且 ROI 不得低于 3。如果预估值低于 3，则需要考虑更换活动方案，甚至重新设计活动。

（2）风险预估

活动方应检查活动内容是否涉及诱导分享、敏感词汇或话题等因素；如果涉及，需要先行整改。例如，在现金类活动中，要多次检查活动规则是否严谨合理，避免某些用户利用规则漏洞"薅羊毛"。

5. 资源匹配

进行效果和风险预估后，活动方需要为活动匹配相应的资源，包括活动常用物料盘点及准备、活动奖品设置、活动海报设计要素。资源可分为内部资源和外部资源两部分。

（1）内部资源

宣传渠道匹配。评估该活动需要使用多少内部渠道。如果公司有 App，且本次活动想要在 App 中宣传，就需要提前和 App 运营人员沟通好具体的使用时段和安放位置。

奖品匹配。考虑奖品和用户之间的匹配，而不是单纯的价格因素。例如，某品牌在微博上曾做过一次活动，以某赞助商赞助的一台价值 1 万多元的空气净化器作为奖品。当时中奖用户是某明星的一位粉丝，他向品牌方申请能不能把净化器换成签名抱枕。在这位用户的心里，获得明星签名抱枕带给他的情绪价值更高。可见，奖品不是越贵越好，重要的是满足用户的需求。

（2）外部资源

和外部企业合作时，要先考虑双方目标人群是否一致，不能偏差太大。再衡量双方的资源是否对等，这里的资源指品牌或流量等诸多实力因素。如果是渠道采买，活动方需要评估所合作渠道的性价比及时间档期。

6. 活动规划

活动规划指做好活动的整体方案后，活动方明确各组的任务执行节点，将其细分到具体时间点和责任人。一个时间节点应只有一个责任人，不要出现多个责任人的情况。

> 课堂讨论

根据所学内容，以"建立公园城市"新媒体活动运营方案思维导图为基础，设计并筹备活动规划方案。

5.3 活动运营的跨界整合

活动运营的效果一般会体现在活动的参与度上，但是持续提升用户参与度又相当困难。

现阶段网民的可选择性变大，通常不会对同一家公司、同一个账号或同一类活动保持浓厚兴趣。同时，活动运营团队也容易在策划几次活动后，进入"思路枯竭""创意失效"的状态——没有新的灵感，自然无法激发用户的参与。

因此，运营者需要做好跨界整合，以提升参与度，确保活动效果。

活动运营的跨界整合有 4 种策划方式：产品跨界、内容跨界、IP 跨界、渠道跨界。

5.3.1 产品跨界

产品跨界是以定制产品作为活动主线，把原本毫不相干的产品元素相互融合，突出"限量""定制"等关键词，共同宣传合作双方的品牌文化。

近年来，故宫博物院频繁"出圈"：开发文创产品，举行元宵灯会，涉足影视、音乐、游戏等领域，让故宫国民形象深入人心。曾与招商银行联手推出定制款"奉招出行"行李牌文创产品，如图 5-10 所示。这款定制行李牌巧妙地一语双关，将"奉诏出行"的"诏"换为"招"，并且在设计上突出"萌""会玩"等年轻化元素，尤其是解决了用户出行时"行李牌毫无特色、行李箱难以辨认"的痛点，受到了用户的一致好评。

图 5-10　"奉招出行"行李牌文创产品

5.3.2 内容跨界

内容跨界是合作方在活动文章、活动海报、活动视频等内容中互相植入对方的品牌，在内容传播过程中对参与方的品牌进行多次传播，达到共赢的目的。

例如，知乎曾在微博发起"钱，都应该花在刀刃上"活动。活动当天，知乎官方微博分别与网易云音乐、链家、饿了么等官方微博进行内容互动，如图 5-11 所示。这场内容跨界活动，知乎分别联合了"衣、食、住、行"等不同的合作方，获得了 800 余万次曝光。同时，当天知乎官方微博每隔一小时就在微博发布一张跨界合作的纯文字海报，使大量粉丝在活动当天全天关注知乎微博，最大限度吸引了用户的好奇心和注意力。

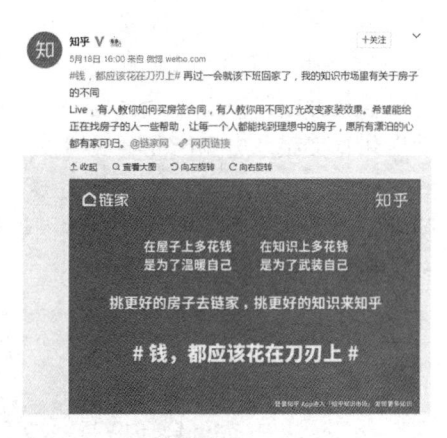

图 5-11　"钱，都应该花在刀刃上"活动

5.3.3 IP 跨界

"IP"原意为知识产权，不过在被文化创意行业引入后，网民喜欢的小说、剧本、漫画甚至个人，都被看成 IP。一个成功的 IP 实际上也是一个独特的文化现象，尝试不同形式的 IP 跨界合作，可以将 IP 影响力充分聚合。

例如，2020 年李宁公司联手敦煌市博物馆，大笔一挥，来一场创世纪沙漠走秀，该品牌三十周年主题派对在敦煌雅丹魔鬼城拉开帷幕。以"三十而立·丝路探行"为主题，结合雅丹地貌的自然起伏打造出一条天然的沙漠秀道，如图 5-12 所示。李宁敦煌系列产品以"丝路探行""少年心气""融之新生"三个篇章，讲述一位长安少年策马探行丝路，在而立之年仍具少年心气的传奇故事，以丝路精神鼓舞中国的新青年。

将沙漠实景秀场与敦煌丝路 IP 关联，并将千年前的敦煌元素融入服装和鞋履上，李宁公司再次以国潮创新的方式让只有三十年历史的品牌焕发生机,满足了年轻市场对国货的诉求,也赋予了活动传承中国传统文化的深层内涵。

图 5-12　李宁"三十而立·丝路探行"活动宣传

5.3.4　渠道跨界

活动运营未必仅局限于互联网渠道。运营者可以尝试与其他渠道的品牌进行合作,打通线上和线下渠道,多维度放大品牌音量。

2020 年,贵州省文化和旅游厅与腾讯公司宣布达成战略合作,腾讯游戏旗下《QQ 飞车》将以战略合作为指引,整合端游、手游及赛事资源,践行新文创战略,携手贵州各界共同推动贵州省文旅及电竞产业高质量发展,共同探索"电竞 + 旅游"新玩法。

《QQ 飞车》贵州主题赛道端游、手游两个版本同步上线,通过游戏数字化的方式,将贵州独特的人文景观及科技风貌融入设计中,助力贵州山水及人文破圈,驶入数千万《QQ 飞车》玩家心中,如图 5-13 所示。

图 5-13　腾讯《QQ 飞车》与贵州省文化和旅游厅联合活动

在人文景观赛道中,玩家可以在黄果树大瀑布、西江千户苗寨等景点飞速疾驰,欣赏到贵州的多彩山水;在科技风貌赛道中,玩家可以穿越"中国天眼"FAST、北盘江第一桥等地标性景观,感受贵州发展的日新月异,领会贵州在脱贫路上的伟大成就与历史巨变。

课堂讨论

根据下列资料,从活动运营跨界整合的角度,分析该活动运营属于哪种跨界整合?(　　)

A. 产品跨界　　B. 内容跨界　　C. IP跨界　　D. 渠道跨界

丁非作为一名潜心研究中式文化及苏式百工的设计师,专注于中国风设计的文化挖掘与创新。"博物馆时尚夜"是其创立的"丁非"品牌首次与博物馆跨界联合,如图5-14所示。丁非品牌汲取苏州丝绸博物馆藏品纹样灵感,用设计语言解读传统,将传统文化与现代生活融合,让东方衣冠美在东方,活在当下,盛放未来。

此次"博物馆时尚夜",让设计走进博物馆,让古今相遇碰撞,通过一场跨越千年的时尚大秀,展示中华服饰之美,探索中华文明之美,弘扬中国精神之美。

图5-14　丁非"博物馆时尚夜"

5.4　三大表单确保活动精确执行

"过程执行"是活动运营的根基。为了保证活动按照既定的方案精确执行,运营者需要高度关注"事、物、人"三方面,即活动事项、活动物料及团队协作。通过提前设计"活动推进表""活动物料清单""活动运筹表"三大表单,运营者可以系统地管理以上三方面的运营细节。

5.4.1　活动推进表

活动推进表实际上就是项目管理中常用到的"甘特图",用于跟进事项进度。通过条状图显示项目随着时间推进的进展情况,其关注点是"事"。在活动运营中,活动推进表列明在活动策划期规划出的各事项的推进时间及在活动进行期间跟进事项的完成情况。

活动推进表可以借助图表工具制作,主要包括以下4个制作步骤。

(1)运营者需要计算活动周期,并设计各阶段起止时间。例如,某活动于5月10日开始，预计于 5 月 25 日结束，包括筹备阶段、预热阶段、进行阶段及发酵阶段，可以在表 5-3 中标出对应时间。

表 5-3　设计阶段时间

5/10	5/11	5/12	5/13	5/14	5/15	5/16	5/17	5/18	5/19	5/20	5/21	5/22	5/23	5/24	5/25
周三	周四	周五	周六	周日	周一	周二	周三	周四	周五	周六	周日	周一	周二	周三	周四
筹备阶段					预热阶段				进行阶段				发酵阶段		

（2）运营者需要按照"类别""事项"的分类方式，拆分相关事项，如表 5-4 所示。

表 5-4　拆分事项

类别	事项
微信·发起	软文撰写
	客服话术
	软文推送
微博·推广	海报设计
	文案撰写
	广告投放
线下·推广	宣传单设计
	宣传单印刷
	宣传单散发
……	……

（3）将前两步的内容合并，形成整体表单，如表 5-5 所示。

表 5-5　整体表单

项目		5/10	5/11	5/12	5/13	5/14	5/15	5/16	5/17	5/18	5/19	5/20	5/21	5/22	5/23	5/24	5/25
		周三	周四	周五	周六	周日	周一	周二	周三	周四	周五	周六	周日	周一	周二	周三	周四
类别	事项	筹备阶段					预热阶段				进行阶段				发酵阶段		
微信·发起	软文撰写																
	客服话术																
	软文推送																
微博·推广	海报设计																
	文案撰写																
	广告投放																
线下·推广	宣传单设计																
	宣传单印刷																
	宣传单散发																
……	……																

（4）设计各事项的执行时间及截止日期，形成活动推进表，如表5-6所示。

表5-6 活动推进表

类别	事项	5/10 周三	5/11 周四	5/12 周五	5/13 周六	5/14 周日	5/15 周一	5/16 周二	5/17 周三	5/18 周四	5/19 周五	5/20 周六	5/21 周日	5/22 周一	5/23 周二	5/24 周三	5/25 周四
项目		筹备阶段					预热阶段				进行阶段				发酵阶段		
微信·发起	软文撰写		■	■	■												
	客服话术				■												
	软文推送									■							
微博·推广	海报设计			■	■	■											
	文案撰写		■	■													
	广告投放										■	■	■	■	■	■	■
线下推广	宣传单设计		■	■													
	宣传单印刷				■	■											
	宣传单散发										■	■	■	■			
……	……																

5.4.2 活动物料清单

活动物料清单记录活动所需的所有线上及线下物料，用于跟进活动相关素材。其关注点是"物"，主要梳理以下两类物料：

第一类是线上素材，包括文案、海报、视频、音频、账号等；

第二类是线下物料，包括宣传单、条幅、手牌、贴纸、服装、道具等。

运营者在理清所需物料后，需要将每一项物料责任到人，并标明完成期限，填入活动物料清单中。新媒体活动物料清单如表5-7所示。

表5-7 新媒体活动物料清单

新媒体活动物料清单					
序号	物料	简要需求	责任人	计划完成时间	目前状态
1	微信公众号文案	含活动理念及活动规则	张三	5月13日	已完成
2	微博文案	需要5天的活动宣传文案，每天发3条	李四	5月11日	
3	朋友圈海报	6种不同风格的海报	王五	5月14日	已完成
4	预热视频	需要与微信公众号文案风格相符	张三	5月15日	
5	推广账号	活动推出后，推广至其他平台的账号	李四	5月12日	已完成

续表

新媒体活动物料清单					
序号	物料	简要需求	责任人	计划完成时间	目前状态
6	宣传单	16开，底色为蓝，含活动规则	张三	5月10日	
7	条幅	0.7m×8m，底色为红	李四	5月15日	
8	服装	工作人员服装10套、志愿者服装5套	张三	5月7日	
……	……	……	……	……	……

5.4.3 活动运筹表

活动运筹表的关注点是"人"，强调"运筹"，其主要使用者是活动运营的总负责人。该表清晰展现了活动团队每个成员负责的事项，总负责人可以借助该表对参与人员进行统筹安排，协调团队工作，达到最合理的团队管理与调控目标，如表5-8所示。

表5-8 活动运筹表

负责人	活动运筹表															
	5/10 周三	5/11 周四	5/12 周五	5/13 周六	5/14 周日	5/15 周一	5/16 周二	5/17 周三	5/18 周四	5/19 周五	5/20 周六	5/21 周日	5/22 周一	5/23 周二	5/24 周三	5/25 周四
	筹备阶段					预热阶段				进行阶段				发酵阶段		
张三	宣传单	微信公众号文案			预热视频					宣传单散发						
李四	微博文案		推广账号		条幅设计				软文推送							
王五			朋友圈海报							广告投放						
……																

实际上，"活动运筹表"是由"活动推进表"和"活动物料清单"提炼而成的。"活动运筹表"既包含"活动推进表"中的活动周期及各阶段时间，又包含"活动物料清单"中的责任人及完成期限。

5.5 活动效果评估及复盘

经过前期策划、中期执行、后期发酵，新媒体活动本身已经结束，但活动运营工作还需要完成最后一个动作——总结：及时总结及复盘，检查并反思是否达到预期目标，哪些环节出现问题或者可以进行哪些优化。

活动总结内容分为以下两个层面：

第一，分析数据，评估活动效果；

第二，复盘过程，提炼活动经验。

围绕"分析数据"与"复盘过程"两个层面，活动总结步骤可以用"四字诀"来概括：

埋、算、析、盘。其中，"埋、算、析"都与数据相关，因为企业新媒体活动效果不能简单地用"很好"或"很差"来主观评价，而是需要借助客观的数据来对比分析；"盘"与过程相关，需要团队提炼经验并总结归档。

5.5.1 数据预埋

"埋"即数据预埋，需要在活动开始前完成。运营者提前设置数据观察入口，并将历史数据清零，便于活动结束后的数据统计。

例如，某培训机构在招生活动开始前，在报名后台预埋两个分销渠道的链接，如图 5-15 所示。

图 5-15 数据预埋

在招生活动结束后，直接可以从后台分析出各渠道的分销数据，进而判断渠道分销效果。如果没有提前进行数据预埋，后续的分析与评估工作便无从谈起。

5.5.2 数据统计

"算"即数据统计。如果把数据预埋看成"撒网捕鱼"，数据统计就是"收网捞鱼"。活动前设定观察网址、分销链接、推广二维码等，在活动结束后进入后台统计并分析相关数据，如图 5-16 所示。

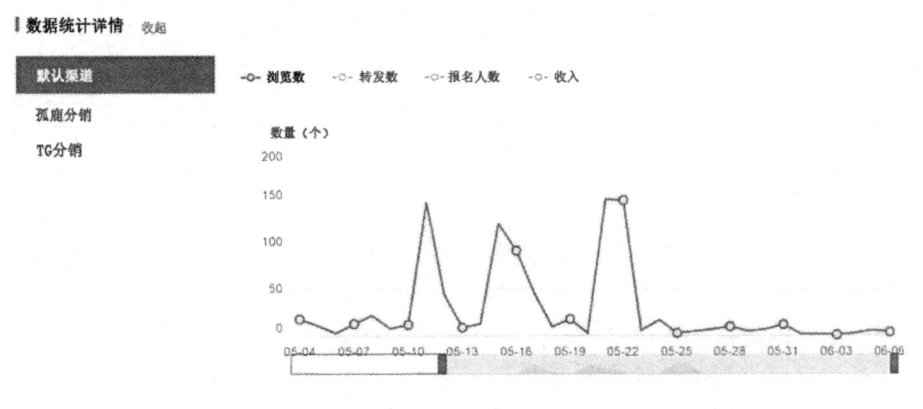

图 5-16 数据统计

先检查活动是否达到预期目标的数据。例如，对增长类的活动，活动方要检查是否达到增长的粉丝数；对卖货类的活动，活动方要检查是否达到营收目标。

再对活动中各个环节的数据进行分析，查看增长、留存等环节的效果。图 5-17 是某次增长活动后的用户留存分析图，其中包含公众号关注粉丝的留存率。从图可见，关注粉丝的 7 天留存率在 77.8%；对比以往的活动，粉丝的存留率在合理范围内。

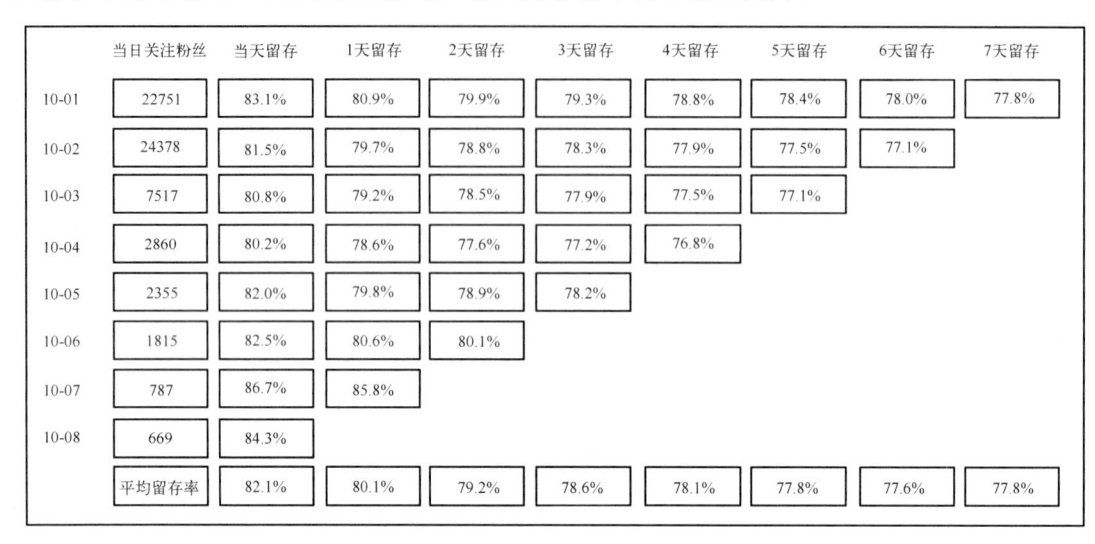

	当日关注粉丝	当天留存	1天留存	2天留存	3天留存	4天留存	5天留存	6天留存	7天留存
10-01	22751	83.1%	80.9%	79.9%	79.3%	78.8%	78.4%	78.0%	77.8%
10-02	24378	81.5%	79.7%	78.8%	78.3%	77.9%	77.5%	77.1%	
10-03	7517	80.8%	79.2%	78.5%	77.9%	77.5%	77.1%		
10-04	2860	80.2%	78.6%	77.6%	77.2%	76.8%			
10-05	2355	82.0%	79.8%	78.9%	78.2%				
10-06	1815	82.5%	80.6%	80.1%					
10-07	787	86.7%	85.8%						
10-08	669	84.3%							
平均留存率		82.1%	80.1%	79.2%	78.6%	78.1%	77.8%	77.6%	77.8%

图 5-17　某次增长活动后的用户留存分析图

5.5.3　效果分析

"析"即效果分析。新媒体活动效果的精确评估，来自数据的准确对比。一场新媒体活动的目标不一定只有一个，可能是既要通过活动涨粉，又要通过活动销售产品。因此进行数据对比时，需要将活动目标涉及的全部数据进行统计，分别评判目标达成情况，解析数据原因。

例如，某公司在一场微信有奖竞猜活动开始前设定的目标是"参与人数超过 1500，涨粉数超过 1000，转发数超过 800"，在活动结束后进行效果对比，如表 5-9 所示。

表 5-9　活动目标效果对比

目标项	目标期望数	目标达成数	目标达成情况
参与人数	1500 以上	1648	超预期
涨粉数	1000 以上	902	未达成
转发数	800 以上	1057	超预期

5.5.4　活动复盘

"盘"即活动过程复盘。"复盘"原是围棋术语，本意是对弈者下完一盘棋之后，重新在棋盘上把对弈过程摆一遍，看看哪些地方下得好，哪些地方下得不好，哪些地方可以有不同甚至更好的下法等。运营团队也可以根据过程质量进行复盘，提炼出团队的活动经验。

通过人员资源复盘数据，活动方可以考察预设的人员配置、资源配置是否合理。例如，在一次个人微信号的裂变活动中，活动方最初准备了 10 个个人微信号，后来发现活动起量太快，用户增长速度超过预期，10个个人微信号远远不够，导致中间活动中断了一天。之后活动方再做新的活动时，应提前准备更多的个人微信号。

活动复盘需要紧扣"过程"，先通过个人总结、团队互评的方式，提炼出复盘初表，如表 5-10 所示。

表 5-10 活动复盘初表

序号	事项
1	早、中、晚的朋友圈海报设计不同风格，可以更好地引起好友关注
2	公众号粉丝周五晚上的参与度远高于其他时间段
3	部分合作账号引流能力有限，降低了活动效果
4	公布获奖粉丝名单时忘记给出领奖方式
5	邀请网友转发朋友圈，忽略了转发语
……	……

再将复盘初表按照"经验""教训"进行归类与整理，并根据经验和教训进一步写出对后续活动的建议，如表 5-11 所示。

表 5-11 活动复盘清单

类别	序号	事项	目标达成情况
经验	1	本次事项	早、中、晚的朋友圈海报设计风格不同，可更好地引起好友关注
		后续建议	提前设计至少 3~5 套朋友圈海报
	2	本次事项	公众号粉丝周五晚上的参与度远高于其他时间段
		后续建议	活动预热放在周三左右，正式开始放在周五
教训	3	本次事项	部分合作账号引流能力有限，降低了活动效果
		后续建议	对引流能力有限的账号，下次停止合作
	4	本次事项	公布获奖粉丝名单时忘记给出领奖方式
		后续建议	领奖电话、二维码等，一定要在获奖海报明显位置
	5	本次事项	邀请网友转发朋友圈，忽略了转发语
		后续建议	专门撰写朋友圈文案，邀请粉丝传播

对一个优秀的活动运营者来说，并不是每次活动都要面面俱到，而是每次活动比之前都有所精进。从不同的维度提升自我，确保在三大阶段十个环节中的某几个环节属于顶尖水平，如活动资源丰富或复盘数据分析精通，那这次活动就相当成功了。

同 步 训 练

一、知识训练

1. 简述文旅新媒体活动运营的十个完整环节。
2. 结合相关案例简述文旅新媒体活动运营在实际运用中的组合形式。
3. 文旅新媒体活动运营过程执行中的三大表单有哪些？
4. 结合相关案例进行文旅新媒体活动运营结束后的数据复盘。

二、技能训练

根据所学知识和技能，分小组自选主题完成一项文旅新媒体活动运营策划并设计三张执行表单。

第 6 章　文旅新媒体直播运营

　　文旅直播通过视频、图片及文字等直观方式，向大众展示城市、景区、博物馆等文化体验。让更多人深入了解文化旅游，从而提高文旅企业的知名度和文旅产品的销量，是一种重要的营销手段。直播是一项非常复杂的工作，想做好一场文旅直播活动，不仅要有科学的设计思路，还要掌握直播策略和执行要点。尤其重要的是，要对文旅企业、产品和目标受众有足够的理解力，才能策划出吸引观众的内容。当然，好的主播也非常重要，主播较强的感染力和良好的控场能力是直播成功不可或缺的因素。因此，文旅企业要做好直播运营，需要在各环节做好充分准备，保持认真负责的态度，注重与观众的沟通和互动，赢得观众的支持和信任，才能让直播效果更好，传播意义更深刻。

> ## 知识目标

　　了解文旅直播活动设计的常用方式；熟悉直播组合策略和风险防范要素；熟悉文旅主要直播平台分类及直播特征、文旅直播活动执行模型；掌握文旅直播过程中活动开场、互动技巧、重点事项及收尾核心思路。

> ## 能力目标

　　结合现有知识储备，能设计文旅直播活动；能根据文旅企事业单位实际情况，正确选择并运营直播平台；能有效组织、实施文旅直播活动。

> ## 思政目标

　　通过学习文旅直播内容及案例，塑造爱国主义情怀，塑造遵纪守法意识，明确职业道德修养，提升专业精神。

> ## 思维导图

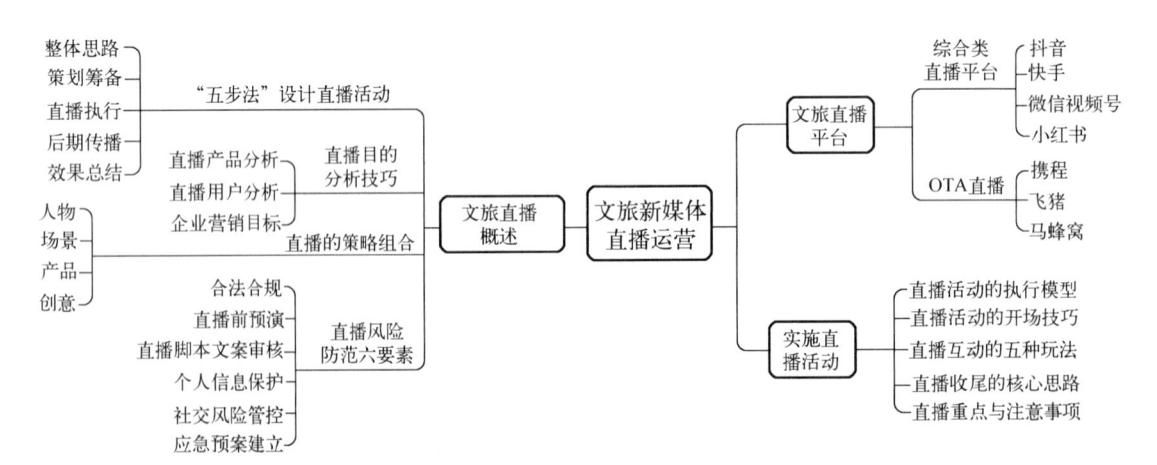

导入案例

2020 年是"旅游直播"元年,"云游"成功为人们疏导旅行需求,"在线种草"成为宅家新娱乐。越来越多的人不满足于通过浏览图文来了解梦想中的目的地,而更希望通过视频直播、短视频等方式,沉浸式地感受远方。另外,曾经对旅游直播浅尝辄止的商家和达人,在大众旅游出行抑制的情况下,也开始认真思考和实践旅游直播,借此与宅在家中的广大"游客"保持长效沟通。不仅如此,抖音、快手等泛娱乐平台,马蜂窝、携程等旅游平台,中国移动和中国电信等运营商纷纷入场,宣告"旅游直播时代"已经到来。巨量引擎城市研究院统计,2022 年第一季度,抖音旅游相关的直播间数量同比增长 3817%,观看旅游内容直播次数增长达 2143%,超 1800 万人通过直播镜头在"云端"领略各地风土人情。

2022 年 5 月 19 日是第 12 个中国旅游日,全国各地都刮起了"云游风"。多个省市开展了"云游"直播活动,让人们"足不出户"领略各地的风景,如图 6-1 所示。"云"旅游、"云"逛街、"云"看展,是 2022 年中国旅游日的一大呈现亮点。

图 6-1 "足不出户"游各地

作为一种新兴的旅游方式,"云游"逐渐被越来越多的景区青睐。除了线上直播,多家 OTA 也趁势营销,发放文旅消费券。业内人士表示,在如今各家都开展直播云游的背景下,如何利用 IP"破圈"引流就成为 2022 年下半年国内旅游目的地的思考题,如何将人文与旅游有机结合也成为旅游业态关注的重点。

课堂讨论

1. 直播可以给文旅行业创造什么价值?
2. 文旅企业可以在哪些平台直播?
3. 文旅直播活动有什么环节?
4. 文旅直播活动过程中,需要注意哪些内容?

6.1 文旅直播概述

文旅直播是帮助行业创造、积累"线上资产"的重要场景之一。文旅直播不仅可以帮助行业进行内容的数字化,还可以通过创新式的营销服务,为行业打造文旅品牌。同时,通过与用户进行实时、趣味性的互动，优化用户在"线上""线下"旅游过程中的体验，企业可以更好地为用户服务。

6.1.1 "五步法"设计直播活动

一场好的直播活动，背后都有着大量工作和明确的营销活动设计——要么通过直播提升企业品牌形象，要么利用直播促进产品销量。

将文旅企业营销目的巧妙地设置在直播各个环节，新媒体团队需要对每个环节进行策划，一个环节一个步骤，用"五步法"设计直播活动，确保其完整性和有效性。直播的整体过程主要包括五大环节，如图6-2所示。

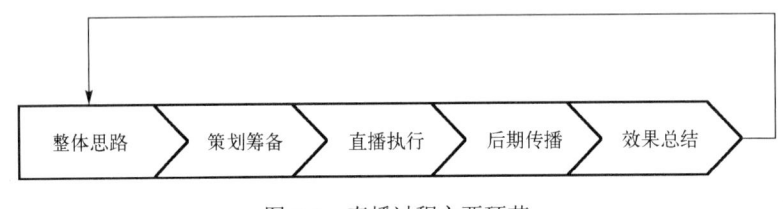

整体思路 → 策划筹备 → 直播执行 → 后期传播 → 效果总结

图6-2 直播过程主要环节

1. 整体思路

直播的第一环节是构建整体思路。在做营销方案之前，文旅企业新媒体团队需要厘清思路，然后有目的、有针对性地策划与执行。直播的整体思路设计包括三部分：目的分析、方式选择和策略组合，如图6-3所示。

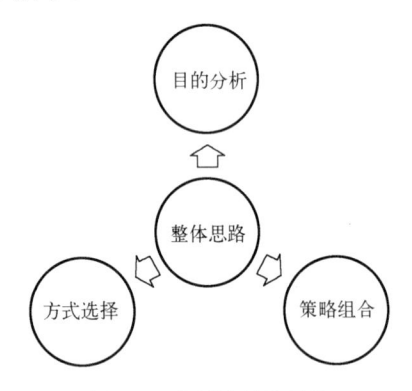

图6-3 直播的整体思路

（1）目的分析

对文旅企业而言，直播只是一种营销手段，因此企业直播不能只是简单的线上才艺表演或旅游生活分享，而是综合文旅产品服务特色、目标用户、营销目标，提炼出直播的目的。直播活动主题和目的明确，才能确保目标受众对该直播活动感兴趣并参与其中。例如，选择主题为滑雪挑战赛，目的是提升景区冬季淡季营收，吸引更多的游客。

（2）方式选择

在确定直播目的后，文旅企业新媒体团队需要选择直播营销方式，如颜值营销、明星营销、稀有营销、利他营销等，可以选择其中一种或多种组合；同时还要选择合适的平台和工具,根据目标受众的特点和活动主题,选择适合的直播平台(如抖音、快手、小红书或文旅垂类平台直播间等)和工具(如直播软件、摄像头等)。

(3)策略组合

选择好方式和平台后,文旅企业需要对直播的场景、产品、创意等模块进行组合,设计出最优的直播策略。直播要让观众有代入感,根据产品创造出最贴合的场景元素,而旅游业能把沉浸感做到极致。文旅行业中许多产品是场景本身,既方便又足够吸引人,很多大景区就自带品牌效应。

2. 策划筹备

直播的第二环节是策划筹备。先撰写完善的直播方案,制定出详细的流程和内容,确保直播活动能够吸引和保持观众的兴趣。例如,在景区冬季滑雪游主题下,可以安排特邀嘉宾演示滑雪技巧、分享滑雪带来的快乐和讲解本景区滑雪项目的优势等。再在直播开始前将直播过程中用到的软硬件测试好,尽可能降低失误率,防止因筹备疏忽而引起不良的直播效果。

3. 直播执行

直播的第三环节是直播执行。为了达到已经设定好的直播目的,主播及现场工作人员要尽可能按照直播方案,将直播开场、直播互动、直播收尾等环节顺畅地推进,并确保直播的顺利完成。为了确保直播当天的人气高,新媒体运营团队还需要提前进行预热宣传,提供足够的参与价值,吸引粉丝提前进入直播间,静候直播开场。

4. 后期传播

直播的第四环节是后期传播。它是活动正确引导和发展的重要环节,也是推动文旅产品、活动和文化传播的关键。文旅直播后期传播的几种常见方式有如下几种。

(1)制作并上传直播回放

将直播录制成回放视频,并在各个平台发布,延长直播的影响力和参与度,吸引更多潜在用户了解企业。

(2)分享直播内容到社交媒体

将直播中的精华内容或亮点制作成短视频或图片,并在社交媒体平台分享,扩大活动的宣传范围,提升品牌曝光率。

(3)利用公共关系渠道宣传

向媒体及行业组织提供文旅直播活动的新闻稿件,在行业内宣传品牌,吸引更多的关注和合作机会。

(4)利用口碑传播

利用邀请相关领域的专家、意见领袖参与直播等方式来扩大活动的传播效果。

(5)发布精细化的引流计划

根据直播活动的主题和目标对象,制定引流方案,向有意愿的观众及时传递企业价值,为产品或服务吸引更多的目标用户。

5. 效果总结

直播的第五环节是效果总结。直播后期传播完成后,新媒体团队需要进行复盘工作。

(1) 收集数据和反馈意见

直播结束后,收集参与用户的数据和反馈意见,如观看人数、参与人数、直播回放观看数量、弹幕留言等,通过这些数据评估活动效果,指导下一次直播活动的改进方向。

(2) 分析观众反应

文旅直播的目的是让用户了解产品,吸引其购买产品,因此需要分析参与用户的反应,了解他们对产品的评价和推荐程度,根据这些评价改进产品。

(3) 评估活动效果

评价文旅直播的效果,可以从观众投入程度、参与互动的比例、关注度、观看人数等方面考量,也可以从品牌展示、宣传效果、销售量等方面考量。评估活动效果的过程可以从互动效果的操作性和有助于影响目标用户的可信性等角度描述。

(4) 总结反思

总结整个文旅直播活动,分析活动过程中的成功与失败之处,探究有效的直播策略,发现可改进之处,为下一次策划更好的直播活动提供经验。

(5) 提出改进方案

在复盘的基础上,提出改进文旅直播活动的方案。这些方案应基于之前的经验和数据,是针对下一次直播活动的实用建议。

注意,直播的第四环节"后期传播"与第五环节"效果总结",虽然都是直播结束后进行的,但必须在直播开始前就做好两方面的准备。一是提前设计数据收集路径,如抖音流量来源设置、网站分销链接生成、微信公众号后台问卷设置等。二是提前安排统计人员,需要对直播网站后台的数据分析功能进行细化,直播中的部分数据,如不同时间段的人气情况、不同环节下的互动情况等,需要人工统计,便于后续分析。

6.1.2 直播目的分析技巧

任何一场文旅直播活动都必须围绕文旅企业营销目的展开,其可以从产品分析、用户分析、营销目标三个层面提炼,如图 6-4 所示。

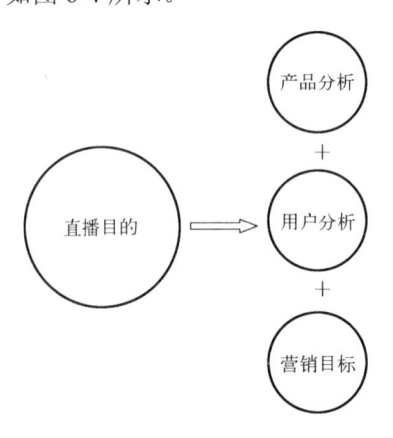

图 6-4 直播目的分析

首先,通过产品分析梳理出直播文旅产品的优势与劣势,全方位展示该产品的优势,并尽量避免在直播平台暴露产品劣势。

其次，借助用户分析挖掘出用户的场景需求，在直播策划时，围绕场景需求设计互动环节及主播的台词。

最后，在文旅企业各级营销目标中找到与直播最契合的关键点。文旅企业的营销目标通常包括整体战略、阶段性目标、市场目标、销售目标等，而通过一场直播不能完成所有营销目标，因此需要在直播策划前，找到文旅企业营销目标的某个点，利用直播进行单点突破。

完成以上产品、用户、目标三方面的梳理后，新媒体团队需要紧密围绕这三方面要素，将直播目的用简要的语言概括出来，如将产品的优势通过直播传达给用户，最终实现直播销售任务。

1. 直播产品分析

直播活动的产品通常分为两大类，第一类是实物产品，如地方特产、旅游纪念品等；第二类是服务类产品，如机票、跟团游等。对参与直播的产品进行分析，有助于理解产品价值并提炼产品优势，进而加深屏幕前观众对产品的认识。

直播产品可以从"产品形态与元素""产品功能与效果""使用场景"等多个维度进行分析。在分析产品并提炼产品优势时，必须考虑直播环境的特殊情况，不能脱离直播去进行常规产品分析，例如，在直播平台，这款产品或服务有哪些优势？由于场景不同，同样的产品特点，在线下的优势可能会成为直播平台的劣势。

新媒体团队在进行产品分析后，需要提炼出产品关键词、产品亮点、产品性格，在直播策划时将产品信息巧妙植入直播环节，便于向直播观众传达。

产品关键词通常会出现在主播口播或直播道具上，因此需要用 3~5 个简练的词组概括产品，如"爆款""海岛游""亲子"等；产品亮点通常会出现在嘉宾体验分享、直播预热活动、直播后期发酵中，因此需要对产品在直播场景下的优势进行提炼；产品性格需要与主播或嘉宾的人物设定一致，如主打"健康游"的户外旅游产品可以邀请健身达人等共同直播。

2. 直播用户分析

文旅直播需要对用户进行分析，主要有两方面原因：一方面，直播平台的可选择性强，不吸引用户注意力的直播会造成用户在直播间的跳出；另一方面，为了达到营销目的，新媒体团队必须让用户按照主播的引导下单或分享，而巧妙的引导来自对用户的分析与判断。用户分析包括以下几方面内容。

（1）用户基本信息分析：性别、年龄、地域、职业等基本信息，可以通过平台提供的数据分析工具或者调查问卷等方式获取。

（2）用户兴趣爱好分析：通过用户在直播过程中的评论、点赞、收藏等互动行为获取，进一步了解用户的兴趣爱好和消费偏好。

（3）用户行为习惯分析：通过用户在直播过程中的行为习惯，如参与互动、购买商品等，可以进一步分析用户的消费水平和购物习惯。

（4）用户心理特征分析：用户在直播过程中的情绪变化、态度反应等反映用户的心理特征，如是否喜欢新鲜感、是否喜欢参与互动等。

（5）用户价值观分析：通过用户在直播过程中的言语、态度等表现方式，可以了解用户的价值观和人格特征，如是否注重环保、是否乐于分享等。

以上几点是文旅直播用户画像分析的基本方向和方法，具体分析需根据实际情况而定。

文旅直播用户具有多样性和复合性的特点，既重视学习、体验和知识，又关注娱乐、休闲和消费，同时也喜欢参与和互动，具有一定的社交性。因此，在文旅直播推广和运营中，需要根据不同用户群体的需求和偏好，提供多样化的丰富的直播内容和互动形式。

3. 企业营销目标

直播目的必须结合文旅企业新媒体营销的整体目标，而文旅企业的新媒体整体营销又必须依托于其市场营销总目标。因此，在进行直播目的分析时，必须结合文旅企业自身的营销目标。

新媒体团队在每次直播活动的策划前需要专门进行目的分析，尤其是结合文旅企业自身的营销目标，否则一切设置将脱离企业的真实需求，无法给企业带来实际效益。

为确保文旅企业自身的营销目标科学化、规范化、明确化，可以采用"SMART 原则"，如图 6-5 所示。SMART 原则不仅能帮助新媒体团队明确高效地工作，还能使企业新媒体负责人对团队的工作有清晰的认识，并对其工作结果进行公平公正的评判。

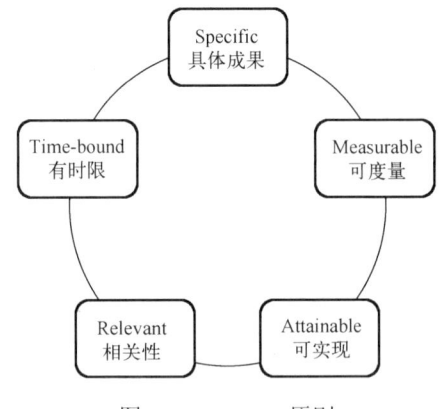

图 6-5 SMART 原则

（1）具体成果，指目标切中特定的营销指标，例如，"用直播提升口碑"不是具体目标，而"借助直播提升企业飞猪点评星级、携程评价及美团好评"则是具体目标。

（2）可度量，指目标是数量化或者行为化的，例如，"利用直播实现销售额猛增"不是可度量目标，而"利用直播平台半年实现 20 万元门票销售额"则是可度量目标。

（3）可实现，指目标在付出努力的情况下可以实现，避免设立过高或过低的目标，例如，上一次直播有 5000 人参加，这次将目标设定为"50 万人参加"就是不可实现的，而"1 万人参加"或"2 万人参加"等提升 2~4 倍的目标是可实现的。

（4）相关性，指目标是与新媒体工作的其他目标相关联的，例如，新媒体部门本身就有网站运营、网店推广、微信公众号运营等职能，直播目标为"景区微信公众号 2 小时内增加 1000 个粉丝"是有相关性的，而"景区交通准点率由 90%提升至 95%"是没有相关性的，因为直播无法帮助运输部门提升准点率。

（5）有时限，注重完成目标的特定期限。直播结束后，传播与发酵的时间通常不超过一周，其中 80%左右的销量来自直播当天。例如，"借助直播实现门票销售 2 万张"是没有时限的，而"直播结束 48 小时内门票销售 2 万张"是有时限的。

直播开始前，需要将文旅企业营销目标按照 SMART 原则准确地提炼出来，这样才能达到最佳的直播效果。

6.1.3 直播的策略组合

在梳理清楚直播目的并选择合适的直播方式后，文旅新媒体团队需要设计直播的策略组合。直播的策略组合具有承上启下的作用，一方面可以更好地将上述直播目的落地，另一方面便于下一步直播方案的制作。

人物、场景、产品和创意四部分的综合效果会影响直播的整体效果，因此在设计直播的策略组合时，要注意这四部分的有机结合，如图6-6所示。

借助"人物""场景""产品"可以组成万能的策略模板，即什么样的人（消费者）在什么场所（销售渠道）购买了该产品（直播中展示的产品），并在什么场所（使用场景）使用后获得了什么样的效果（产品功能及效果），而这个人（消费者）正在通过直播的形式把以上环节展示给屏幕前的观众看，让更多的人知道或购买（实现直播目的）。

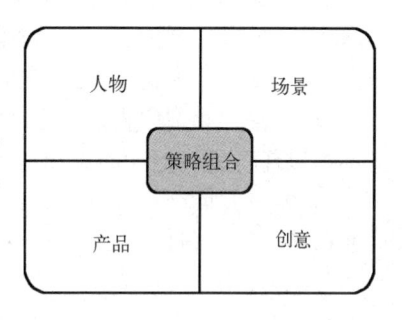

图6-6 直播策略组合

这个万能的策略模板在套用中并非必须保留每个环节，可以根据实际情况进行动态组合，但每个环节都会对最终效果产生影响。

例如，旅游知识分享直播：某人（旅行达人）正在家里/景区（场所）通过直播的形式，向大家讲解某行程的基本知识及旅行建议，在旅行产品方面花费多少，在多长时间内获得多少服务（产品功能及效果）。

万能的直播策略组合优势在于能够迅速在脑海中搭建一个直播模型，其中"创意"对直播效果的影响更为关键。

趣味性内容的策划同样有章可循，利用或放大产品的亮点和功效，通过直接展示或间接对比的方式，可以达到增加直播活动趣味性、可看性的目的。

6.1.4 直播风险防范六要素

由于直播直接将现场情况呈现在受众面前，没有剪辑与后期加工，因此文旅企业在进行直播策划之前，必须先做好风险防范。否则，一旦出现失误，不但无法达到企业的营销目标，反而会伤害企业的品牌形象。

在直播策划前，必须对以下几方面逐一排查，防止造成不必要的麻烦。

1. 合法合规

文旅企业在直播前应了解相关法律法规和政策，确保自己的直播内容、行为符合要求，特别是在涉及敏感话题、版权使用及商品宣传等方面需要审核合规性。

2. 直播前预演

文旅企业需要进行直播前的设备、网络、软件的调试，检查直播设备和连接，确保稳定性和流畅性，有效减少直播风险。

3. 直播脚本文案审核

现阶段直播平台用户规模不断扩大，其已成为社交、娱乐等场景的重要入口，因此相关部门也开始重点管理。直播平台和主播要在直播前对脚本文案进行审核，确保符合相关法律法规要求，避免违法行为的发生。主要涉及以下几个方面。

（1）《中华人民共和国广告法》。直播过程中，如果存在商业宣传、推销行为，需要遵循《中华人民共和国广告法》的相关规定，严禁虚假宣传、误导消费者，必须明确标示广告内容，不得以任意方式混淆广告和纯粹信息传递。

（2）《互联网信息服务管理办法》。直播平台应当对发布的信息进行审核，杜绝违法信息的传播，规范用户发布行为，保护公共利益和消费者权益。

（3）《中华人民共和国著作权法》。直播脚本和文案涉及文字、图片等著作权内容，需遵循《中华人民共和国著作权法》的相关规定，保护著作权人的权益，不得侵犯他人的著作权。

（4）《中华人民共和国网络安全法》。直播平台需要保障用户个人隐私和信息安全，遵守《中华人民共和国网络安全法》的相关规定，确保用户数据不被泄露、篡改、破坏等。

（5）《中华人民共和国商标法》。在直播中使用商标需符合《中华人民共和国商标法》的相关规定，不得侵权、冒用别人商标，避免因使用商标而引起版权纠纷。

文旅企业要尽可能把控内容的质量和风险，对可能引起争议或涉及版权问题、敏感话题等的内容进行充分的思考和策划，同时学习直播平台公布的违禁词规则，从而避免给个人或平台造成风险和损失。

4. 个人信息保护

文旅企业应加强用户数据保护和管理，明确直播中收集用户信息的目的和方式，并遵循相关法律法规，防止用户信息被滥用或泄露，确保用户隐私信息的安全。

5. 社交风险管控

文旅企业应保持与直播观众的良好互动和沟通，及时解答直播观众的疑虑和需求，删除、屏蔽或制止不符合规范的直播弹幕和评论，及时处理不良影响，保障直播过程的稳定。

6. 应急预案建立

万一出现技术故障、争议、违法事件等问题，文旅企业和直播嘉宾等相关方应当立即响应，采取措施处理问题，及时评估和复盘事故，推进健康稳定发展。

综上所述，文旅行业需要合法合规，预演直播前在控制内容、保护用户信息、管控社交风险、建立应急预案等方面防范直播风险。

6.2 文旅直播平台

随着直播时代到来，相关文旅直播平台百花齐放。从泛娱乐化的综合类直播平台，到携程、飞猪、马蜂窝等OTA直播频道，各有自己独特的优势和受众群体。

6.2.1 综合类直播平台

文旅作为生活服务的重要组成部分，其内容在泛娱乐综合类短视频直播平台中占有很大比例。抖音、快手、微信视频号、小红书、西瓜视频、B 站等平台给文旅行业带来了巨大关注流量，促进了行业的快速发展。

1. 抖音

抖音的用户总量已超过 8 亿，日活用户数达 7 亿，人均单日使用时长超过 2 小时。抖音发展过程中，产品功能越来越丰富，容纳的场景也越来越多，它已经变成一种生活方式，从内容消费延伸到线上购物、线下团购，包括电商、生活服务、知识教育、旅游、文艺演出等。社会企事业主体已将抖音运营作为日常工作。截至 2021 年 12 月，旅游企业在抖音开通企业号的账号总数已达 10.47 万，同比增长达 121%；抖音旅行风景直播间数量超过 28 万，环球旅行、旅行机构直播间数量超过 10 万。近几年，政府部门及旅游企业也举办了各种形式的"云"在线文旅活动，取得了很好效果，如图 6-7 所示。

图 6-7　519 中国旅游日抖音云旅游

抖音的商业价值主要体现在三个方面：巨大的用户流量和高互动价值，强大的品牌渗透能力与引流转化价值，打造创意型社交电商的内容价值。而抖音文旅账号现在的运营方式，主要是以短视频内容 + 主播人设 + 产品价格为核心，通过专门设计粉丝福利产品，形成拉新—私域流量—转化—营销的销售闭环。

抖音直播间的推流算法和机制分别如图 6-8 和图 6-9 所示，平台会根据直播间的评论、互动、涨粉、停留、点击、成交、转化等评估是否推流。

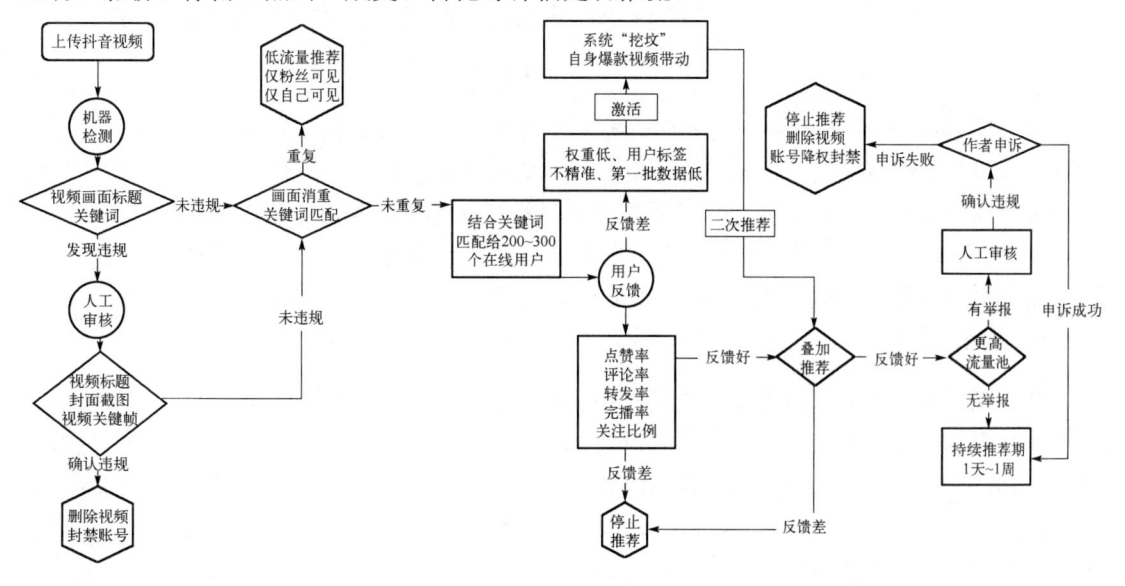

图 6-8　抖音短视频推流算法

运营者需要重点关注以下三点。

① 直播间特征：抖音平台会根据大数据算法获得每个直播间的特征，根据直播内容，把直播间推荐给这类主播的观众，所以一定要做好账号内容定位，如图6-10所示。

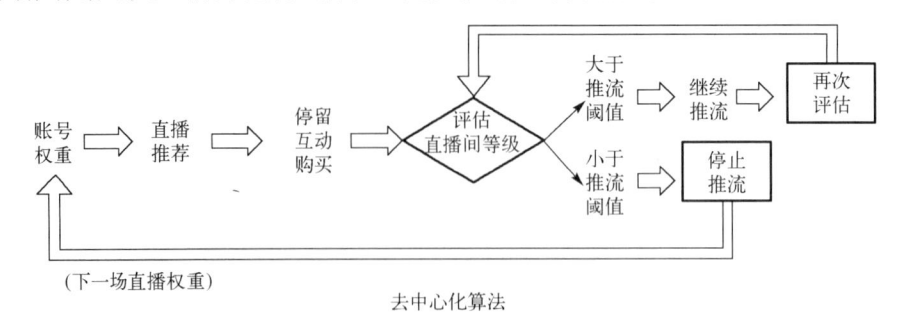

图6-9　抖音直播推流机制

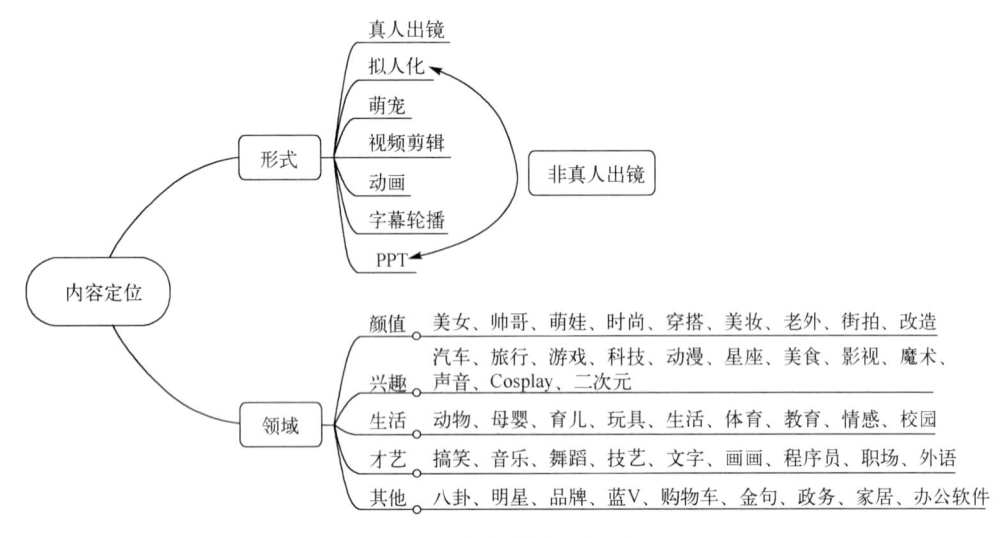

图6-10　抖音直播内容定位

② 进入率：用户看到直播内容后选择点击进入直播间的比例。进入率是平台给予主播的一个考核指标，点击的多，说明内容质量高，平台会增加推流；点击的少，说明质量不高，平台就会减少推流。因此主播对自己的视频或直播封面都会非常用心制作。

③ 观看时长涉及停留、留存的问题，即用户进入直播间后，能停留观看的时间。主要取决于直播内容够不够吸引人。

2. 快手

快手用于用户记录和分享生活的短视频直播平台，前身叫"GIF 快手"。2012 年 11 月，快手从纯粹的工具应用转型为短视频社区。2021 年，日活用户数已超过 3 亿，每年有超 2 万亿次互动。旅游是快手最受用户欢迎的内容之一，快手官方数据显示，平台已有超过 20 万个专业文旅创作者、10 家 OTA、300 家 A 级景区、1500 位持证导游、1.8 万个旅游商家入驻快手，由此形成了蓬勃的行业生态。

快手与携程、同程艺龙、中国旅游集团等众多文旅企业合作，打通资源、数据链，构建了"短视频种草+直播下单+线下打卡"的融合生态,推动旅游行业形成全新的互动与营销模式,如图 6-11 所示。

图 6-11 快手旅行

快手的算法机制如图 6-12 所示。抖音、快手的算法逻辑对比和内在逻辑对比分别如图 6-13 和图 6-14 所示。

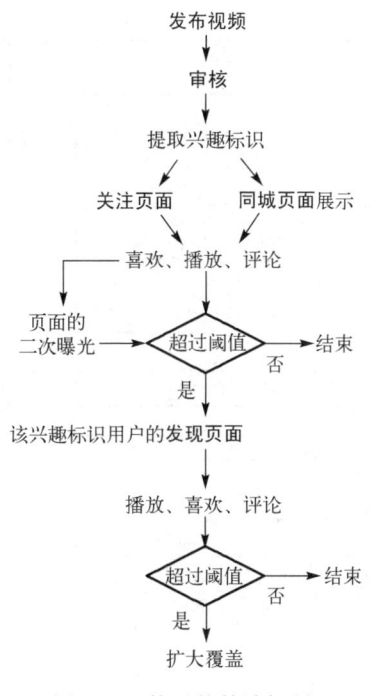

图 6-12 快手的算法机制

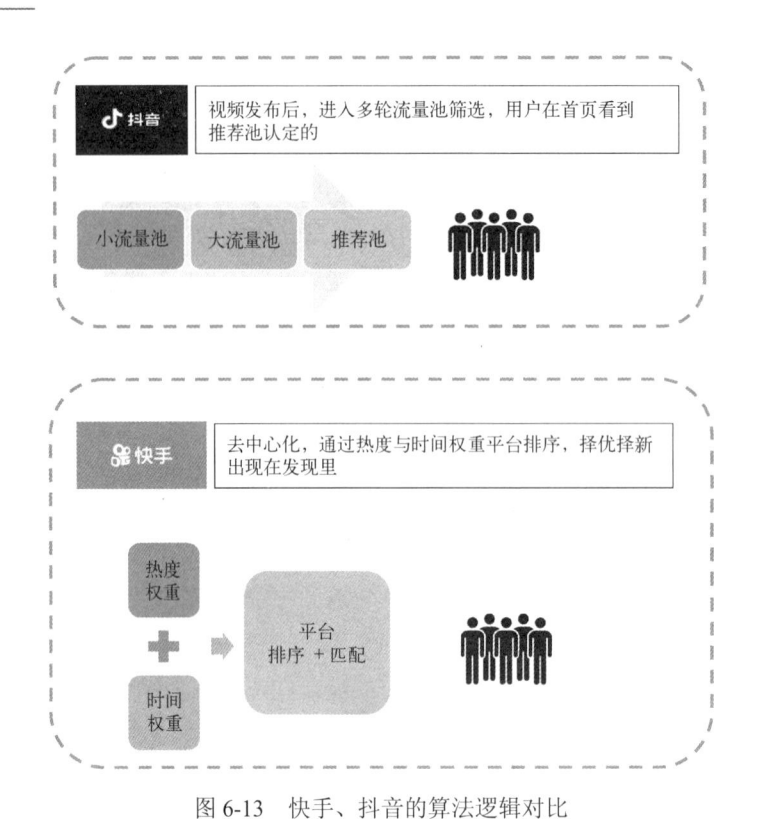

抖音：视频发布后，进入多轮流量池筛选，用户在首页看到推荐池认定的

小流量池　大流量池　推荐池

快手：去中心化，通过热度与时间权重平台排序，择优择新出现在发现里

热度权重 + 时间权重 → 平台排序+匹配

图 6-13　快手、抖音的算法逻辑对比

	抖音	快手
内容资源配置方式	中心化 市场+计划，计划>市场	去中心化 市场+计划，市场>计划
内容调性	突出美好	记录生活
内容分发	智能+社交分发 初始：90%标签+10%关注	社交+智能分发初始： 60%~70%标签+30%~40%关注
内容消费	一二线城市与三四线城市较为均衡	70%来自三四线城市
平台属性	媒体属性强，KOL赞评比42:1	社区属性强，KOL赞评比13.05:1
发展路径	高爆发性，成长迅速，具有更强的可复制性	逐步发展，积累深厚，可复制性相对较弱
平台变现	直播>广告、电商	直播>广告、电商

图 6-14　快手、抖音的内在逻辑对比

3. 微信视频号

微信视频号依托于微信，位于微信 App 的发现页内，在朋友圈入口的下方。微信视频号

虽然入局短视频、直播领域时间较短，但凭借其强大的流量支撑和社交属性加码，上线两年多日活用户数就突破了 4.5 亿。

视频号的优势在于和微信生态链紧密相连，可以实现与微信公众号、微信朋友圈之间的无缝连接，坐拥微信 10 亿流量，对品牌宣传、带货都是很好的选择，如图 6-15 所示。据 2022 微信公开课数据，视频号平台 2021 年直播带货销售金额增长 15 倍，私域占比 50%；视频号直播间平均客单价超 200 元，整体复购率超 60%。通过大数据分析，微信发现视频号的用户拥有专注度高、客单价高等特点。

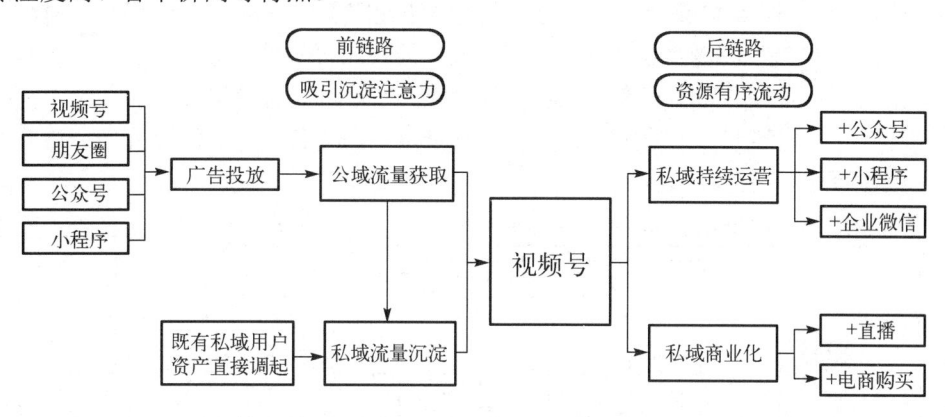

图 6-15　视频号的微信生态链

近年来，文旅企业在视频号做了许多尝试，将优质内容与产品通过微信私聊、群聊、朋友圈、公众号等渠道释放，在完成私域流量积累及品牌资产沉淀的过程中，实现订单的转化。

以长隆度假景区为例，"欢乐长隆"公众号输出详细的产品、营销图文宣传，小程序则涵盖线上交易和景区地图导览的平台工具属性，而视频号则以自由、丰富的视角吸引游客，如图 6-16 所示。

图 6-16　长隆度假景区的公众号、小程序、视频号

旅游企业运营视频号的关键在于，内容要具备稀缺性，定位要精准清晰，同时进行知识

输出。视频号倚靠微信实现生态体系的搭建，能让旅游企业实现曝光—用户种草—转化—沉淀的闭环。

4．小红书

小红书是一个以社交内容种草的生活方式平台，2021年已有超2亿月活用户，其中72%为90后，50%分布在一二线城市，共有4300多万的分享者，其中女性约占70%，男性约占30%。

自2019年开始，小红书旅游品类的相关内容已经成为仅次于美妆的第二大品类，也是增速最快的品类。如图6-17所示，从头豹研究院的统计图表可以看出，在用户旅游决策方面，2020上半年小红书就已超越携程、飞猪、马蜂窝、同程旅行等传统旅游服务平台，成为消费者旅游决策的第一入口，而用户在旅行结束后又回到小红书进行分享和二次传播，由此形成内容"闭环"。从内容方面来看，小红书对小众景点、周边游、自助游这几部分内容的种草能力强，更适合非刚性需求的浏览、搜索。

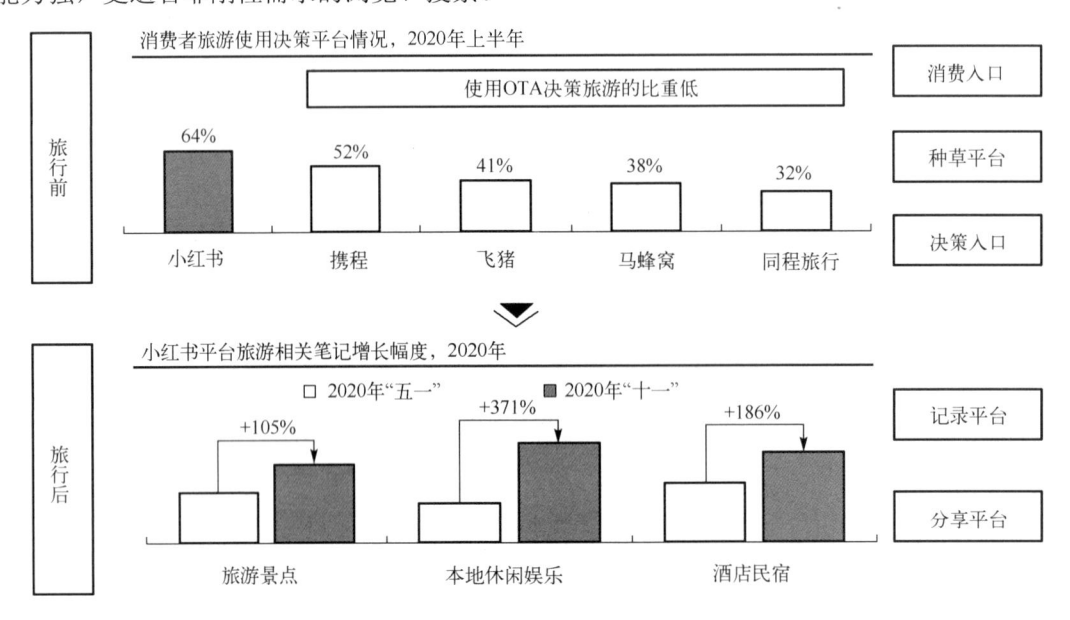

图6-17 消费者旅游决策平台使用情况（图源：头豹研究院）

2020年4月，小红书正式上线直播功能，陆续有商家和博主开始直播。目前小红书直播流量的来源是平台自身流量和小红书达人私域流量。小红书独特的用户结构和内容分发逻辑，使它相比其他平台具有客单价高、转化率高、用户价值高、具长尾效应等优势。小红书平台直播有以下特征。

首先，小红书采用去中心化流量分发，对中小商家、博主比较友好，他们不用投流就有机会获得系统推荐。另外，只要关注商家和达人，直播时就会有提醒，在发现页也有机会刷到关注的对象。

其次，小红书作为一线女性用户聚集地，用户人群和商品具有天然适配性，用户通过笔记种草，在直播时转化，实现从种草到拔草的转换。

最后，相比抖音热闹直播场景，小红书直播间相对理性，这也是小红书直播具备高客单价、高转化率和高复购率特点的原因。

在具体直播过程中，文旅企业还需要通过前期策划、预告设置及后期复盘，不断提高小红书的直播效果。

6.2.2 OTA 直播

近年来，"旅游+直播"已成为各 OTA 运营标配，携程、飞猪、马蜂窝、同程艺龙、途牛等平台已陆续开通直播功能，为文旅企业提供了更丰富有效的推广销售方式。

1. 携程

携程是国内最大 OTA，涉及机票、酒店、度假、企业商旅、景点门票、餐饮等旅游产业的多个领域，打造旅游一站式服务模式。经过旅游直播行业内两年的积累与沉淀，2021 年携程直播的品牌价值和高转化率吸引了众多从业者的注意，已有超 3000 家旅游业商家进驻携程直播间，商家开播场次超 10000，涵盖酒店、景区、机票、向导、定制师等业务线。其中，携程直播的头部品牌"携程 BOSS 直播"，以政企联动的目的地整合营销为着力点，在短期内快速提升了高星酒店销量，推动了近 200 个目的地城市的旅游经济发展，如图 6-18 所示。

携程的现有直播内容体系包含：周三 BOSS 直播、品牌日专场直播、商家直播、生态链个人直播等 IP 矩阵。其中，"官方联合品牌专场直播"是 2021 年的升级 IP，服务侧重与商家深度结合，定制直播专场，满足粉丝用户专属感，同时满足用户远期和即时旅游产品选品的需求，实现"用户、文化、直播"的交易闭环。

携程的慢直播商业化场景应用特征较为明显。在携程上，大部分直播间会以慢直播形式展开。如图 6-19 所示，这类直播间通过展现酒店房间、景区一角、场馆动态等来吸引观众，他们直播间售卖的也都是酒店房间、景区门票、景区内的消费等，这种就是通过真实的场景展现引导观众来此消费。

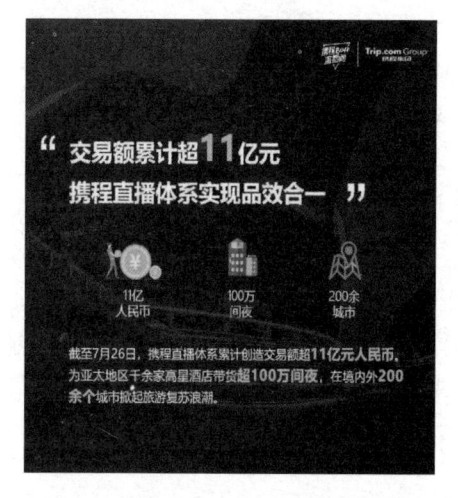

图 6-18　2020 携程 BOSS 直播大数据报告

图 6-19　携程慢直播

2. 飞猪

飞猪直播是阿里巴巴旗下的旅行&生活方式直播平台，是移动互联网时代新兴的内容营销场景，也是结合了旅行类商家、旅行达人和机构的内容玩法阵地，如图 6-20 所示。2018

年双十一期间，飞猪直播累计开播近 4000 场，日均近 200 场，频道全天 24 小时联播，直播覆盖 28 个国家和地区；通过直播引导进店次数超过 130 万，直播间下单成交的峰值达到 18 秒一单。

图 6-20　飞猪直播

作为"阿里系"的代表玩家——飞猪，被称为"旅游界淘宝"，与传统 OTA 的模式相比，飞猪最大的特色在于，沿用了阿里巴巴平台模式，让商家直接面对消费者，更注重境外市场的开拓。飞猪强化三大内容化产品，即商家品牌旗舰店、飞猪官方直播间、淘内淘外达人生态，提升商家的内容引导成交能力。

飞猪的官方直播间"逛吃团"不仅连接商家和消费者，也连接商家与阿里生态圈。有官方选品背书的旅游好货，不仅会在官方直播间售卖，还将推荐给淘宝系的优质主播，逐步形成一端选品全网分发的机制，扩大旅游商家在阿里生态圈内的曝光度和圈粉力。

3．马蜂窝

马蜂窝旅游网是一个旅游社交网站，提供全球 6 万个旅游目的地的交通、酒店、景点、餐饮、购物、当地玩乐等信息内容和产品预订服务。马蜂窝的核心功能是为用户提供旅游攻略（游记为主要形式），并附以旅游产品的订购（酒店、行程等）。马蜂窝所特有的"内容＋交易"模式，为用户提供旅游消费决策支持，同时也以较低的营销费用帮助旅游企业获得精准的流量与订单。

2019 年初马蜂窝开启直播业务后，经过内容优化将旅游直播进行栏目化运营。一方面为游客提供更多优质的直播内容，另一方面有利于直播内容的结构化。马蜂窝现已推出了"味蕾环记"、"老街图鉴"和"圣地巡礼"等直播栏目，如图 6-21 所示，未来还将开设"非物质文化遗产"等更多年轻游客喜爱的旅游直播主题栏目。实现旅游直播的精品化和结构化，让有同好的游客更快找到自己喜爱的直播内容，"种草"目的地和玩法，高效地进行旅游消费决策。

图 6-21　马蜂窝直播

旅游直播是"视频化攻略"的重要表现形式。马蜂窝直播的定位标签是好看的攻略式直播，其内核在于直播攻略化和实时运营。马蜂窝有明确的"优质直播"衡量标准，标准涉及直播热度、浏览数、点赞数等各项指标。平台不仅对参与直播栏目的主播设置了历史直播场次等硬性门槛，还有运营人员一对一地深度介入具体的直播内容策划，保证直播栏目的内容质量。

6.3　实施直播活动

文旅行业利用互联网直播技术，打造直播平台，实施直播活动，展示旅游景点、文化底蕴、民俗风情等信息，可以提升目的地的知名度和影响力，促进经济发展和文化传承。常规的直播活动通常比较随意，只是简单地对着摄像头聊天（如户外游览直播、聊天直播），不必进行专门的开场、互动、结束等设计与策划。而文旅企业营销活动直播除主播要随机应变外，还要进行相关的设计与演练，以达到营销预期。

6.3.1　直播活动的执行模型

直播活动的执行需要将执行环节紧扣营销目的，同时营销目的需要围绕效果预期来设定，具体的执行模型如图 6-22 所示。

网友购买一款文旅产品时，不会看到广告就直接下单，其行为一般会分为以下三个步骤：

第一步，刚接触时初步认识；

第二步，逐步产生兴趣；

第三步，认可该产品或企业的理念，购买产品并推荐给其他人。

直播活动要达到营销目的也需要采取以上三个步骤，第一步是通过各种方式帮助观众获取感知，第二是步逐步提升观众对产品的兴趣，第三步是促成观众接受理念，即执行模型中的获取感知、提升兴趣、促成接受。

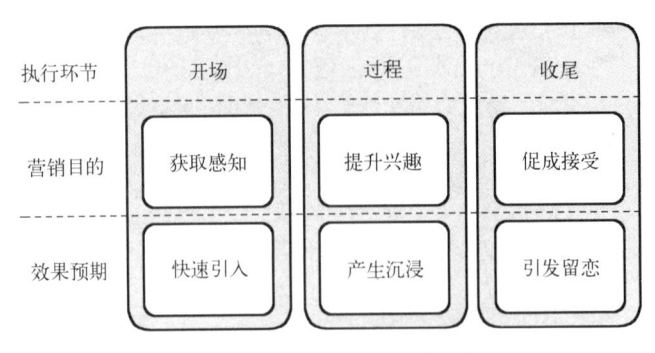

图 6-22　直播活动执行模型

直播活动的执行环节通常包括开场、过程、收尾三个环节。直播运营团队需要将以上"获取感知、提升兴趣、促成接受"的营销目的友好地植入执行环节。直播开场的主要营销目的是获取感知，让观众第一时间了解这场直播的内容、形式、组织者等信息；直播过程中的营销目的是提升兴趣，既使观众对直播本身产生兴趣，又使观众对直播所倡导的理念、所推荐的产品提升兴趣；直播收尾的营销目的是促成接受，好的收尾能够起到"画龙点睛"的作用，让观众接受企业产品、喜欢企业品牌，并在其他自媒体平台上也追随企业产品。

直播活动的效果预期，依然围绕"获取感知、提升兴趣、促成接受"的营销目的。一场好的文旅直播活动，需要在第一时间将观众引入直播场景（快速引入），在3秒内抓住观众注意力；接下来利用过程中的内容与互动，让观众喜欢本场直播并在直播间停留（产生沉浸）；在收尾时，让观众产生依依不舍的感觉，发出"这么快就结束了，还没看够呢""我去哪里能继续看呢""产品不错，我要买"等感慨（引发留恋）。因此，从效果预期角度继续设计执行模型，直播执行需要带给观众"引入、沉浸、留恋"的心理体验变化。

可以看出，文旅直播活动的执行，就是将文旅企业营销目的融入开场、过程、结尾三大环节，从而达到预设的效果预期。

6.3.2　直播活动的开场技巧

1. 直播开场设计的五大要素

无论准备多少直播内容，如果没有一个好的开场，那所有的工作都可能事倍功半，甚至劳而无功，因此，直播的开场是至关重要的。开场是直播留给观众的第一印象，观众进入直播间后会在1分钟之内决定是否离开。

直播间观众会根据开场判断：这场直播会不会有趣，这个主播是不是很幽默，要不要观看这次直播。平淡无奇甚至让人厌恶的开场，通常会让观众马上关闭页面，因此一定要做好开场设计。直播活动的开场设计需要从五个要素出发。

（1）引发观众兴趣

直播开场时的观众来源分为两部分：第一是前期宣传，通过直播开始前微博、微信等自媒体平台宣传，粉丝会点击链接来到直播间，成为第一批观众；第二是平台流量，在该直播平台随意浏览的网友，看到有趣的直播会点击进入。主播需要利用语言、道具等，充分调动观众的积极性。作为文旅直播间，开场设计需要有明确且极有特色的文旅主题，确保直播内容的一致性和流畅性，让观众感受到本场直播活动的价值和意义。

（2）促进观众推荐

前期宣传及平台流量带来的观众是有限的，甚至一部分观众会因为临时有事、网络故障等情况而退出，因此在开场时，主播需要主动引导观众邀请自己的朋友加入直播间，保持直播间的热度。

（3）带入直播场景

观看一场直播，观众所处环境各不相同，有的正在办公室加班，有的在宿舍上网，有的在赶往机场的路上。主播需要利用开场，在第一时间将不同环境下的观众带入直播所需的场景。为了使观众迅速进入直播场景，主播需要在开场时提到场景相关关键词，如美食直播的主播在开场时常用的关键词包括"好吃""解馋""色香味俱全""流口水""饥肠辘辘"等。

（4）渗透营销目的

直播属于营销活动的一种形式，本质上要达成相应的营销目的。在开场时，主播可以在以下三部分进行渗透。

第一，将文旅企业广告语、产品名称、销售口号等穿插植入台词中。

第二，充分利用现场的道具（产品、旗帜、玩具、吉祥物等）对文旅企业品牌进行展示。

第三，提前声明利他的营销信息（特价产品、独家链接等），促成销售。

（5）平台资源支持

各大直播平台运营人员会对资源位置进行监控与设置。除事先购买广告位置的资源位置外，一部分资源位置会安排给当日直播表现好、口碑佳的直播间。因此，利用开场迅速积累人气并引导互动，相关数据指标变好后，会获得平台更多推流，也会带来更好的资源位置，从而更快聚集直播间人气。

2．直播活动的开场形式

常见的直播活动开场有以下6种形式。

（1）直白介绍

在直播开场时，直接告诉观众直播相关信息，包括主播自我介绍、主办公司简介、直播话题介绍、直播大约时长、本次直播流程等。一些吸引人的环节（如抽奖、彩蛋、发红包等）也可以在开场中提前介绍，促进观众留存。

例如，成都西岭雪山冰雪节，开场可以是："大家好，欢迎来到西岭雪山冰雪节的直播现场！我是主播×××，今天非常荣幸为大家带来这一场别开生面的文旅盛宴。西岭雪山位于四川省成都市大邑县，是国内最具特色的冰雪旅游胜地之一，也是我国重要的滑雪和冰雪运动基地。今天，我们将一起来体验西岭雪山冰雪节的盛况和魅力！我们将有机会看到来自世界各地的职业滑雪运动员展示他们的技艺，还将有各种有趣的互动体验等，让您在家中也能感受到冰雪之美！本次直播活动，我们将持续到下午6点。在直播中，我们不仅仅可以欣赏到这场盛宴的视觉冲击，我们还将有机会和众多客人、嘉宾互动，了解更多关于这里的历史和文化，一起感受西岭雪山独特的魅力。同时，我们也会在整点抽取免费游玩套餐，欢迎大家持续关注！"

（2）提出问题

开场提问是在直播一开始就制造参与感的好方法。一方面，开场提问可以引导观众思考与直播相关的问题;另一方面,开场提问也可以让主播更快地了解本次观众的基本情况,如观众所处地区、爱好、对本次直播的期望。例如,某心理研究分享直播,开场可以是:"大家好,欢迎来到××的直播间!不知道大家有没有在旅途中遇到过一些奇怪的事情,如当你徒步的时候,你发现到处都是徒步的单身男女;当你露营的时候,感觉身边好多人也都在露营;你不搭车的时候经常会遇到许多想载你的车,你想搭车的时候它又不来了……如果你遇到过这些事儿,不妨在弹幕里打一个'1'告诉我。类似的事情,你还遇到过哪些呢?大家也可以在弹幕发出来,咱们一起看看还有多少这样的事情。"

（3）抛出数据

数据是最有说服力的。直播主播可以将本次直播要素中的关键数据提前提炼出来,在开场时直接展示给观众,用数据说话。特别是专业性较强的直播活动,可以充分利用数据开场,第一时间令观众信服。

注意,直播开场的数据必须真实可靠,否则会引发观众对直播真实性的质疑。目前各大直播平台均具有弹幕功能,且在部分平台上,直播主播无法选择或设置禁言,一旦主播抛出的数据有误,就会直接导致观众利用弹幕质疑,此时数据反而会带来负面的影响。

（4）故事开场

许多人从小就爱听故事,直播间的观众也不例外。相对于比较枯燥的介绍、分析,故事更容易让不同年龄段、不同教育层次的观众产生兴趣。

通过一个开场故事,带着听众进入直播所需场景,能更好地开展接下来的环节。

例如,某小镇旅游推介活动直播,开场可以是:"大家好,欢迎来到我们直播间!在××小镇,有这样一个感人故事。小镇是一个古老而神秘的地方,有着壮观的风景和悠久的历史。许多游客来到这里,探索这个神秘小镇和周围的美景。有一天,一对年轻夫妇来到了这里,他们计划在这里度过一个美好而难忘的蜜月。他们在这里做了很多有意义的事情:游览了许多户外美景,品尝了当地美食,与当地人交流等。突然有一天,丈夫突发疾病,需要紧急治疗。夫妻俩来到当地医院,却遇到了诸多困难,他们与医生沟通不便,语言障碍让一些检查无法进行等。这个时候,整个××小镇上的居民都伸出了援手,用自己的方式帮助他们。他们为夫妻俩提供了免费的住宿和食物,当地人帮忙翻译、开车,把夫妻俩转移到外面的医院进行治疗。在短短几天的时间里,这个小镇上的人们为夫妻俩提供了无私的关心和善意。在这个陌生的地方,夫妻俩找到了爱、支持和温暖。最终,丈夫康复了。这对夫妻不但度过了一个美妙的蜜月,还获得了无尽的关爱和友谊。旅游不只是去看风景,更是一次人与人之间的相遇、关心和深度沟通,它可以让我们发现世界的美好和人情的温暖。这样美好的旅程,您愿意和我们同行吗?"

（5）道具开场

主播可以借助道具来辅助开场。开场道具包括企业产品、团队吉祥物、热门卡通人物、旗帜与标语、场景工具等。其中,场景工具根据直播内容而定,例如,文创产品趣味拍卖直播,可用拍卖槌作为场景工具;旅游目的地活动直播,可以借助本地特色服装、手工器具等场景工具;户外运动直播,可以加入滑板、自行车等道具。

例如,某户外旅行直播,开场可以是:"大家好,我是××,现在正在××登山基地。在今天的直播中,我要给大家带来一个特别的体验,除了与大家分享××山旅游的知识和技巧,我还准备了一些工具,让我们能够更深入地了解户外旅游。比如,我这里有一张地图,它可以帮助我们更好地规划路线和探索景点；还有一个登山杖，它可以提供额外的支撑和平衡，让我们在爬山时更加安全。我相信这些道具会给大家带来很多帮助，我们一起来愉快地探索户外世界吧！"

（6）借助热点

互联网用户对网络热点普遍比较关注，因此，参与直播的观众对互联网上的热门事件和热门词汇也会有所了解。直播开场时，主播可以借助热点，拉近与观众之间的心理距离。

例如，某美食直播，开场可以是："大家好！这两天有一条新闻特别火：美国的鲤鱼泛滥，个头非常大，破坏了当地水域生物链。为解决鲤鱼泛滥的问题，美国密歇根州自然资源部悬赏100万美元寻求解决之道。有中国网友感慨：'很简单，吃呗！'那么，鲤鱼怎么做才更好吃，更有营养呢？今天我就来教大家一种鲤鱼的新做法。"

6.3.3 直播互动的五种玩法

1. 直播互动四象限

与传统的电视直播相比，互联网直播更具参与感。观众可以发弹幕与主播互动，参与评论或质疑；同时，主播也可以根据弹幕内容与网友互动。毫无互动性的直播，会导致观众流失，直播效果自然也受影响。

直播活动中的互动，由发起和奖励两个要素组成。其中，发起方决定了互动的参与形式和玩法，奖励则直接影响互动的效果。直播互动四象限如图 6-23 所示。

图 6-23 中的横轴为发起轴，纵轴为奖励轴。由发起轴与奖励轴分隔出的四个象限，包含直播互动的四大类玩法。

第一象限（右上角区域）代表观众发起互动，以物质作为奖励。观众通过直播平台的礼物系统，送给主播礼物，礼物形式根据平台而定，如"火箭""跑车""玫瑰"等。

第二象限（左上角区域）代表主播发起互动，以物质作为奖励。主要形式是直播红包，即现场赠送红包或抽奖后快递寄送等价礼物。

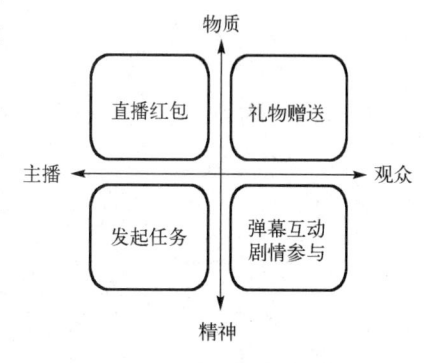

图 6-23 直播互动四象限

第三象限（左下角区域）代表主播发起互动，以精神作为奖励。主播可以在直播中邀请观众一起完成某项任务，完成后统一授予称号、截图感谢，或口头念出观众名字予以感谢。

第四象限（右下角区域）代表观众发起互动，以精神作为奖励。在直播中通过弹幕参与讨论，共同制定剧情参与直播下一步发展，代表观众对主播或主办方的支持，良性的参与及互动对直播活动非常有益。

2. 直播互动的具体玩法

常见的直播互动包括弹幕互动、参与剧情、直播红包、发起任务、礼物赠送五种玩法。

（1）弹幕互动

弹幕即大量以字幕弹出形式显示的评论，这些评论在屏幕上飘过，所有参与直播的观众都可以看到。传统的弹幕主要出现在游戏直播、户外直播等纯互联网直播中，目前已经有直播平台尝试参与电视直播，与体育比赛、文艺演出等合作，进行互联网直播及弹幕互动。

目前直播弹幕主要包括两类：第一类是网友相互之间的评论，如"支持刚才这个朋友说的""给刚才这条评论点赞""说得对，我们成都人喜欢吃辣"等，主播对这类弹幕无须处理；第二类是网友与主播之间的互动，如"能介绍一下这个行程有几天吗""一会儿该抽奖了吧，主播"等，这类弹幕需要主播与其及时互动，幽默地回应网友提出的质疑，或详细解答相关问题。

（2）参与剧情

这种玩法多见于户外直播。主播可以邀请网友一起参与策划直播下一步的进展方式，增强观众的参与感。邀请观众参与剧情发展，一方面可以使观众充分发挥创意，令直播更有趣；另一方面可以让被采纳建议者获得足够的荣誉感。

（3）直播红包

直播间观众可以为主播或主办方赠送"跑车""游艇""小星星"等虚拟礼物，表示对其的认可与喜爱；但此类赠送只是单向互动，其余观众无法参与。

为了聚集人气，主播可以利用第三方平台发放红包或等价礼品，与更多的观众互动。

直播红包的发放步骤分为以下几步。第一步：约定时间。主播可以告诉观众"5分钟后我们会发红包""20:00 咱们准时发出红包"，通知在场观众抢红包时间，暗示观众邀请朋友加入直播等待红包，增加直播人气。第二步：平台说明。除在直播平台本身发红包外，主播可以选择支付宝、微信、微博等平台作为抢红包平台，提前告知观众。这一步的目的是为站外平台引流，便于直播结束后的效果发酵。第三步：红包发放。到约定的时间，主播或其他工作人员在相应平台发放红包。

在红包发放前，主播可以倒计时，让"抢"红包更有氛围。除红包外，主播可以用礼物回馈观众，同样能达到良好的互动效果。

（4）发起任务

直播中发起任务，发布相关活动规则，在相同的时间做一系列指定动作的行为。在现实生活中，个人力量有限，但一群人一起做一件事，可以迅速形成规模，在引起他人注意的同时满足自我的成就感。

例如，在旅游目的地直播活动中，可以发起以下任务。

① 旅游挑战任务：主播发起一些旅游挑战任务，例如，请观众在旅游中拍摄当地的美景或者记录当地特色的食物等，并在评论区上传图片或者视频。主播可以进行点评并发起最佳作品投票。

② 地方小吃推荐任务：主播发起一项推荐当地特色小吃的任务，并鼓励观众分享自己尝试过的当地美食，并与其他观众交流和讨论。

③ 文化问答挑战：主播提出一些与当地文化相关的问题，让观众在观看直播的过程中回答评论区的问题，测试他们对当地文化知识的了解程度。

④ 最佳照片选举任务：主播在旅游中游览一些有意思的景点，邀请观众拍摄景点照片，

并在回到直播室之后，让观众投票选出最佳照片。

（5）礼物赠送

在直播过程中，出于对主播的喜爱，观众会赠送礼物或打赏。而只顾着自己说话或与观众聊天，对打赏无动于衷的主播，会被观众打上"没礼貌""不懂规矩"的标签。

在以营销为目的的直播中，主播形象与企业形象挂钩，较差的主播形象会直接影响企业形象。因此，有观众送上"跑车""游艇""火箭"等礼物时，主播应在第一时间读出对方昵称并予以感谢。

6.3.4 直播收尾的核心思路

文旅企业直播需要以结果为导向，通过直播达到营销目的，实现品牌宣传或销售转化。直播现场的营销效果取决于开场的吸引程度及进行中的互动程度；直播结束后的营销效果则取决于收尾的引导程度。

直播结束后，需要解决的核心问题即流量问题——无论现场观众是几十个还是上百万个，一旦直播结束，观众就马上散去，流量随之清空。为了利用直播现场的流量，直播结束时的核心思路就是将直播间的流量引向销售平台、自媒体平台和粉丝平台三个方向，如图6-24所示。

1. 销售转化

将流量引向销售平台，从收尾表现上看即引导进入官方网址或网店（如文旅企业OTA），促进购买与转化。

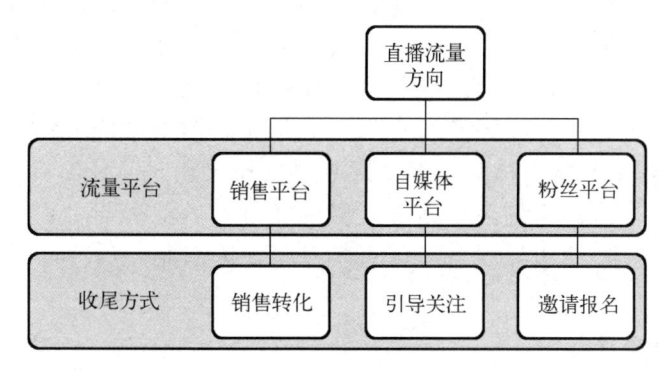

图 6-24 直播收尾思路

通常留在直播间直到结束的观众，对直播内容都比较感兴趣。对这部分网友，主播可以充当售前顾问的角色，在结尾时引导观众购买产品。例如，收尾可以是："感谢大家来到我们的直播间！一会儿直播结束后，大家可以找到我们的在线客服，告诉她一段暗语，她会引导你以9折的价格买到我们已经下架的爆款低价房型产品——就是大家开场弹幕问过我的那一款，现在已经卖到脱销，只剩下很少的几单，可以作为今天直播间的小福利。这段暗语是××，大家千万别打错字了啊！拜拜了各位！"

需要注意的是，销售转化要有利他性，能够帮观众省钱或帮观众抢到供不应求的产品；否则，在直播结尾植入太过生硬的广告，只会引来观众的弹幕。

2. 引导关注

将流量引向自媒体平台，从收尾表现上看即引导关注自媒体账号。在直播结束时，主播可将企业的自媒体账号及关注方式告诉观众，以便直播后继续向本次观众传达企业信息。例如，某酒店开业直播，收尾可以是："今天的直播就到这里。欢迎大家关注我们的微信公众号××，以后最新的打折和新品信息都会通过这个公众号发出来。对了，关注之后回复'惊喜'两个字，你会获得一张100元代金券，来酒店入住的时候可以直接减免100元钱了。记得告诉你的亲戚朋友，一起省钱啦！再次感谢大家！"

3. 邀请报名

将流量引向粉丝平台，从收尾表现上看即告知粉丝平台加入方式，邀请报名。在同一场直播中积极互动的网友，通常更容易与主播或主办单位"玩"起来，也更容易观看后续的直播。对这类观众，可以在直播收尾时邀请入群，结束后通过运营该群，逐渐将直播观众转化成忠实粉丝。

例如，户外俱乐部直播，收尾可以是："这次直播就到这里，如果大家喜欢探险，也喜欢和我们的小团队一起玩接下来的直播，可以加入我们的粉丝群，入群方式是××××。与今晚一样，我们会在每周五晚20点在群里发红包，同时也会邀请群里的小伙伴分享自己的探险经历，每月还会邀请群里的一位小伙伴免费参与我们的户外活动。一起来玩吧！"

6.3.5 直播重点与注意事项

与录播节目或网络短视频不同，网络直播完全即时地呈现在观众面前，任何不当的动作或不合时宜的语言，都会被观众直接看到，严重者会引起弹幕刷屏。虽然已经在直播前进行了硬件调试、软件测试，直播团队也策划好了直播整体流程与各环节话术，但还是会存在各种不确定因素。直播活动不是一次生硬的演讲，照着直播策划书"念稿子"会引发观众退出直播间，直接影响直播效果。一场好的直播活动，需要做好两方面的平衡：一是前期策划，主播需要按照策划好的流程与台词完成直播；二是观众互动，主播需要友好地引导观众参与直播环节。在直播进行中，需要特别注意以下三方面。

1. 反复强调营销重点

网络直播过程中，随时会有新观众进入，主播需要在直播进行中反复强调营销重点，如表6-1所示。

表6-1 直播中的营销重点

类别	营销重点
介绍	主播介绍、主办单位介绍、现场嘉宾介绍、产品介绍等
关注	引导关注直播间、微信公众号、微博等自媒体平台
销售	现场特价产品、观众专属商品、近期促销政策等
品牌	邀请点赞、邀请转发、邀请评论等

2. 减少自娱自乐，增加互动

直播不是单向沟通，观众会把自己的感受通过弹幕发出来，且希望主播予以回应。一个只顾自己侃侃而谈、不与观众及时互动的主播，通常不太受欢迎。

刚接触直播的新人，往往会过于关注计划好的直播安排，担心直播没有按照既定流程推进，从而生硬地结束一个子话题而进入新话题。实际上，几乎没有百分之百按照规划完成的直播活动，任何直播都需要在既定计划的基础上随机应变。

为了带着观众跟随自己进入直播环节，主播需要多利用过渡性的语言引导，如"关于这个话题，咱们就讨论到这儿吧，大家觉得呢？接下来我会让大家大吃一惊，大家想看吗？想看的请用'1'告诉我吧！""今天时间有限，我们再挑选3条评论问题回复吧！3条之后，我们一起进入下一个环节。""看到大家还在热情地刷评论，太感谢大家的捧场了！不过我们的比赛马上就要结束了，10分钟后大家一起来看看谁是第一名吧！"。

3. 注意节奏，防止被打扰

直播进行中，观众的评论是不可控的，部分观众对主播的指责、批评无法避免。如果主播过于关注负面评价，就会影响整体的直播状态。

在直播进行中，主播需要有选择性地与观众互动：对表扬或点赞，主播可以积极回应；对善意的建议，主播可以酌情采纳；对正面的批评，主播可以幽默化解或坦荡认错；对于恶意谩骂，主播可以不予理会。

直播活动全场的掌控者是主播，因此主播必须注意直播节奏，避免被评论影响，特别需要避免与部分观众现场争执而拖延直播进度。

同 步 训 练

一、知识训练

选择题（不定项）

1. 直播的主要特点是（　　）。
   A．即时事件　　　　B．常用媒介　　　　C．直达用户　　　　D．以上都是
2. 网络直播的优势有（　　）。
   A．参与门槛低　　　　　　　　B．直播内容多样化
   C．不受技术影响　　　　　　　D．不受政策环境干扰
3. 马蜂窝直播频道属于哪一类直播平台？（　　）
   A．综合类直播平台　　　　　　B．垂类直播平台
   C．秀场类直播平台　　　　　　D．商务类直播平台
4. 哪一个不是抖音的特点？（　　）
   A．采取霸屏阅读模式
   B．抖音几乎没有任何时间提示，让用户忽略时间流逝
   C．抖音所有的按钮设计都尽量不让用户跳转出主界面

D．抖音推流机制简单透明，可以轻松获取平台推流算法
5．文旅直播目的包括（　　）。
A．社交互动　　　B．文化传播　　　C．品牌形象塑造　　D．扶贫济困
6．做好一场直播需要注意的事项不包括（　　）。
A．主题规划　　　B．设备制作　　　C．直播后续　　　　D．不能与观众互动
7．分析文旅产品后，需要提炼哪些信息？（　　）
A．产品关键词　　B．产品亮点　　　C．产品性格　　　　D．产品使用场景
8．以下哪种不是常见的直播活动开场形式？（　　）。
A．提问　　　　　B．直白讲述　　　C．恐吓　　　　　　D．讲故事
9．正确优雅互动的技巧有（　　）。
A．不要群发　　　B．杜绝骚扰　　　C．红包先行　　　　D．评论点赞
E．慎求转发点赞投票　　　　　　　F．多平台覆盖
10．以下哪些内容或物料在直播过程中出现，不会有违法或违规风险？（　　）
A．文旅企业生产的土特产　　　　　B．竞争对手的产品
C．在百度搜索到的图片　　　　　　D．未授权的旅游纪念品
11．直播结束后，应该将流量引向（　　）。
A．自媒体平台　　B．娱乐直播间　　C．销售平台　　　　D．粉丝平台

问答题

1．文旅直播组合策略有哪些？阐述自己的想法
2．什么是 SMART 原则，它在直播中的作用是什么？
3．直播活动执行过程中要注意哪些问题？
4．如何做好直播活动的开场？
5．直播活动有哪些互动技巧？
6．文旅直播活动结束后还要做哪些工作？

二、技能训练

根据所学知识和技能，结合以下内容，策划一场关于绵竹年画的抖音直播，并撰写宣发文案及直播流程脚本。

绵竹年画又称绵竹木版年画，是中国民间木版年画之一，因产于竹纸之乡的四川省绵竹市而得名，流行于我国西南地区，与剑南春酒、赵坡茶并称为"绵竹三绝"。绵竹年画多以木版印出轮廓而后填色。绵竹年画与天津杨柳青年画、山东潍坊杨家埠木版年画、苏州桃花坞木版年画齐名，为中国四大年画之一，素有"四川三宝"之美誉。绵竹年画是世世代代民间画师们勤劳和智慧的结晶，体现巴蜀人民乐观向上的思想感情和古老的民族风尚。2002 年 2 月，绵竹年画入选首批中国非物质文化遗产项目。

每年春节，绵竹都会举办年画节活动。活动期间，除了众多民俗表演，还会举行民俗巡游，再现了《迎春图》中"金鼓开道""喜报阳春""狮子起舞""踩高跷""喜打春牛"等迎春、报春、游春、打春等场景，真实反映了人们古老民俗和满城迎春的盛况。

绵竹年画节期间，周边精品旅游路线推荐

绵竹城区

去剑南老街看川剧惠民演出，体验绵竹酒文化、年画文化和三国文化；去祥符寺数八百罗汉，去人民公园、大学城等地拍美照、品美食。

孝德镇

去年画村、年俗村看精彩民俗表演，体验国家非物质文化遗产的制作，品当地特色美食。

麓棠镇

去浪漫的国家玫瑰公园月季园参加新春游园活动，泡麓棠温泉。

九龙镇

去九龙山风景区登高、滑翔、滑草，住精品民宿，吃农家年饭。

清平镇

坐萌车，猜灯谜，捡元宝，看花展，体验真人CS，品山腊肉、冷水鱼、跑山鸡、土野菜等特色美食。

汉旺镇

参观地震遗址公园，接受爱国主义教育。

第 7 章　文旅新媒体数据分析

总是说我们处在一个数据环绕的世界里，数据究竟在哪里呢？实际上，对商业企业来说，用户的吃饭、看书、出行、听音乐都在创造数据，对普通人毫无意义的数据，却让各大商业公司如谷歌、亚马逊、Facebook、百度、阿里巴巴等趋之若鹜。"数字经济"时代早已到来，迅速积累的海量数据蕴藏着重大的商业价值和社会价值。通过挖掘与分析这些数据，公司的决策、运行会建立在更加科学的基础上，失误更少，效率更高。数据价值对新媒体行业，也体现出如珍宝般的商业价值。新媒体数据分析是文化建设的重要手段，也是旅游发展的重要动能。无论是文化事业、文化产业还是旅游业，都面临着人民群众参与面广、需求多样和消费方式快速变化的挑战，对需求规模、结构和方式的了解越来越需要新媒体数据来支撑。

➢ 知识目标

了解新媒体数据分析的概念、作用和价值，掌握官方后台数据、搜索引擎指数及第三方数据的分析方法。

➢ 能力目标

能够为文旅目的地进行新媒体数据分析（包括微信公众号、微博、抖音），能够熟练使用数据分析方法为社会化热点事件提供可视化数据图解，并给出相应建议。

➢ 思政目标

培育并践行社会主义核心价值观，培养新媒体运营人员的法治意识和职业道德。

➢ 思维导图

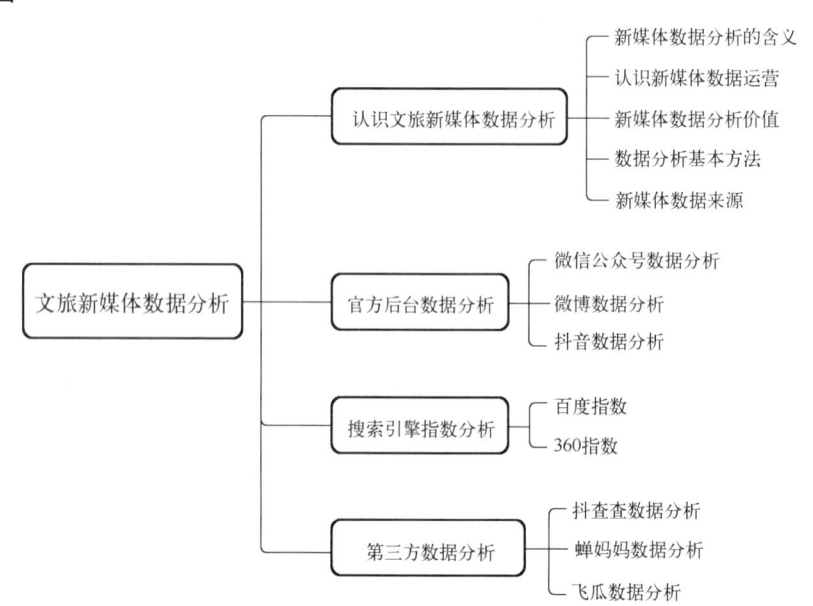

```
                                    ┌─ 新媒体数据分析的含义
                                    ├─ 认识新媒体数据运营
                    ┌─ 认识文旅新媒体数据分析 ─┼─ 新媒体数据分析价值
                    │                ├─ 数据分析基本方法
                    │                └─ 新媒体数据来源
                    │
                    │                ┌─ 微信公众号数据分析
文旅新媒体数据分析 ─┼─ 官方后台数据分析 ─┼─ 微博数据分析
                    │                └─ 抖音数据分析
                    │
                    │                ┌─ 百度指数
                    ├─ 搜索引擎指数分析 ─┤
                    │                └─ 360指数
                    │
                    │                ┌─ 抖查查数据分析
                    └─ 第三方数据分析 ─┼─ 蝉妈妈数据分析
                                     └─ 飞瓜数据分析
```

第 7 章 文旅新媒体数据分析

导入案例

目前,国际社交媒体和网络媒体早已超越电视、广播、报纸、期刊等传统媒体,成为游客获取信息的主要渠道。在国际传播中,社交媒体和网络媒体也正取代传统媒体,成为传播的主阵地。在这种大背景下,对各级文化和旅游部门利用国际新媒体开展传播的能力与效果进行评估,就有了更为重要的现实意义。文化和旅游新媒体国际传播力指数研究由中国旅游报社、中国社会科学院中国舆情调查实验室和阿里巴巴集团共同组建的文旅产业指数实验室主导,联合国内外大数据研究机构共同实施。2021 年 2 月 8 日,文旅产业指数实验室发布 2020年度全国省级文化和旅游新媒体国际传播力指数报告,该报告包括总体概况、Facebook 传播力指数、Twitter 传播力指数、Instagram 传播力指数和 YouTube 传播力指数五部分内容,如表 7-1 所示。

表 7-1 2020 年度全国省级文化和旅游新媒体国际传播力指数一览表

排名	综合传播力指数	Facebook传播力指数	Twitter传播力指数	Instagram传播力指数	YouTube传播力指数
1	北京市	江苏省	陕西省	安徽省	四川省
2	江苏省	陕西省	江苏省	上海市	福建省
3	陕西省	内蒙古自治区	北京市	江苏省	北京市
4	上海市	北京市	安徽省	北京市	重庆市
5	四川省	上海市	四川省	陕西省	陕西省
6	重庆市	云南省	海南省	四川省	山东省
7	安徽省	四川省	天津市	海南省	贵州省
8	福建省	重庆市	贵州省	重庆市	广西壮族自治区
9	云南省	海南省	福建省	福建省	云南省
10	海南省	山东省	江西省	贵州省	江苏省

一、省级文化和旅游新媒体国际传播力指数总体概况

全国省级文化和旅游新媒体国际传播力指数的评价维度由 Facebook 传播力、Twitter 传播力、Instagram 传播力、YouTube 传播力 4 个指标构成,权重分别为 35%、30%、15%、20%,如图 7-1 所示。

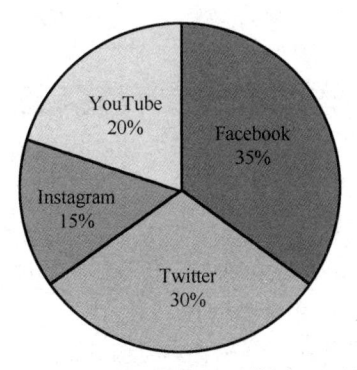

图 7-1 全国省级文化和旅游新媒体国际传播力指数指标权重示意图

通过对 31 个省、市、自治区（不含港澳台、新疆生产建设兵团）文化和旅游部门 2020 年在 Facebook、Twitter、Instagram、YouTube 4 个国际社交媒体平台上的传播数据进行综合分析，2020 年度全国省级文化和旅游新媒体国际传播力指数 TOP10（如图 7-2 所示）分别为：北京市、江苏省、陕西省、上海市、四川省、重庆市、安徽省、福建省、云南省、海南省。

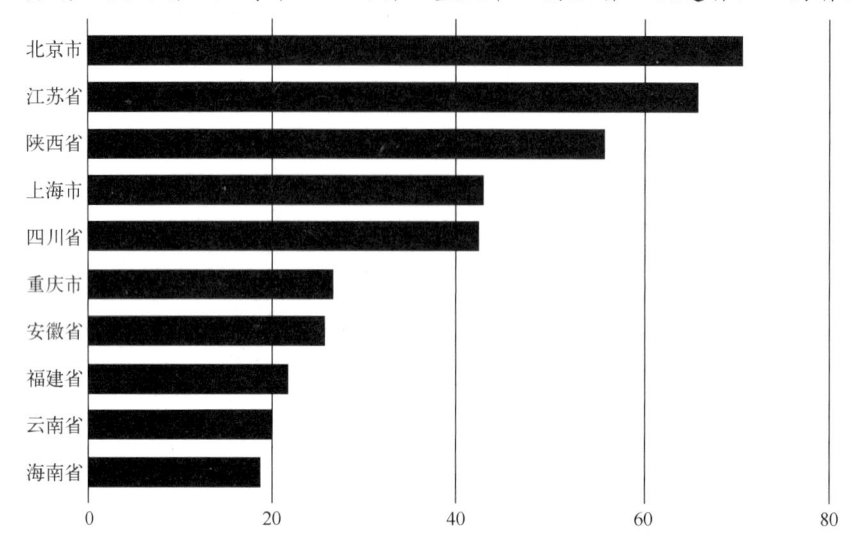

图 7-2　2020 年度全国省级文化和旅游新媒体国际传播力指数 TOP10

从 2020 年下半年每月的全国省级文化和旅游新媒体国际传播力指数榜单来看，北京市有 5 个月都位居第一，和江苏省、陕西省一起组成省级文化和旅游新媒体国际传播力的第一方阵，如表 7-2 所示。

表 7-2　2020 年下半年全国省级文化和旅游新媒体国际传播力指数 TOP5

排名	2020 年 7 月	2020 年 8 月	2020 年 9 月	2020 年 10 月	2020 年 11 月	2020 年 12 月
1	北京市	江苏省	北京市	北京市	北京市	北京市
2	江苏省	陕西省	云南省	江苏省	江苏省	江苏省
3	陕西省	北京市	江苏省	安徽省	陕西省	陕西省
4	安徽省	安徽省	陕西省	上海市	安徽省	四川省
5	上海市	四川省	上海市	四川省	四川省	上海市

二、Facebook 传播力指数

Facebook 成立于 2004 年 2 月，目前月活跃用户数为 22.7 亿，每分钟点赞数达 400 万，每天登录用户数达 10 亿，75% 的用户来自美国之外，视频流量达 80 亿次。作为世界上最大的社交网络，Facebook 的用户数量还在不断增长中。与其他国际社交媒体平台相比，Facebook 用户通常使用真实姓名沟通，个人资料十分全面。Facebook 也是全球最大的旅游社交平台，42% 的帖文与旅游相关。平台覆盖受众面广，可精准定位目标人群。旅游目的地可通过 Facebook 平台进行精准营销，打造旅游目的地品牌。

目前，我国大多数省级文化和旅游部门都在 Facebook 平台上开设了官方账号。根据对这些部门 Facebook 账号 2020 年的粉丝数、发文量、点赞量、评论量和转载量等指标进行综合分析，2020年全国省级文化和旅游部门Facebook传播力指数TOP10的排序为：江苏省、陕西省、内蒙古自治区、北京市、上海市、云南省、四川省、重庆市、海南省、山东省。

1. 粉丝数

从各省级地区Facebook账号的粉丝量来看，截至2020年12月，有5个省市的Facebook账号粉丝数突破百万，分别是云南省、北京市、重庆市、山东省、四川省，如图7-3所示。其中，云南省的Facebook账号粉丝数最多，超过190万。

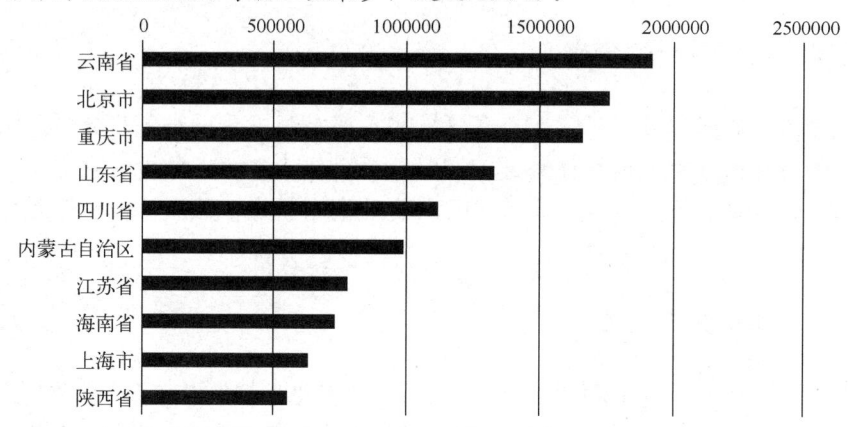

图7-3　2020年全国省级文化和旅游Facebook账号粉丝数TOP10

2. 发帖量

从Facebook账号的发帖量来看，大部分省级地区的Facebook账号发帖量适中，平均每月45条，如图7-4所示。其中，重庆市的Facebook账号发帖量最高，平均每月180条；其次是云南省的Facebook账号，平均每月173条。

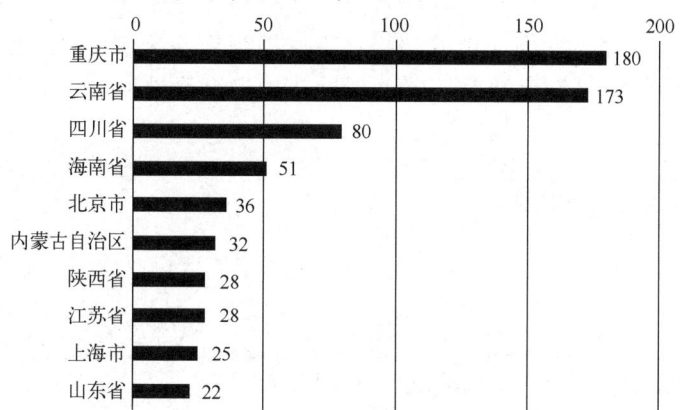

图7-4　2020年全国省级文化和旅游Facebook账号平均每月发帖量TOP10

3. 互动率

从Facebook账号的互动率来看，大部分地区的Facebook账号的互动率都较低，粉丝黏着度也不高。其中，江苏省的Facebook账号互动率最高，每条帖文有达4384次互动。

7.1 认识文旅新媒体数据分析

随着新媒体行业的高速发展，各个新媒体运营团队对新媒体的运营已经从"粗放式"运营阶段过渡到注重数据分析的"精细化"运营阶段。数据分析是收集数据后加以详细研究，提取有用信息，并形成结论的过程。

7.1.1 新媒体数据分析的含义

相较于传统的数据分析，新媒体数据分析在数据来源、分析对象及分析思路等方面都发生了巨大的变化；同时，新媒体数据的实时分析已成为主流，分析工具更加多样，基于云计算的新媒体数据分析技术也更完善。各大企业利用新媒体数据分析能够更好地服务于现代生活。

7.1.2 认识新媒体数据运营

新媒体数据运营是指在新媒体运营中，利用数据驱动业务决策，解决业务问题的思维方式和工作方法。很多新媒体都可以理解为构建在大数据基础上的信息平台。数据在新媒体运营中具有举足轻重的地位，如收视率之于电视、发行量之于期刊，数据影响着新媒体的内容构建、传播分发、广告经营等方方面面。随着数字技术的推进，媒体进入了一个数字化、互动化的"大数据"时代，每一个用户、每一条信息内容、每一个产品都时刻为新媒体贡献着各种类型的数据，数据也深刻地影响着新媒体运营。

同时，在新媒体时代，用户的个体商业价值得到了激活。新媒体数据分析能够帮助企业了解用户特征，分析用户喜好，预测其消费行为，让企业更好地进行精准营销，同时企业还能够通过新媒体数据分析的结果，更好地为用户提供服务，树立品牌形象。总之，根据数据分析的结果制定决策，能够提升决策的准确性，对企业的运营管理有着重要的意义。

7.1.3 新媒体数据分析价值

数据分析主要是为了驱动业务决策，总体来说，新媒体数据分析的价值如图 7-5 所示。

○ 梳理用户画像　　○ 预测运营方向　　○ 评估运营结果　　○ 把握市场变化

图 7-5　新媒体数据分析的价值

1. 梳理用户画像

用户画像（User Profile）即用户标签化信息，是指企业通过数据分析后得出的，包含人口属性、兴趣爱好、社交信息、消费习惯等特征的用户信息全貌，如图 7-6 所示。

性别分布: 57.4% / 42.6%

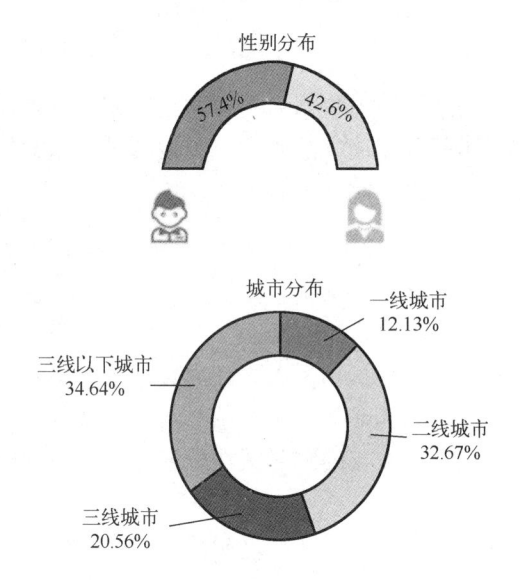

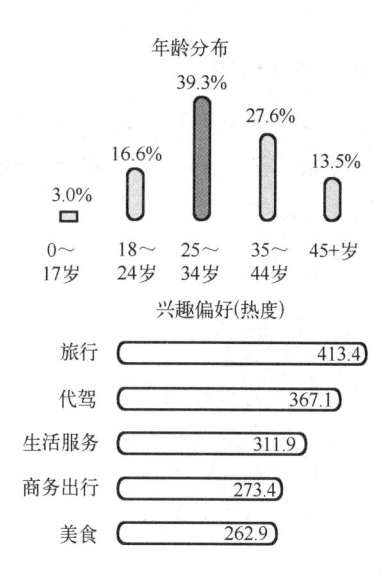

年龄分布:
- 0~17岁: 3.0%
- 18~24岁: 16.6%
- 25~34岁: 39.3%
- 35~44岁: 27.6%
- 45+岁: 13.5%

城市分布:
- 一线城市 12.13%
- 二线城市 32.67%
- 三线城市 20.56%
- 三线以下城市 34.64%

兴趣偏好(热度):
- 旅行 413.4
- 代驾 367.1
- 生活服务 311.9
- 商务出行 273.4
- 美食 262.9

图 7-6 用户画像

新媒体运营工作围绕用户展开，梳理用户画像是关键一步。如果不清楚用户是谁，在运营工作中就会没有着力点，也无法评估工作开展的好坏。

通过用户画像数据可以提炼出一个具体的虚拟人设画像，包括年龄、性别、收入、爱好、工作等信息，让运营者在运营过程中能够抛开个人喜好，将焦点关注在目标用户的动机和行为上进行活动策划和运营。

2．预测运营方向

新媒体运营方向预测是新媒体运营者结合自身定位和当前运营效果，对之后的推广内容、用户匹配、平台渠道等进行分析和选择，以提升营销效果的过程。在传统的营销推广中，运营者只有在推广后，才通过搜集大量数据和信息对营销推广的效果进行检测。而在大数据时代，运营者可以将"事后检测"转换为"事前预测"，在推广之前，通过数据分析来预测运营方向，从而决定后续的运营思路。

能进行数据分析的平台有很多，如常见的百度指数、微信指数、头条指数等，学会借力于第三方数据收集工具和网站数据也是新媒体数据分析人员必备素养之一。

3．评估运营结果

评估运营结果是新媒体营销推广中必不可少的环节，也是新媒体数据分析的一个重要指标。新媒体运营的日常工作包括网站内容更新、微信公众号推广、微博发布、今日头条推送、短视频推广、线上线下活动策划等，这些工作是否有价值、是否能够达到企业要求的运营目标，都是需要通过数据来了解和判断的。

例如，某篇文章的阅读量明显低于平均阅读量，企业了解到这篇文章内容的效果不好，需要对内容进行调整和优化；通过评论数量，企业能够了解用户对这篇文章是否产生情感共鸣；通过点赞数，企业可了解用户对作者的认可程度。从数据中发现知识，优化决策，会大大提升运营效率。因此，在新媒体运营中，数据分析思维贯穿到工作的方方面面，新媒体运营质量的洞察应该"用数据说话"。

4. 把握市场变化

腾讯、百度等大型互联网公司都开放了以海量网民行为数据为基础的数据分享平台，运营者可以登录相关网站查看大数据，通过大数据研究关键词关注趋势，洞察网民需求变化，监测媒体舆情趋势等，还可以从行业视角分析市场特点，洞悉品牌表现。

7.1.4 数据分析基本方法

1. 对比分析法

对比分析法是指将**两个数据进行横向或纵向比较**，分析出两者之间的数据规律差异。其中，横向比较是不同指标在同一时间维度的对比，如同类账号的关注总量对比、文章阅读量对比；纵向比较是同一指标在不同时间维度的对比，如今年的账号关注总量与去年的对比、本月文章阅读量与上月的对比等。

通过对比分析，运营人员可以直接观察到目前的运营水平，一方面找到当前已经处于优势的方面，后续予以保持；另一方面及时发现当前的薄弱环节，重点突破。

2. 平均分析法

平均分析法是指用平均数来衡量某个指标的一般水平，能帮助运营人员衡量业务的健康度。平均数可分为数值平均数和位置平均数两种，如图 7-7 所示。其中，数值平均数包括算术平均数、几何平均数、对数平均数等，最常用的是算术平均数，计算公式为算术平均数=总体各数据的总和/数据个数。位置平均数包括众数和中位数。

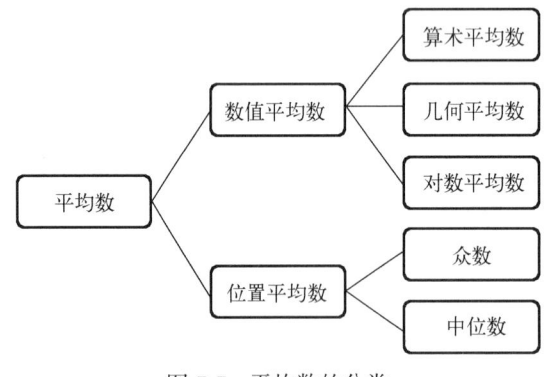

图 7-7 平均数的分类

3. 分组分析法

分组分析法是指将数据对象划分为不同的组别，以便进一步分析得到不同特征之间的相互关系。运营人员在分组时要注意遵循相互独立、完全穷尽（Mutually Exclusive Collectively Exhaustive，MECE）原则，即各个小组之间相互独立，每个数据只能属于某一组，而且分组后各部分数据完全穷尽总体数据，分组后不能遗漏任何数据。

例如，新媒体运营团队可以统计用户中各年龄段的组成占比，按照年龄段划分用户数量比例的方法就是分组分析法的一种，如图 7-8 所示。

4．结构分析法

结构分析法是指在分组的基础上，将组内数据和总体数据进行对比，分析各组占总体的比例。结构相对指标越大，代表该组在整体中所占权重越大，对整体的影响越大。

5．交叉分析法

交叉分析法是指将多个有一定联系的变量放在一张表格里，使各变量值成为不同变量的节点，从而找到变量之间的关系，发现数据特征，找到异常数据。

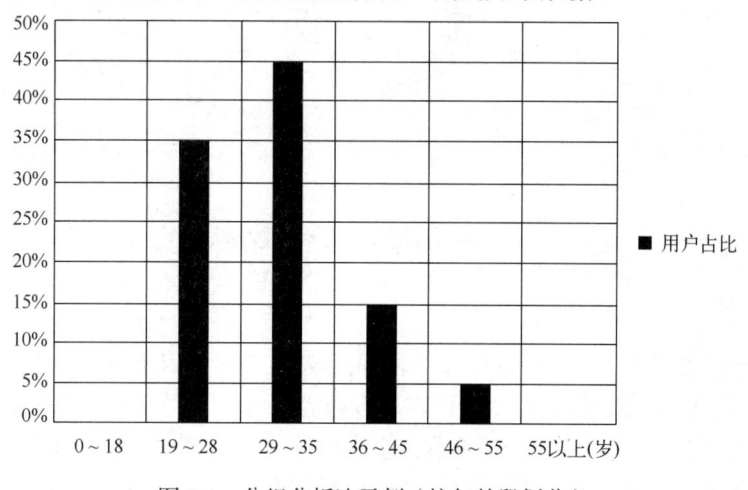

图 7-8　分组分析法示例（按年龄段划分）

7.1.5 新媒体数据来源

随着新媒体数据分析的深入发展，新媒体数据来源更加多样。常见的新媒体数据来源主要有三种：官方后台数据、搜索引擎指数及第三方数据。在新媒体数据分析时，使用官方后台数据频率最高的是微信公众号数据、微博数据和抖音数据；使用搜索引擎指数频率最高的是百度指数和 360 指数；使用第三方数据频率最高的是抖查查数据、蝉妈妈数据及千瓜数据。

1．微信公众号数据

微信公众号数据对微信公众号运营有着极强的指导作用，如图 7-9 所示。例如，运营者可通过变换内容风格并分析阅读量数据，得到粉丝喜好情况；通过后台粉丝数据的增减，判断出有效的推广方法。

常用的微信公众号数据包括单篇图文阅读量、图文总阅读量、微信菜单点击数、新增关注数、取消关注数、新增用户来源等。

2．微博数据

微博数据同样可以在微博后台进行查阅，不仅如此，运营者还可在网页端登录微博进入"管理中心"的"数据助手"页面，了解微博数据。

常用的微博数据包括阅读数、主页浏览量、视频播放量、粉丝来源、新增粉丝数、取消关注数等。

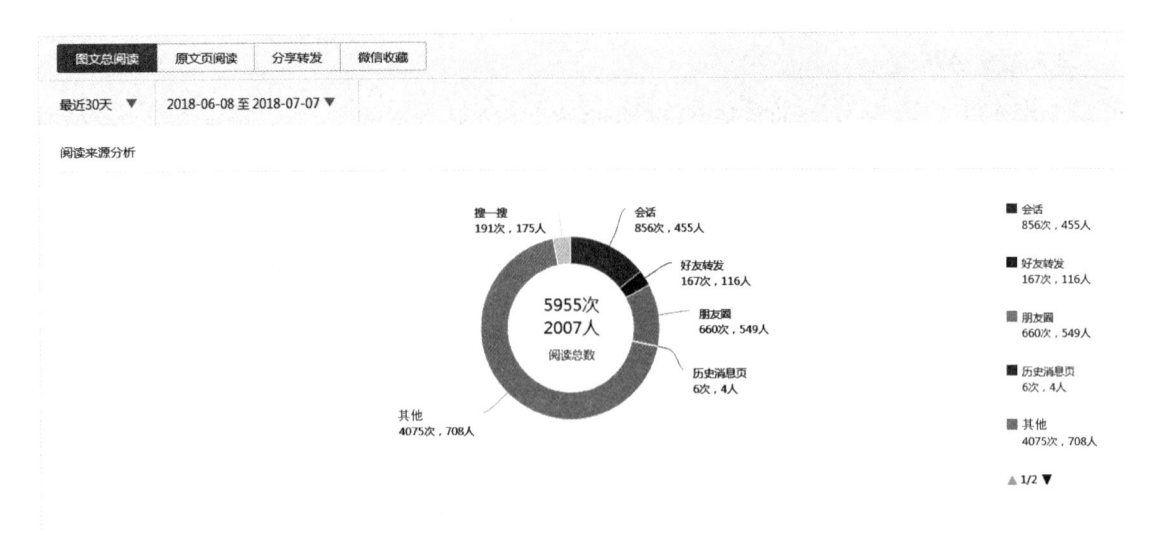

图 7-9 微信公众号后台数据

3. 抖音数据

作为短视频社交平台,抖音同样可以从网页端进入后台,并有着强大的后台数据统计功能。运营者可以借助抖音数据,对视频内容进行内容管理,常用的有"数据管理",包括播放量、完播率、均播时长、点赞数、评论数、新增粉丝数。运营者还可利用"创作指南"查看各个垂类中的关键词热度,根据领域类目进行视频创作。

4. 百度指数

百度指数是以百度海量网民的行为数据为基础支撑的数据分享平台,成为当下最重要的数据分析平台之一。用户可以搜索具体关键词,了解一段时间内的网民检索量涨跌态势、相关舆论变化、需求图谱及用户画像。

5. 360 指数

360 指数除聚合了全网海量的搜索、浏览和社交媒体数据外,还增设"热门类别排行",提供关键词相关类别排行,也是当下重要的数据分析平台。用户可通过输入关键词查看变化趋势、需求分布、用户画像等,具体包括关注度、关注趋势、曝光量、24 小时关注、需求指数、相关搜索词、年龄、性别、地域等数据。

6. 抖查查数据

抖查查是一个致力于短视频数据分析的平台,包含创意洞察、抖音排行榜、数据分析三大板块。创意洞察板块常用数据包括飙升视频、热门音乐、热门话题及剧本库等;抖音排行榜常用数据包括视频榜单、粉丝榜、蓝 V 榜。

7. 蝉妈妈数据

蝉妈妈是一个全网短视频电商数据服务网站,主要提供数据监测、电商分析、主播查找、热门素材等服务。用户可选择抖音数据平台查看抖音达人、商品、直播、短视频、小店等数据分析服务，查询直播数据、直播监控、排行榜、行情分析等数据。用户也可选择小红书数据平台查看小红书达人、明星、笔记、机构等数据分析情况，查看粉丝画像、标签数据、达人报价、明星排行榜等，查询直播转化率、访客质量数据、直播间平均停留时长、直播带货数据等数据。

8．千瓜数据

千瓜数据适用于小红书数据分析，包括行业流量大盘、品牌投放大盘、达人查找、直播监控、热搜词查询分析、热门话题排行、笔记收录查询、品牌搜索分析、商品搜索分析、数据导出、MCN 排行榜、直播排行榜等功能，能够帮助运营者直接了解小红书账号与品牌账号运营现状，迅速获取小红书上的运营数据。

课堂讨论

1．如果你在一家新媒体公司从事新媒体运营工作，需要对账号的内容运营情况进行说明，请结合上述内容说一说哪些数据与阅读情况相关。

2．某旅游公司新媒体团队需要对微信公众号运营情况进行数据分析，若以品牌美誉度分析为目的，应该选择什么数据？

3．在运营微博账号时，需要分析用户画像，假设有一个全新的内容平台与微博的后台界面和主要功能相似，你会关注并分析该平台的哪些数据？

7.2　官方后台数据分析

在进行新媒体数据分析时，使用官方后台数据频率最高，下面以微信公众号数据、微博数据和抖音数据为案例，对主要数据指标进行介绍。

7.2.1　微信公众号数据分析

微信公众号平台于 2012 年 8 月 23 日正式上线，通过该平台可实现消息推送、品牌推广、分享互动等一系列行为活动，而这些行为的发生无一不需要数据支撑，以评估传播效果。

微信公众号数据分析总体分为六个板块：用户分析、图文分析、菜单分析、消息分析、接口分析和网页分析，如图 7-10 所示。新媒体运营者重点掌握前 4 个板块的数据分析即可，通过用户分析了解粉丝画像，为用户运营提供数据；通过图文分析，了解分析用户喜好，为内容运营提供数据；通过菜单分析和消息分析，判断粉丝来源途径和传播渠道，为活动运营和产品运营提供数据。

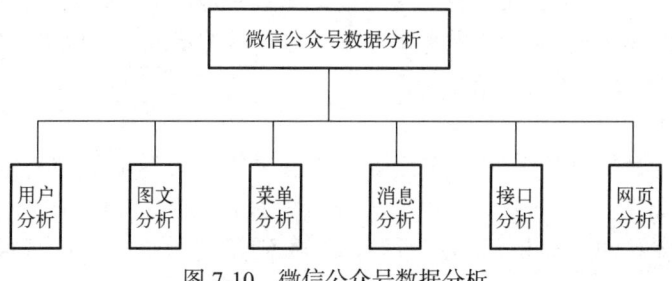

图 7-10　微信公众号数据分析

1. 用户分析

用户分析数据包含用户增长和用户属性两块数据，用于查看粉丝数量的变化和平台用户画像。

（1）用户增长数据

① 核心数据指标

- **新关注人数**：新关注的用户数（不包括当天重复关注用户）；
- **取消关注人数**：取消关注的用户数（不包括当天重复取消关注用户）；
- **净增关注人数**：新关注与取消关注的用户数之差；
- **累积关注人数**：当前关注的用户总数。

其中，新用户关注人数最能够直接反映公众号整体的质量。如果新关注人数相比平时的数据有明显上升，说明上一篇文章的内容是用户喜欢的，或者采取的推广有效果。这样就可以多准备相关方面的内容和推广。

② 新增关注来源分析

目前用户关注到公众号的方式主要分为：搜一搜、扫描二维码、图文页右上角菜单、图文页内公众号名称、名片分享、支付后关注、其他合计，如图7-11所示。

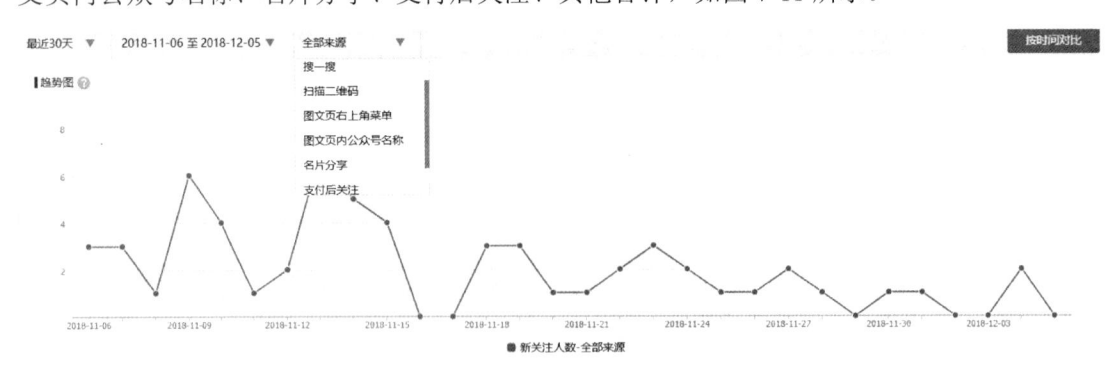

图7-11 微信公众号新增关注来源

这是大部分运营者都非常容易忽略的高价值数据。可以先明确开源渠道，合理利用开源渠道，有针对性对开源渠道进行设计，再通过内容、活动、运营等各种方式，在原来的基础上，加大宣传力度。这样可以节省人力物力，在有效的渠道上设计增长机制，增长用户数量。

- 搜一搜

如果有40%的关注量是来自搜一搜的，说明这类公众号已经有一定的品牌知名度，定位也相对垂直，或者在广告宣传方面比较到位。想要提高公众号来自搜索的关注量，除了推广要给力，还得给账号取一个自带流量的关键词，如狼人杀、王者荣耀等高搜索量的词汇。需要注意的是，如果公众号名字出现业务关键词排名靠后的情况，可以采用申请认证、注册商标、提高粉丝互动率等方式提高公众号排名。

- 扫描二维码

扫描二维码是最常见的关注方式。用户通过二维码关注的渠道有很多种：在线上，有公众号互推、图文文末的引导关注、二维码海报活动的宣传、PC端页面、视频广告等；在线下，有宣传单、促销活动海报等。为了满足用户渠道推广分析和用户账号绑定等场景的需要，公众号平台提供了生成带参数二维码的接口。使用该接口可以获得多个带不同场景参数的二维码，用户扫描后，公众号可以接收到事件推送，也可做各个推广渠道的效果统计。

- 图文页右上角菜单

在阅读文章的界面，利用右上角菜单中"查看公众号"即可进入公众号主页并关注。这个方法实在太隐秘，所以通过这个方式关注公众号的占比很低。

- 图文页内公众号名称

通过文章标题下方的蓝色字体进行关注也是一种较为常见的关注方式，很多公众号也会在文章开头提示用户通过此方式来关注公众号。

- 名片分享

名片分享是用户主动将公众号推荐给朋友或者分享到群的口碑传播方式，如果这个渠道带来了新增用户，那说明公众号的质量较好。

- 支付后关注

必须是认证过的服务号，而且开通了微信支付功能。用户通过微信付款后会默认关注该公众号。

- 其他合计

对其他关注方式，官方没有说明。查阅相关信息后，作者总结有以下几种方式（仅供参考）：

朋友圈广告；

广点通广告（广告主，图文底部广告）；

图文末尾快捷关注（针对被转载的文章）；

微信摇一摇周边领卡券关注；

通过关键词进行模糊搜索关注。

（2）用户属性数据

① 性别分布

运营者对公众号用户的男女比例进行分析，以此为依据调整文章语言风格和选题策划，如图 7-12 所示。例如，后期男性用户占比大，是否还会选择卖萌、可爱的语言。

② 省份分布（城市分布）

这块数据的参考价值非常大，运营者可以清晰地知道自己在各省市的业务能力，依据此数据做一些关键决策，如图 7-13 所示。例如，选择 10 个城市做落地推广，自然会选粉丝基础好的去完成。

③ 终端分布（机型分析）

同样的标题和封面在不同手机显示的效果是不一样的。如果发现 iPhone 15 的用户最多，那么整个图文的排版、图片尺寸的选择、标题的长度都会在 iPhone 15 上调整到满意的状态。这样可以保证大部分用户收到的图文版式是最适宜阅读的，用户体验也会更好。

④ 其他

除以上数据外，运营者还可以通过其他运营手段来获取更多、有效的用户画像数据。例如，通过社群运营、微博工具等拉近与用户之间的关系，近距离了解用户；或者通过活动运营，适当地收集用户的相关数据。越了解用户，越能创作出符合用户口味的内容。

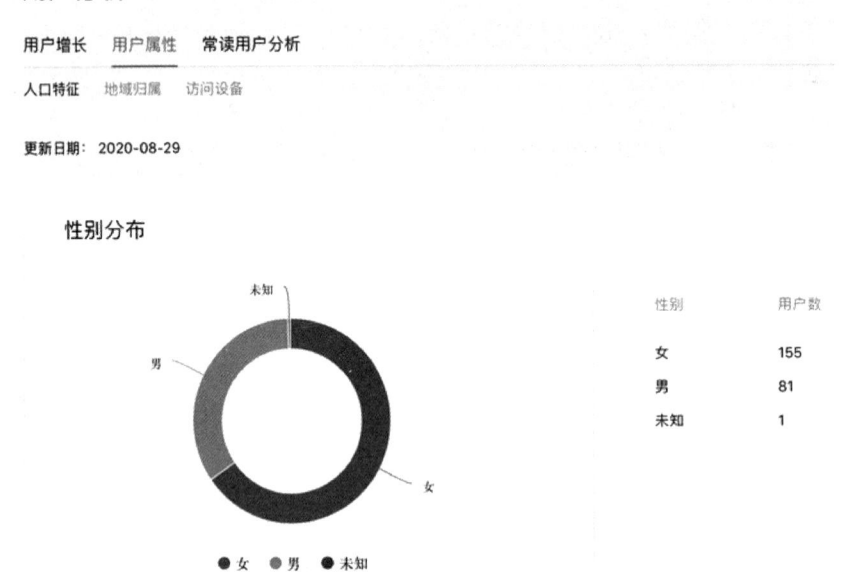

图 7-12 微信公众号用户男女比例分析

图 7-13 微信公众号用户省份分布（城市分布）

2. 图文分析

图文分析用于查看发布的微信文章有多少人阅读了，有多少人点赞转发了，公众号的打开率也可以通过此处数据得知，如图 7-14 所示。

（1）核心数据指标

① 阅读次数

阅读次数是点击图文页的次数，包括非粉丝的点击；阅读来源包括公众号消息、朋友圈、好友转发等。

② 分享次数

分享次数是分享给好友或者分享到朋友圈、微博的去重用户数，包括非粉丝。

③ 阅读后关注人数

阅读后关注人数是阅读完文章后关注微信公众号的人数。

内容标题	时间	阅读次数	分享次数	阅读后关注人数	送达阅读率	阅读完成率	操作
▇▇▇▇、▇▇▇▇	2023-10-24	84	2	0	0.84%	47.76%	详情
▇▇▇▇、▇▇▇▇	2023-10-24	6	0	0	0.03%	100%	详情
▇▇大学习:▇▇▇▇、▇▇▇▇▇▇▇▇▇	2023-10-23	53	0	0	0.56%	65.96%	详情
▇▇▇▇、▇▇▇▇▇▇▇	2023-10-23	48	4	0	0.28%	55.56%	详情
▇▇▇▇、▇▇▇▇	2023-10-23	16	0	0	0.11%	100%	详情
▇▇▇▇、▇▇▇▇▇▇▇▇	2023-10-23	9	0	0	0.06%	66.67%	详情
2023▇▇▇▇▇▇▇｜▇▇▇▇▇▇工▇▇▇学院▇▇分工作▇▇	2023-10-22	169	3	0	1.57%	53.08%	详情

图 7-14　微信公众号图文分析

④ **送达阅读率**

送达阅读率是阅读人数与送达人数的比值，即送达阅读率=阅读人数/送达人数。

⑤ **阅读完成率**

阅读完成率能够真实反映文章被多少人看完，即阅读完成率=阅读完成人数/总阅读人数。

（2）图文详情

在单篇图文详情分析中，除可以查看文章总阅读数、总分享数和阅读后关注人数外，主要可以查看送达转化、分享转化等情况，如图 7-15 所示。

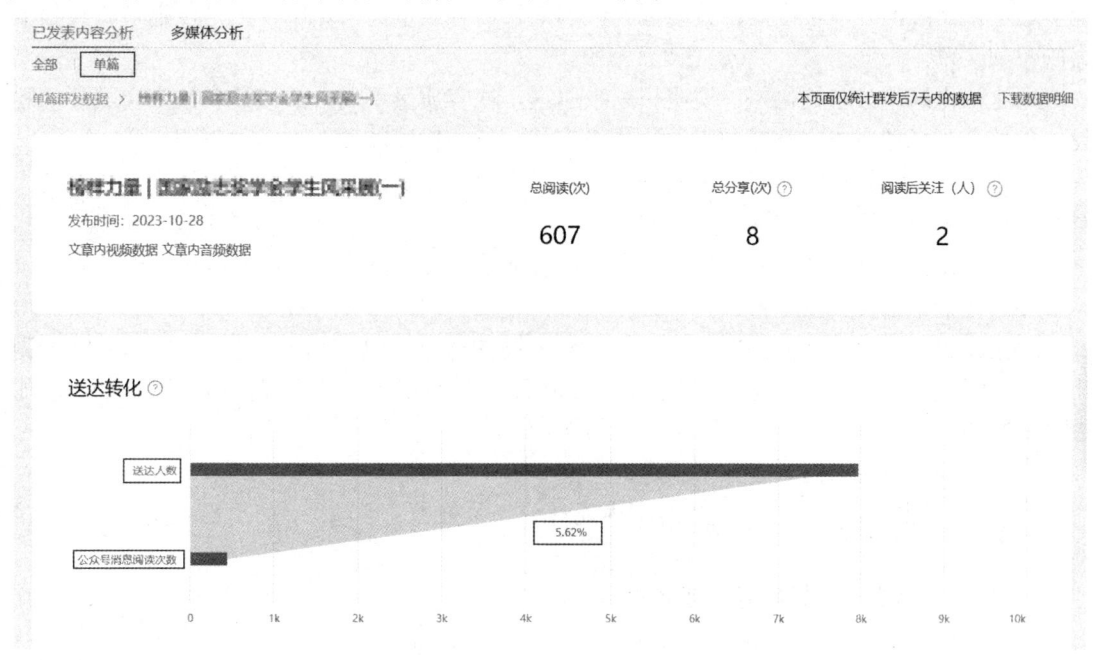

图 7-15　微信公众号单篇图文详情分析

① 送达转化

送达转化包括送达人数和公众号消息阅读次数,重点查看送达阅读率。送达人数是消息群发时送达的人数;公众号消息阅读次数是群发消息在公众号会话及订阅号消息列表的阅读次数。

② 分享转化

分享转化包括公众号消息阅读次数、首次分享次数、总分享次数和分享产生的阅读次数,如图 7-16 所示。主要查看首次分享次数、首次分享率、总分享次数和分享产生的阅读次数。

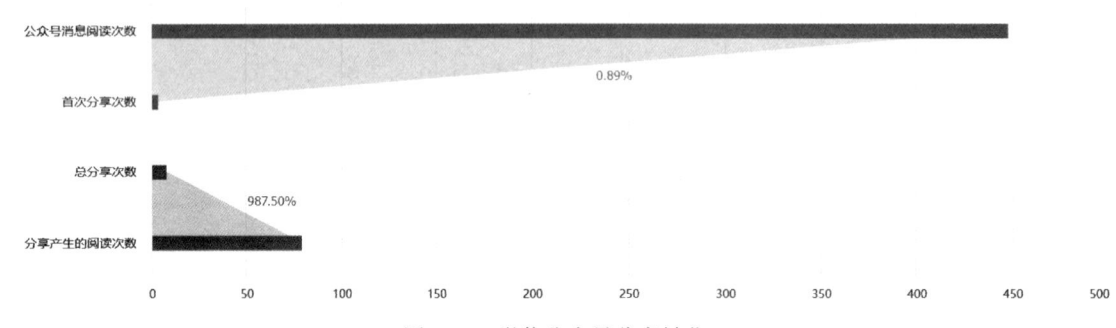

分享转化 ⓘ

图 7-16 微信公众号分享转化

通过以上数据,可以判断一篇公众号文章是否具有传播性。下面四种情况能够直观地看到该微信公众号所具备的项目竞争力,从而帮助运营者有针对性地对账号进行优化。

送达转化好,分享转化好:说明标题吸引人,内容质量高,这基本上是一篇最具传播潜力的爆款文章。

送达转化好,分享转化差:说明标题吸引人,内容质量不高,阅读量多数来自关注的粉丝,粉丝看到标题点击文章,但觉得远远没有达到标题描述的预期,因而不想转发。

送达转化差,分享转化好:说明标题不太吸引人,但是内容质量高。看过文章内容的人觉得不错,乐意分享到朋友圈。

送达转化差,分享转化差:说明标题和内容的质量都不高,文章需要整体修改。

(3) 流量来源及数据趋势

流量来源及数据趋势是图文分析中非常关键的数据。通过分析流量来源,可以推测出读者的阅读场景,知道他们是在哪个渠道看到文章的,方便运营者做运营优化,如图 7-17 所示。

目前公众号流量来源包含如下渠道。

① 公众号消息:文章在选定的时间内通过公众号推送、预览、手动回复来获得的阅读量统计。

② 推荐:将文章转发给好友或者推送到群的阅读量统计。

③ 朋友圈:将文章转发至朋友圈后文章的阅读量统计。

④ 聊天会话:用户在公众号历史消息页面点击文章的阅读量统计。

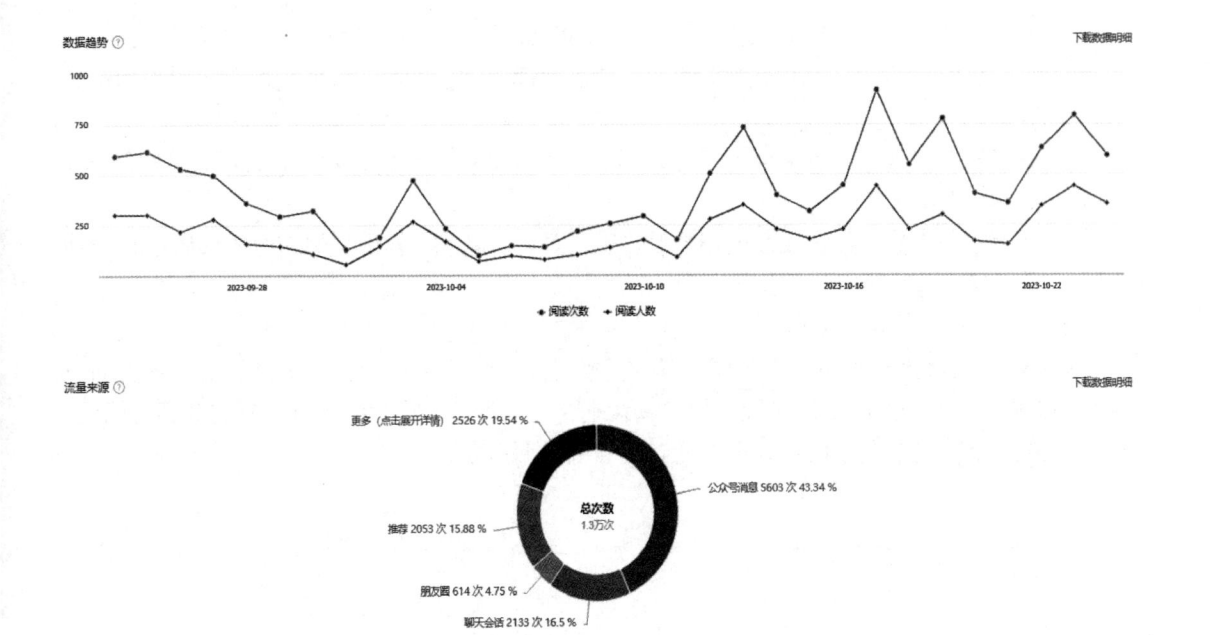

图7-17　微信公众号文章流量来源及数据趋势

⑤ 更多：从微信官方解释可知，"更多"流量来源主要有搜一搜、公众号主页和其他。

（4）全部图文

单篇图文详情分析是对单次推送的图文数据的分析；全部图文详情分析是对公众号整体内容质量的分析，包括该公众号发出去的所有图文在某个时间段里的阅读数据总和。主要包含4个核心数据指标：图文页阅读次数、原文页阅读次数、分享转发次数、微信收藏人数，如图7-18所示。

图7-18　微信公众号全部图文详情分析

① 图文页阅读次数：所有图文在某个时间段里的阅读次数（去重且包括非粉丝）。

② 原文页阅读次数：点击一篇文章左下角的阅读原文的次数，这个数据考验用户的黏性及文章的内容质量。

③ 分享转发次数：标题决定了读者要不要点击进来看，而质量决定了文章的转发量，标题和内容会互相影响。

④ 微信收藏人数：收藏文章的用户数，干货类、工具类、教程类的内容被收藏的可能性较大。

（5）小时报（彩蛋数据）

在公众号的数据分析中，单篇图文其实是价值不大的，所以运营者主要看全部图文的小时报。它统计文章一天内不同时段被用户阅读的情况，能够比较好地体现用户的活跃时间段，如图7-19所示。这个数据值得好好统计，至少要按月分析。

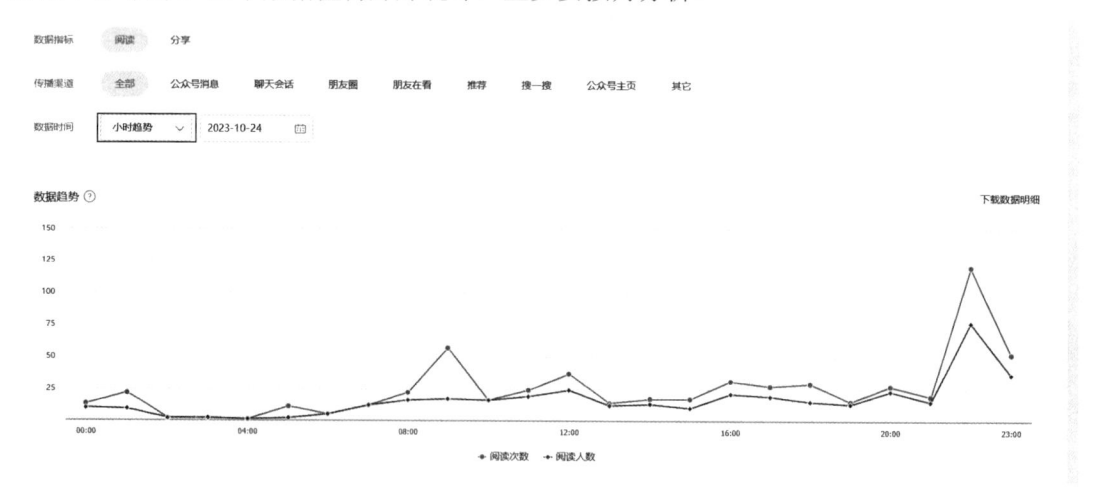

图7-19 微信公众号小时报（彩蛋数据）

在分析变化数据的过程中，要先明确常量，再用变量来对比，才能找出规律。不要凭主观意愿想用户什么时候有空看微信，什么时候发文最好。先通过数据找出流量点，再通过流量点来测试，从而找出最适合的推文时间。

例如，某公众号的用户在不推送的情况下，阅读行为集中上午8:00—10:00。如果一篇好的文章刚好在合适的时间推送出去，效果肯定会比随便找个时间推送的好，如果推送时间固定就会让用户形成一种阅读习惯，从而增加用户黏性。

3．菜单分析

菜单分析用于查看微信公众号会话页里的一级菜单及子菜单的点击情况。

核心数据指标有如下几个。

① **菜单点击数**：菜单被用户点击的次数。

② **菜单点击人数**：点击菜单的去重用户数。

③ **人均点击次数**：菜单点击次数/菜单点击的去重用户数的比值。

菜单栏是公众号提供服务的关键入口，公众号的菜单栏里还有子菜单。合理设计分类子菜单的内容，通过菜单栏的点击率了解用户关心和在乎什么，并做出对应的调整规划。

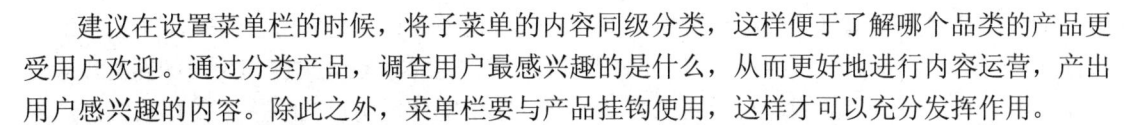

建议在设置菜单栏的时候,将子菜单的内容同级分类,这样便于了解哪个品类的产品更受用户欢迎。通过分类产品,调查用户最感兴趣的是什么,从而更好地进行内容运营,产出用户感兴趣的内容。除此之外,菜单栏要与产品挂钩使用,这样才可以充分发挥作用。

4. 消息分析

消息分析用于查看粉丝在公众号回复消息的情况。可根据"小时报 / 日报 / 周报 / 月报"查看相应时间内的消息发送人数 / 次数及人均发送次数。

(1)核心数据指标

① **消息发送人数**:关注者主动发送消息的人数(不包括当天重复关注用户)。

② **消息发送次数**:关注者主动发消息的次数。

③ **人均发送次数**:消息发送总次数与消息发送的去重用户数的比值。

(2)消息关键词分析

消息关键词分析可分别查询 7 日、14 日、30 日里前 200 名的消息关键词,如图 7-20 所示。运营者经常在文章中添加一些关键字供用户在后台回复,关键词回复分析有助于得出用户与平台互动的频率、文章的回复率,对分析文章的好坏有很大帮助。除此之外,通过关键词的分析,找出用户的主要疑惑点,做好 FAQ,以提高客服的工作效率。

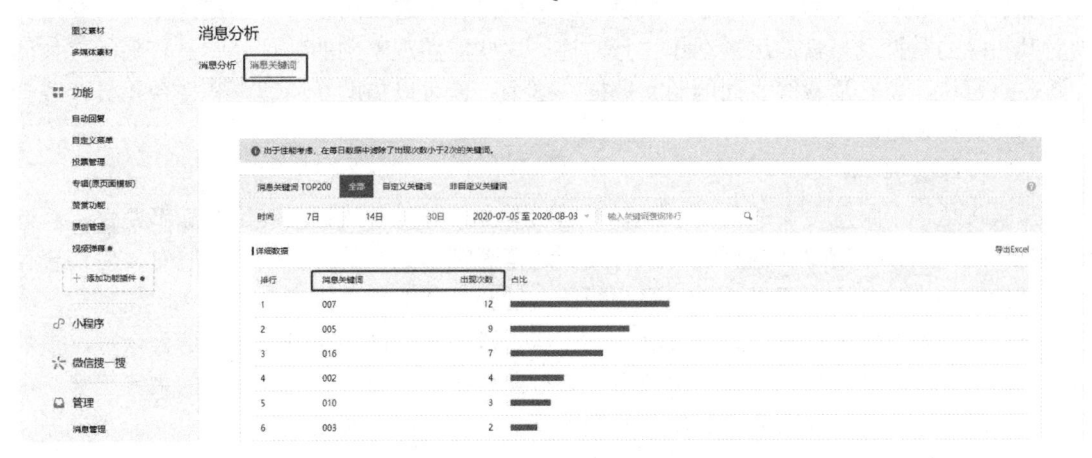

图 7-20 微信公众号消息关键词分析

5. 额外的数据分析

(1)阅读完成率

如果公众号开通了流量主,在流量主功能的"报表统计"里可以查看底部广告的当日曝光量,然后用当日曝光量除以当日阅读量,即得阅读完成率。当然这个算法肯定是有很多干扰项的,所以这只是一个粗略的数值,可以从时间维度的对比去评估什么样的标题、内容、选题读者更愿意读完。

(2)留言阅读比

一篇文章发出去,不仅要看它的阅读量,也要查看它的留言量,计算出留言阅读比,即留言量 / 阅读人数。相比于粉丝数量,很多时候粉丝质量更加重要,而留言率就是粉丝质量的一个体现。

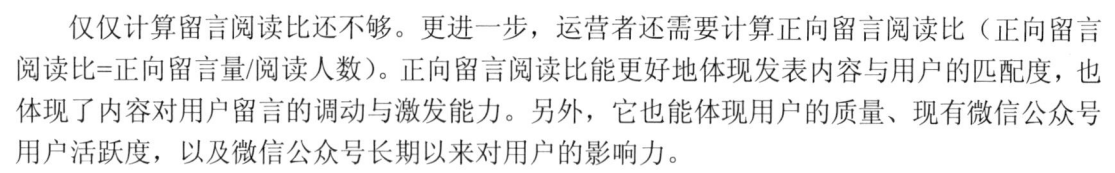

仅仅计算留言阅读比还不够。更进一步，运营者还需要计算正向留言阅读比（正向留言阅读比=正向留言量/阅读人数）。正向留言阅读比能更好地体现发表内容与用户的匹配度，也体现了内容对用户留言的调动与激发能力。另外，它也能体现用户的质量、现有微信公众号用户活跃度，以及微信公众号长期以来对用户的影响力。

（3）点赞阅读比

点赞阅读比（点赞数/阅读人数）这个数据其实有很多公众号已经开始在统计使用了，主要用来判断用户对文章的喜欢程度、认可度、对其中的观点是否有共鸣等。

（4）用户互动数

除留言、点赞、分享等外，用户互动情况也是衡量一个公众号用户活跃度的重要参考。而做公众号互动，不仅仅要看有没有促进阅读量、转发量，还可以在公众号后台查看用户对话题、活动、文章互动等的关键词回复。

（5）竞品数据

与竞品之间的用户画像重合度越高，竞品的星级就越高，可以给自己的公众号竞品按第一梯队、第二梯队分类。竞品是以同等量级的标准选择的。另外，行业领域内的标杆大号也是被观察的对象。

观察竞品的原因是为自身的运营做参考，包括内容选题上的参考。确定好竞品对象后，则对其相应的数据及日常的运营动作进行监控。这些能够观察到的数据其实是有限的，如阅读数、点赞量、留言质量等表面的图文数据，这个工作可以借助新榜等内容平台工具，或者自行建立监控表格。

（6）行业数据

互联网是一个瞬息万变的世界，附着于互联网上的产业自然也就时刻充满着变化。新媒体亦是如此，所以了解最新的行业资讯有助于运营者把握整体的运营方向。同时，对切合公众号调性的热点进行实时跟进，也是了解行业、社会动态的重要因素之一。

目前，了解新媒体行业资讯，可以关注新榜、微果酱、微互动等几个微信公众号，多加入一些同行社群，并注内容热点。除热点外，行业数据的主要关注点是行业的主流趋势、最新的业内政策、黑马的运营方法、成功的变现模式、有效的资源渠道。

7.2.2 微博数据分析

2021 年微博数据显示，微博月活跃用户数达到 5.3 亿，移动端占比 94%，日活跃用户数达到 2.3 亿。微博用户年轻化趋势明显，其从美食、旅游、运动等多个维度深度融入年轻人的生活。微博视频号的主要受众群体是 90 后和 00 后，二者总占比接近 80%，用户结构呈现年轻化趋势。Z 世代在微博里常看娱乐、社会资讯、情感类内容，喜欢关注 Vlog（旅游）、游戏、美妆、数码领域的大 V 视频号。微博已成为年轻人生活方式和潮流文化的聚集地。

1. 微博数据概览

微博管理后台提供了丰富的数据分析模块，有些数据分析模块需要运营者付费，但大部分服务都为运营者提供了 7 天的试用期，便于运营者分析微博数据的基本情况，如图 7-21 所示。

图 7-21　微博数据基本情况

试用期结束后，运营者可以选择有用的数据分析模块来付费订阅，以便更好地掌握微博数据，提升运营效率。运营者进入个人微博主页，选择"**创作者中心**"选项，就可以对微博基本数据进行整体分析，如图 7-22 所示。

图 7-22　微博数据概览

在"数据概览"页面中，运营者可以对"昨日关键指标""粉丝变化""博文""我发布的内容""视频和文章"等进行整体分析。

（1）昨日关键指标

运营者需要留意净增粉丝数、阅读数、转评赞数、文章阅读数、视频播放量等不同时间数据对比情况，如表 7-3 所示，从而通过客观数据找出差异，提升运营效率。

表 7-3 昨日关键指标

项目	解释
净增粉丝数	账号昨日净增加的粉丝数
阅读数	账号近 30 日内发布的微博在昨日被阅读的次数
转评赞数	账号发布的微博在昨日被转发、评论和点赞次数的累加
发博数	账号的个人主页在昨日发布微博的次数
文章发布数	账号近 7 日内发布头条文章的次数
文章阅读数	账号近 7 日内发布的头条文章在昨日被阅读的次数
视频发布数	账号近 7 日内发布视频的次数
视频播放量	账号近 7 日内发布的视频在昨日被播放的次数

在"数据概览"页面中，运营者可对以上指标随时间的变化进行分析，红色（倒三角）代表运营情况变差，绿色（正三角）代表运营数据增长，如图 7-23 所示。

净增粉丝数能够帮助运营者监测粉丝增长情况，如果粉丝数增长，运营者需要从发布内容、数量、发布时间等方面进行总结，整理运营经验以提升粉丝数增长速率；如果粉丝数下降，运营者应查看近期微博数据，查找原因总结教训，从而规划以后的运营。同理，运营者也可对阅读数、转评赞数、文章阅读数、视频播放量进行分析。

图 7-23 微博"昨日关键指标"数据

(2）粉丝变化

粉丝变化中有两个关键指标：新增粉丝数和减少粉丝数。其中，减少的粉丝既包含主动取消对账号关注的粉丝，又包括主动移除账号关注的粉丝。在"数据概览"页面中，运营者可以看到粉丝变化的具体情况，如图7-24所示。

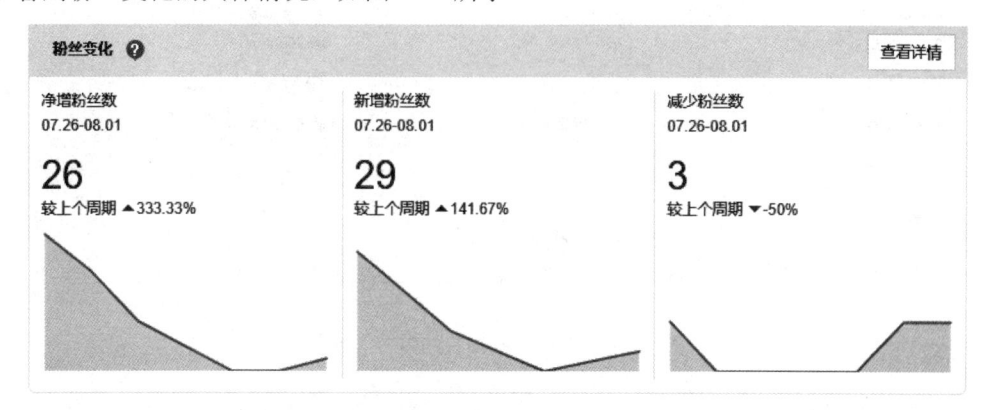

图 7-24　微博"粉丝变化"数据

对粉丝变化，运营者可以分析波峰和波谷位置，波峰位置用于辅助找到提升运营效率的方法，波谷位置用于帮助运营者总结运营经验教训。

（3）博文

博文中有三个关键指标：微博阅读数、转评赞数和点击数。在"数据概览"页面中，运营者可以看到博文数据的具体情况，如图7-25所示。

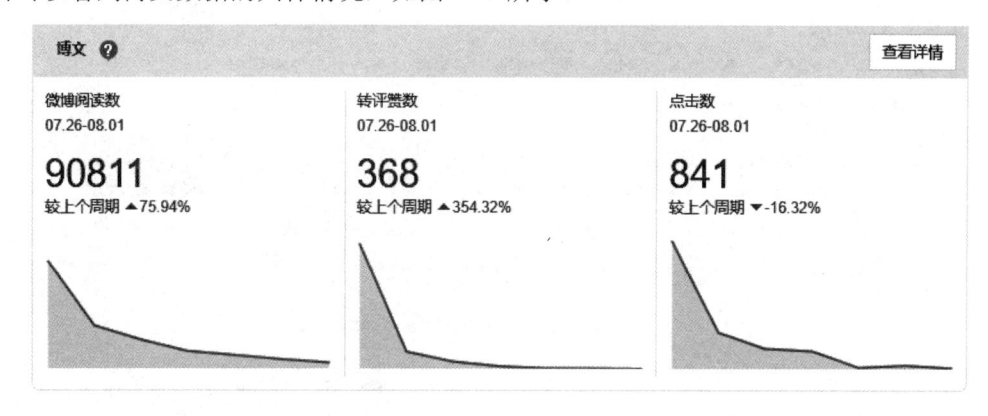

图 7-25　微博"博文"数据

① 微博阅读数：单篇微博发出后累计被阅读的次数，一条微博可以被同一用户阅读多次。
② 转评赞数：账户发布的微博中转发、评论、点赞的数量。
③ 点击数：账号发布的微博中带有短链（含头条文章）或者图片被点击次数的累加。

运营者可以分析博文数据，总结提升运营效率的方法。

（4）我发布的内容

我发布的内容中包括两个关键指标：发博数和发出评论数，如图7-26所示。发博数是指账号发出微博的条数，发出评论数指账号发出评论的条数。对"我发布的内容"进行数据分析，可以反映运营者的勤劳程度。通过数据分布曲线，运营者需要分析是否抓住了热点时间段，如"618"等购物节，从而合理规划运营时间段，确保运营效率的提升。

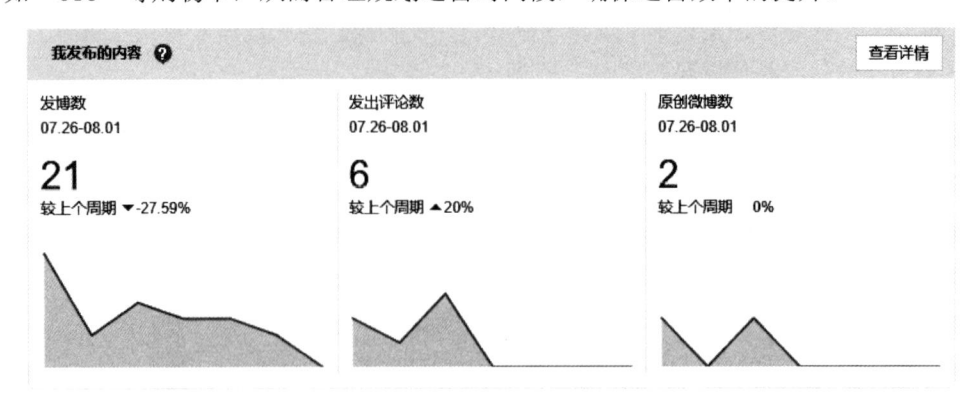

图 7-26 微博"我发布的内容"数据

（5）文章和视频

文章和视频模块用于分析文章阅读数和视频播放量。同样，运营者可以分析文章和视频数据的波峰与波谷位置，进而总结出运营规律，提升运营效率。

2. 微博粉丝分析

微博粉丝分析主要针对粉丝趋势、活跃分布和粉丝画像。

（1）粉丝趋势

选择"创作者分析"→"粉丝分析"→"粉丝趋势"选项，即可对粉丝数量进行数据分析，如图 7-27 所示。

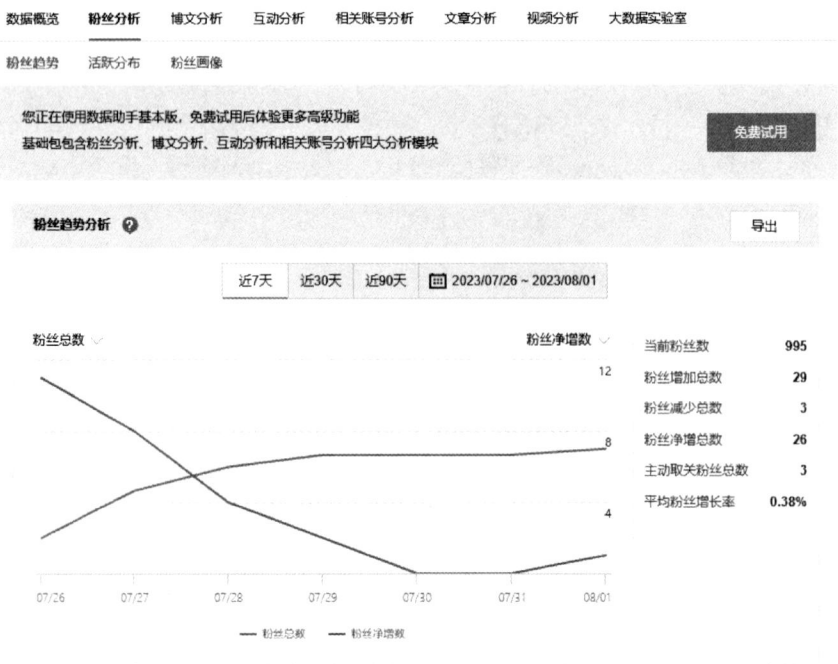

图 7-27 微博"粉丝趋势分析"数据

在"粉丝趋势分析"页面中，可以查看当前粉丝数、粉丝增加总数、粉丝减少总数、粉丝净增总数、主动取关粉丝总数和平均粉丝增长率等数据。

（2）活跃分布

在"活跃分布"页面中可以筛选某日期内取关粉丝的微博账号、取消关注时间、最近关注时长及其粉丝数，如图7-28所示。运营者可根据取消关注粉丝的数量和近期的微博运营情况分析粉丝取消关注的原因。

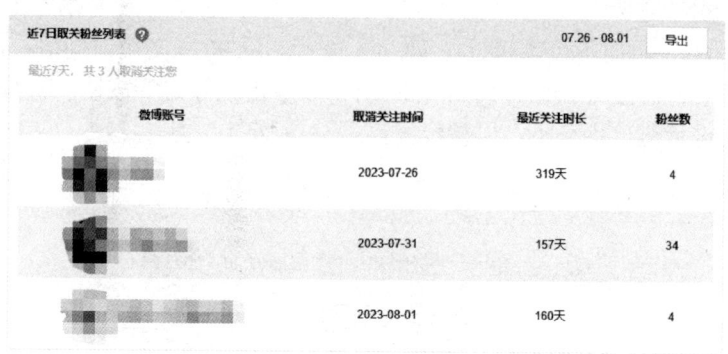

图7-28 微博"近7日取关粉丝列表"数据

（3）粉丝画像

粉丝画像是根据粉丝属性、粉丝习惯、粉丝偏好、粉丝行为等信息而抽象描述出来的标签化粉丝模型，即给粉丝打标签。通过这些高度概括的标签，可以更好地认识粉丝、了解粉丝、理解粉丝。在"粉丝画像"页面中只能看到粉丝类型和粉丝星座等数据，如图7-29所示。

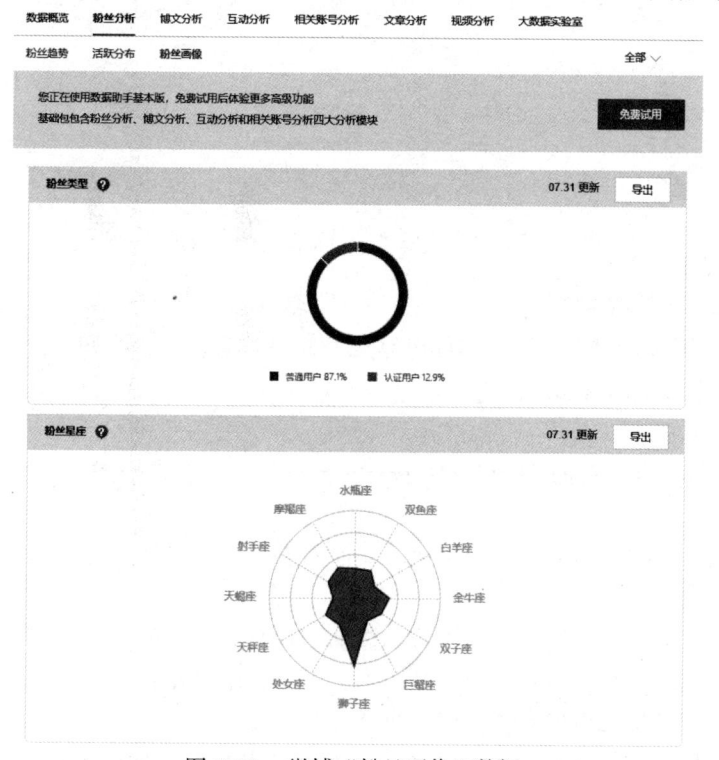

图7-29 微博"粉丝画像"数据

若想得到更加精确的粉丝画像,则需要开通付费模块。该模块提供近 7 日粉丝活跃分布、粉丝来源、粉丝性别年龄、粉丝地区分布、关注我的人的粉丝量级及粉丝兴趣标签等。

3. 微博博文分析

微博博文分析主要包括微博阅读趋势,微博转发、评论和赞,单条微博分析。

(1) 微博阅读趋势

"微博阅读趋势"页面中可选择近 7 天、近 30 天、近 90 天三个时间段,查看发布微博博文的阅读总数、发博总数等数据,如图 7-30 所示。单击"导出"按钮,将数据导出到 Excel 中,可以对数据进行进一步分析,以探索提高运营效率的方法。

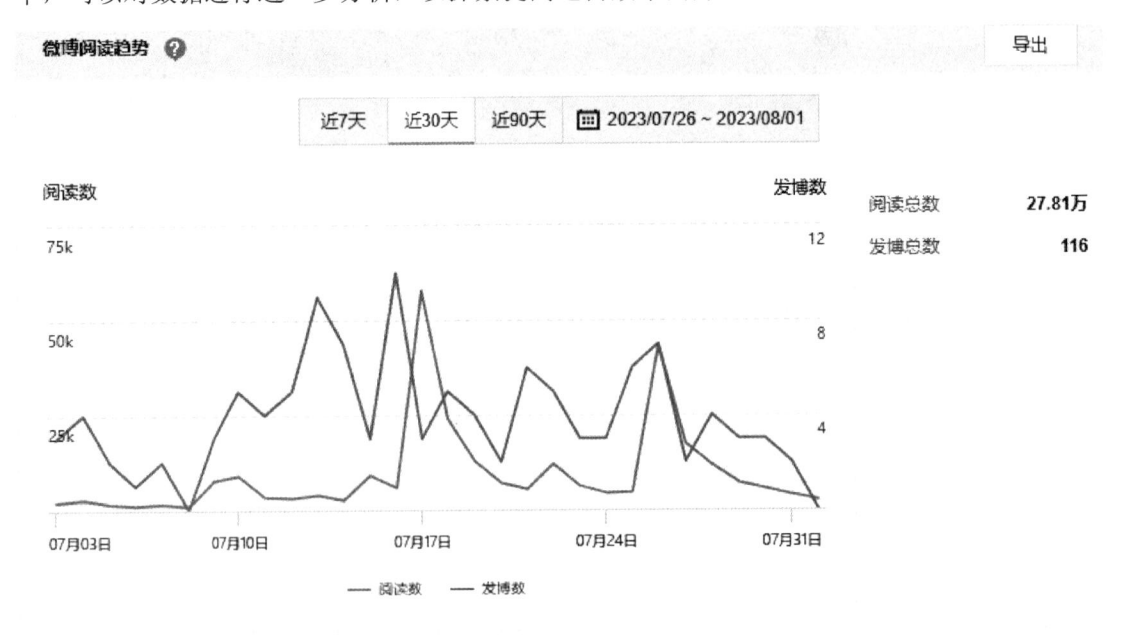

图 7-30　微博"微博阅读趋势"数据

(2) 微博转发、评论和赞

"微博转发、评论和赞"页面中同样可以选择时段查看转评赞总数、转发总数、评论总数和赞总数等数据,如图 7-31 所示。

(3) 单条微博分析

在"单条微博分析"页面中,可对阅读数、转评赞数、点击数进行数据分析,如图 7-32 所示。

运营者可以快速找到阅读数高的微博,从而对其微博内容、发文时间进行统计,以便找出更佳的运营策略。

选择"查看详情分析"选项,可以看到微博阅读量随时间的变化而产生的数据情况。阅读量一般随着时间的延长其增长量会不断降低,但如果微博发布一段时间后有大 V 转发,则阅读量还会攀升,故运营者发布微博时可以"@"相关大 V。

若运营者还想了解更详细的博文信息,如微博阅读人数,点击趋势分析,单条微博阅读趋势，单条微博转发、评论和赞，单条微博点击趋势，单条微博阅读来源分析，单条微博粉丝阅读分析等数据，则需要开通会员后查看。

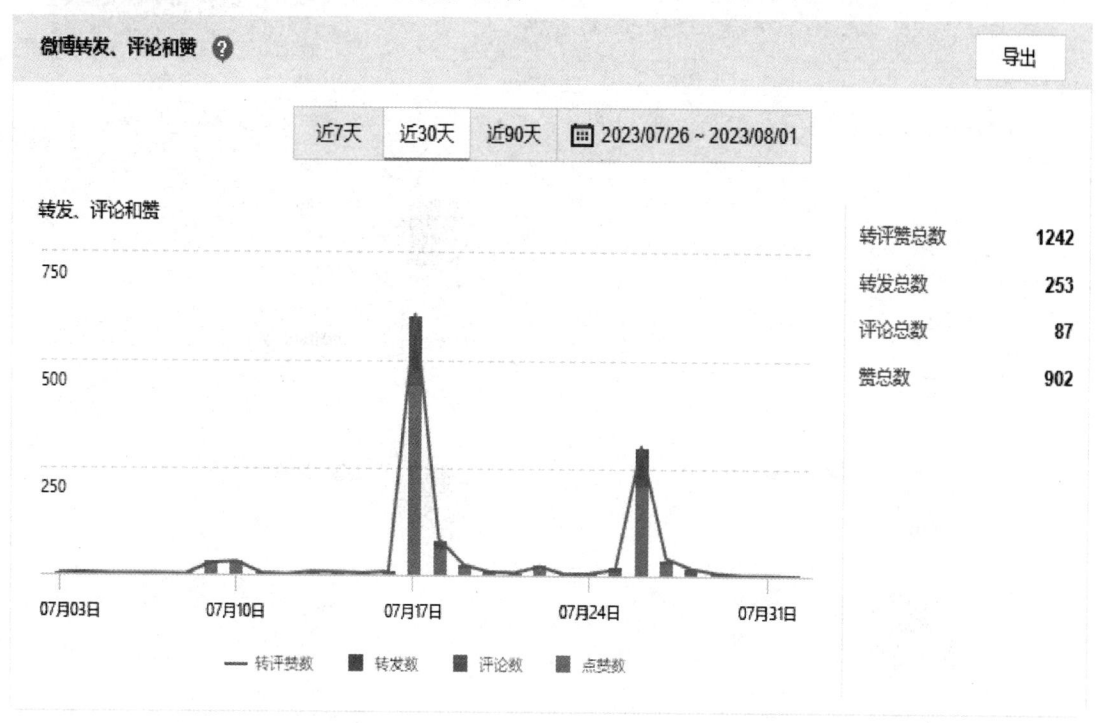

图 7-31　微博"微博转发、评论和赞"数据

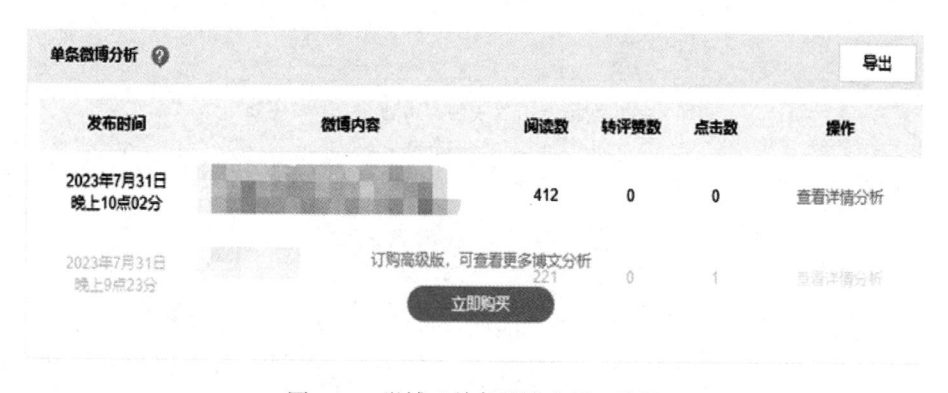

图 7-32　微博"单条微博分析"数据

4．微博互动分析

"互动分析"页面中有三个指标：近 7 天账号互动 top10、我的影响力和我发出的评论，运营者根据以上指标可以看到互动数据的具体情况。

"近 7 天账号互动 top10"信息包括账号基本信息、转评赞数和粉丝数，如图 7-33 所示；"我的影响力"信息包括影响力、活跃度、传播力和覆盖度，如图 7-34 所示；"我发出的评论"信息包括发出的总评论数、日均评论数，如图 7-35 所示。

图 7-33　微博"近 7 天账号互动 top10"数据

运营者可以分析"我的影响力"和互动情况的波峰位置及数据变化，总结提升运营效率的方法。

5. 文章分析

选择"创作者中心"→"文章分析"选项，即可对所发博文进行数据分析，如图 7-36 所示。在"文章分析"页面中，包括"文章阅读趋势"、"文章转发、评论和点赞"和"单篇文章分析"。

运营者对文章阅读总数和点赞总数进行数据分析，找出点赞数高的文章，总结文章相同点，并分析满足了用户哪些需求，进而总结运营规律；同理，运营者可对高阅读量文章进行分析，在文风、排版、发布时间等方面进行详细分析，进而制定出合理的运营措施。

在"单篇文章分析"模块中，与"单篇微博分析"类似，运营者可以查看以数据条显示的头条文章的阅读数和转评赞数，并可将详细数据导出到 Excel 中。单击右侧"查看详情分析"按钮，运营者可以查看阅读数和转评赞数随时间变化的具体数据，从而进行统计分析。

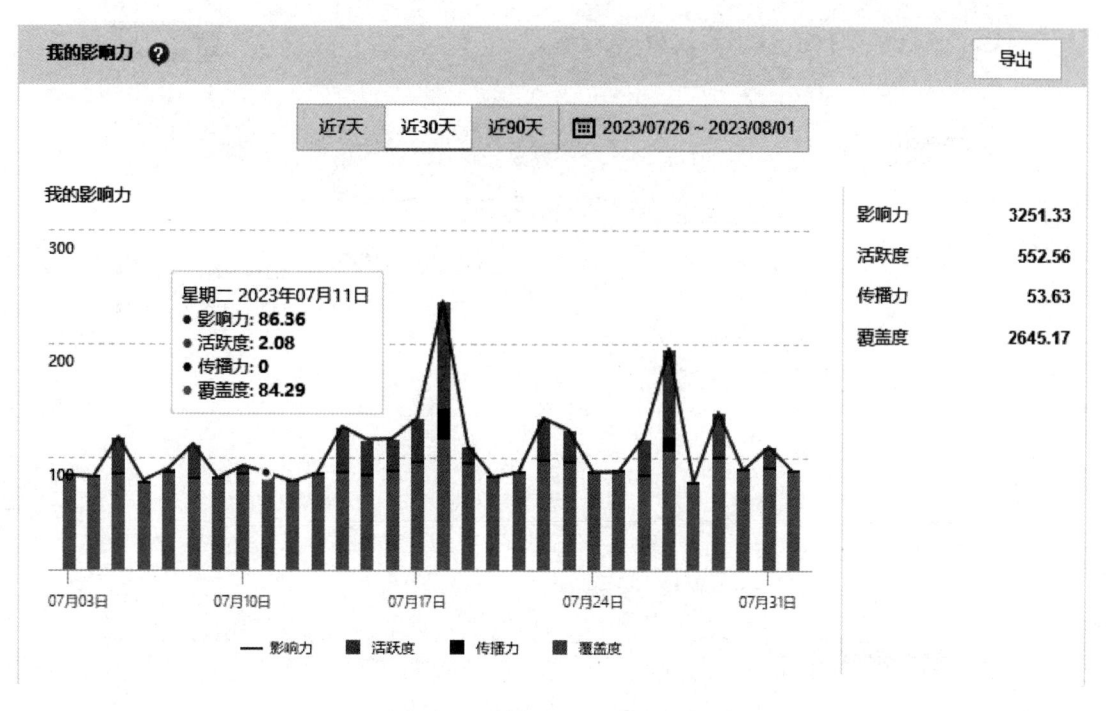

图 7-34 微博"我的影响力"数据

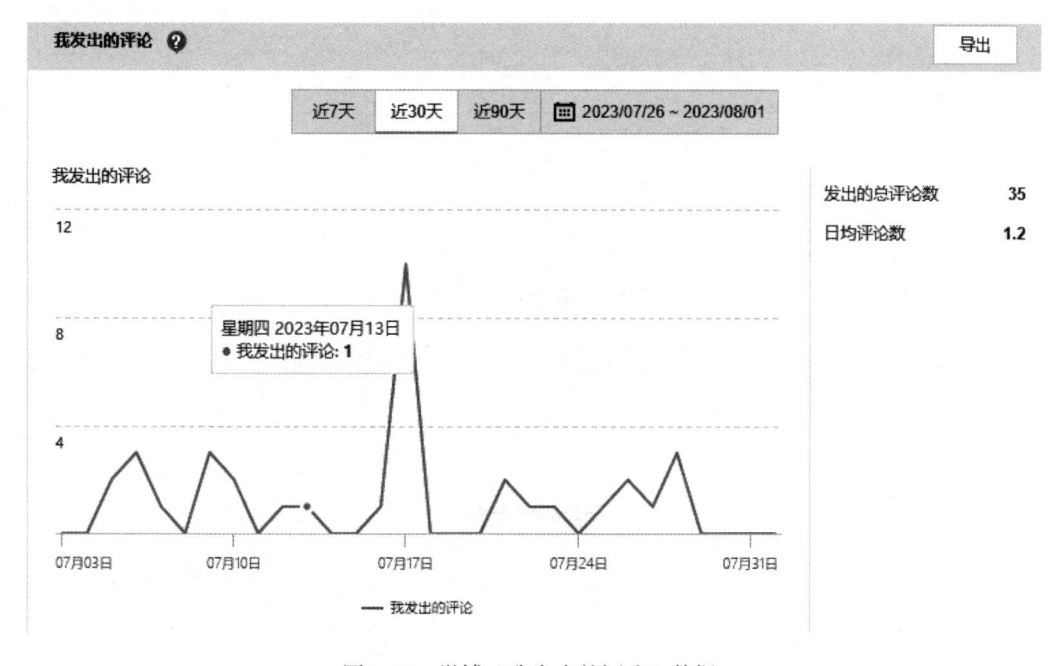

图 7-35 微博"我发出的评论"数据

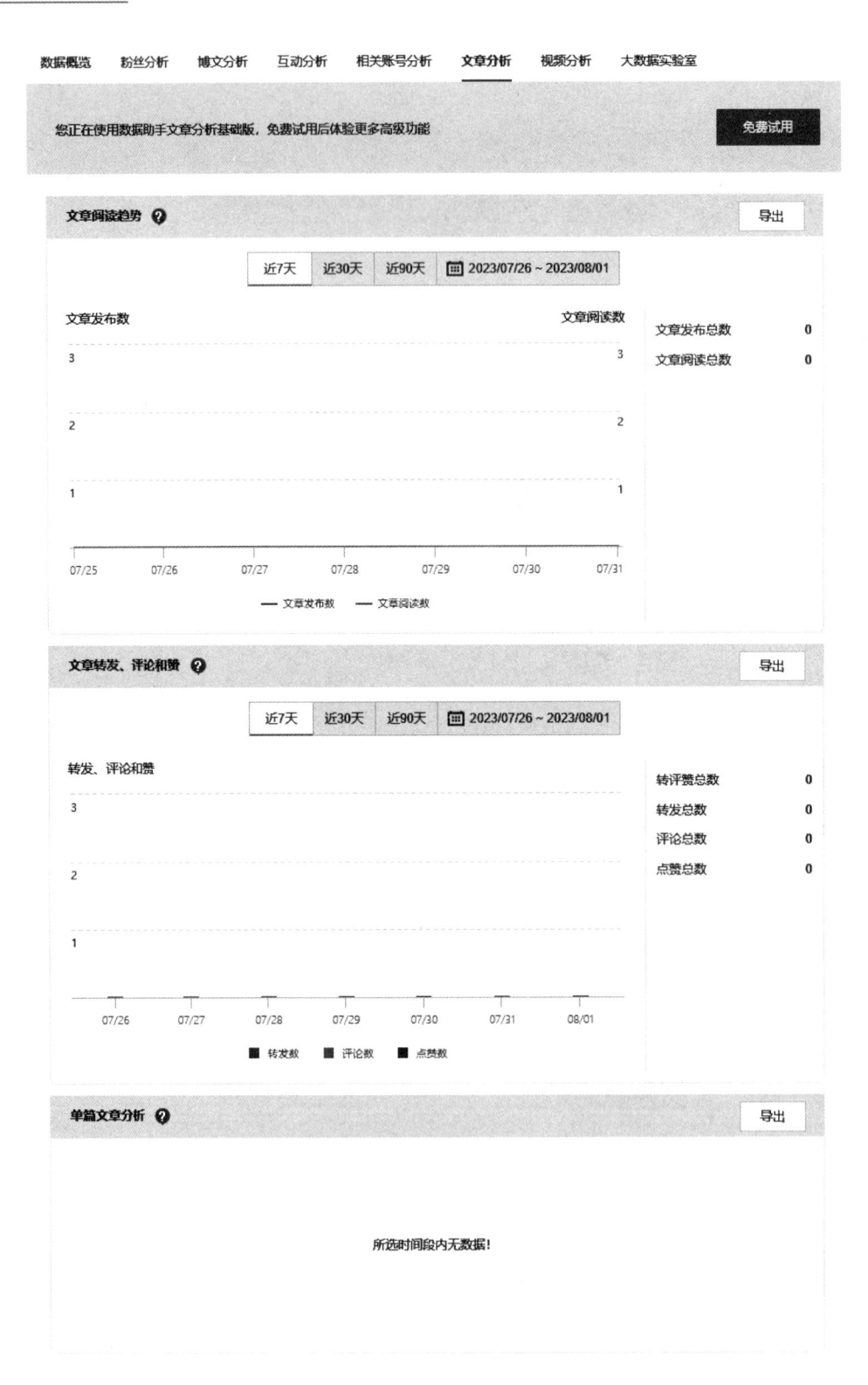

图 7-36 微博"文章分析"数据

7.2.3 抖音数据分析

截至 2021 年 6 月，抖音日活用户数已超过 6 亿，人们在抖音将日常生活衣、食、住、行中美好的一面记录、分享，也让"表达"成为新一代年轻人的生活方式。记录美好旅行也是人们表达真实生活与自我的方式。2021 年 1—8 月，近 2 亿人在抖音发布了超过 9 亿条关于旅行的视频，这些旅行相关的视频达到超 8300 亿次的播放量、超 380 亿次的互动量。这意味着美好的旅途被看见 8300 亿次，产生了 380 亿次共情和共鸣。"在抖音陪你看世界"成为越来越多人的共识。

运营者通过网页端进入抖音创作服务平台后,可对自己的作品、粉丝、平台互动情况进行一站式管理，查看内容管理、互动管理、作品数据和直播数据等信息，如图 7-37 所示。

1．内容管理

在内容管理数据分析模块，运营者可上传视频和管理合集。在"内容管理"→"作品管理"页面，运营者可查看全部作品、已发布作品、审核中作品和未通过作品，也可看到已发布视频的浏览量、评论量和收藏数，还可对作品进行修改描述封面、设置权限、置顶及删除等操作。

在"内容管理"→"合集管理"页面，可编辑合集的题目，添加新的视频到合集中（账号拥有一万粉丝以上才能开通合集功能，且只支持在网页端创建）。

图 7-37 抖音后台数据管理

2．互动管理

互动管理数据分析模块主要包括关注管理、重点关心、粉丝管理、评论管理、私信管理等数据，运营者需要留意后三者，了解粉丝喜好和需求，及时互动，维护关系。

（1）粉丝管理：对账号的粉丝进行关注、取消关注等操作。

（2）评论管理：对账号发布作品所收到的评论进行回复、点赞、删除等操作。

（3）私信管理：对账号收到的朋友私信、陌生人私信、群消息等进行置顶、删除等操作。

3．作品数据

作品数据分析模块主要包括数据总览、作品数据、粉丝画像和创作周报，运营者需要留意作品数量，主要关注观看视频完播率、每个视频阶段的推流速度及不同视频时间的跳出率数据，如图 7-38 所示。粉丝画像分析可以帮助运营者识别账号的粉丝标签和精准画像，有针对性地做好内容运营。

不仅如此，还可以把以上数据和同行业数据做对比，了解自己在哪方面可以提升。在"创作灵感"页面，可以看到各垂类中的关键词，如热门视频、创作热点、热门话题、热门道具、热门音乐等，如图 7-39 所示。根据领域类目来创作视频，更容易被推上热门。

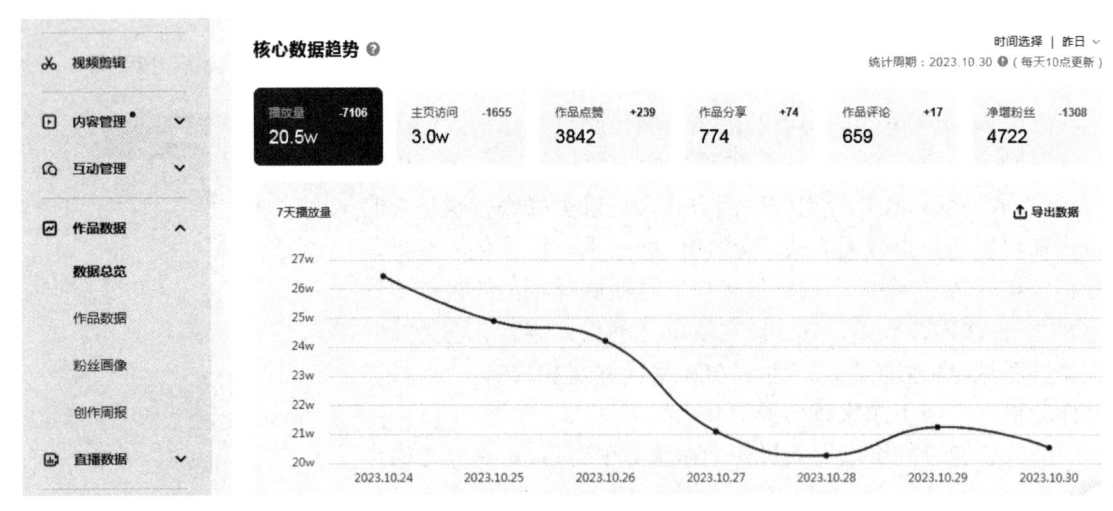

图 7-38　抖音作品数据

图 7-39　抖音创作灵感数据

4．直播数据

抖音直播数据可分为流量数据、用户数据、互动数据、交易数据，具体如下所述。

（1）PV：访问量，一个用户进入直播间的次数（可累积）。

（2）UV：独立访问量，一个用户进入直播间的次数（24小时之内不可累积）。

（3）转化率：一般指进入直播间的人数和下单人数的比例。

（4）曝光-转化率：直接成交人数/商品曝光人数，用于衡量直播间质量。

（5）点击-转化率：直接成交人数/点击人数，用于衡量排品、组品的质量，直播间整体的策略。

（6）UV价值：成交金额GMV/直播间PV，主要用于衡量直播间的客单价高低，这个值越高说明直播的越优质。

（7）ROI：投放的金额/成交的金额，用计算利润值。

（8）GPM：UV 价值×1000 ＝ 场观/(GMV×1000)，GPM = 1000×单个商品 GMV/该商品直播间观看 PV。

（9）点击率：一般指商品的点击率，即点击商品人数/进入直播间人数。

（10）停留/人均观看时长：总人次直播间平均停留时长（停留时长越久，说明内容和节奏越吸引人）。

（11）直播自然流量：通过直播推荐或直播广场进入直播间的人次/总人数。

（12）其他流量：通过分享、猜你喜欢等渠道进入直播间的人次/总人数。

> **课堂讨论**
>
> 1. 通过以下场景判断新增粉丝用户来源。
> （1）朋友分享了一篇不错的文章给你，你看后特别满意，顺便关注了公众号。
> （2）朋友说最近"××公众号"不错，于是你打开手机搜索和关注。
> （3）买完"良品铺子"的产品，付款成功后顺便关注了微信公众号。
> （4）在朋友圈看到一篇特别不错的文章，看完后扫描文章尾部二维码，关注公众号。
> 2. 与同学一起讨论微博数据中"数据概览"中的数据变化对运营的启发。
> 3. 根据自己发布短视频的视频数据，分析短视频发布的规律、内容和创意。

7.3 搜索引擎指数分析

搜索引擎指数平台是基于搜索引擎海量的用户行为数据进行搜索数据分析的统计平台，主要应用于研究关键词的趋势、监测舆情动向等方面。搜索引擎指数能够告诉运营者，关键词在搜索引擎的搜索规模、指定时间段内的涨跌态势及与之相关的新闻和舆论的变化，关注这些关键词的用户的特性、分布，同时他们还对哪些相关词进行了搜索，这些可以帮助运营者快速了解关键词的相关数据，为优化新媒体运营方案提供助力。

近年来，几乎所有的搜索引擎都推出了属于自己的指数工具，其中百度指数和 360 趋势使用最多，具体如下所述。

7.3.1 百度指数

百度指数的 PC 端积累了自 2006 年 6 月至今的数据，移动端则累积了自 2011 年 1 月至今的数据。用户在使用的过程中可以自定义时间查询，或者查看实时、近 7 天、近 30 天、近 90 天及近半年的指数，如图 7-40 所示。

1. 需求图谱

所有用户在百度搜索的每一个动作都是自身主动想法的展现，每一次行为都可能是用户消费想法的表达。百度指数的需求图谱基于语义挖掘技术，向用户呈现某关键词可能隐藏的关注焦点、消费欲望，能够直接表达用户需求，如图 7-41 所示。

如果以"成都旅游"作为关键词进行搜索，"需求图谱"工具能够显示用户对该关键词的认知及分布，用户在百度搜索的使用过程中经常会把哪些关键词与该关键词进行联系，帮助运营者对产品进行分析与营销，提供更加直观、可视的数据基础，如图 7-42 所示。

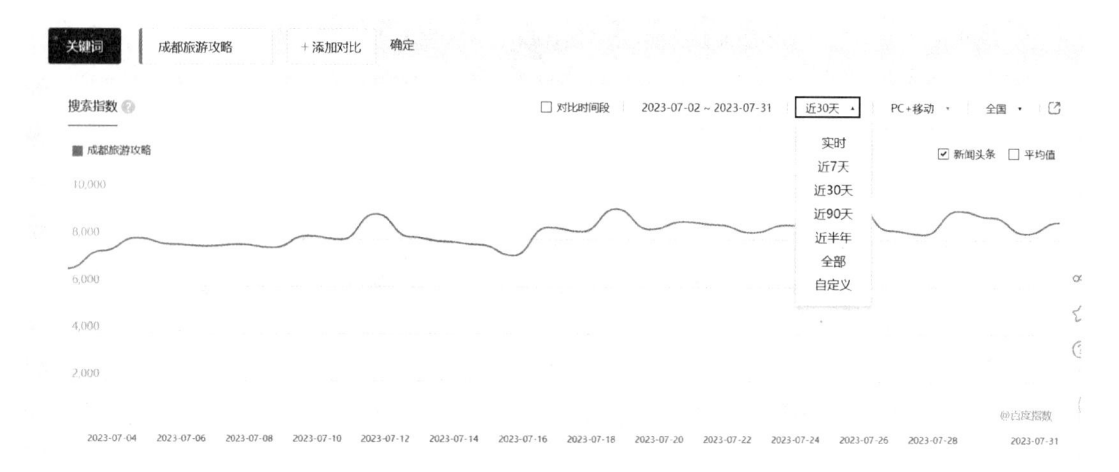

图 7-40　百度搜索指数

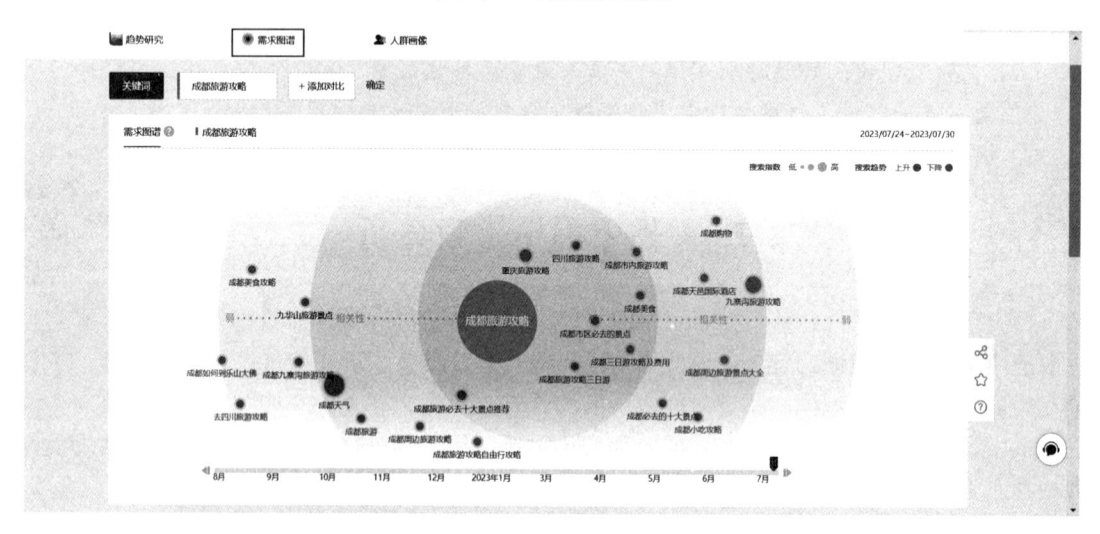

图 7-41　百度指数需求图谱

图 7-42　相关词热度

2. 资讯指数

资讯指数是以百度自主收集的智能分发和推荐内容的数据为基础，将网民的阅读、转发、点赞、评论及不喜欢等行为的数量加权求和、指数化处理后得出的结论，通过全网数据全面衡量网民对推荐内容和智能分发的关注程度。资讯指数联合搜索指数可以形成完美闭环，用"内容关注＋主动搜索"来诠释网民对某个话题的关注程度。这个对运营者来说，是需要长期监控自身品牌、竞争对手舆情时可以利用的一个实用工具，可进行多平台媒体资源收录分析。

3. 人群画像

通过人群画像功能，以往需要花费大量精力进行的市场调研，只需输入关键词，即可得到用户性别、年龄、兴趣、地域等方面的分布特点，而且数据真实客观，可为运营者全方位立体展现用户分布，如图 7-43 所示。

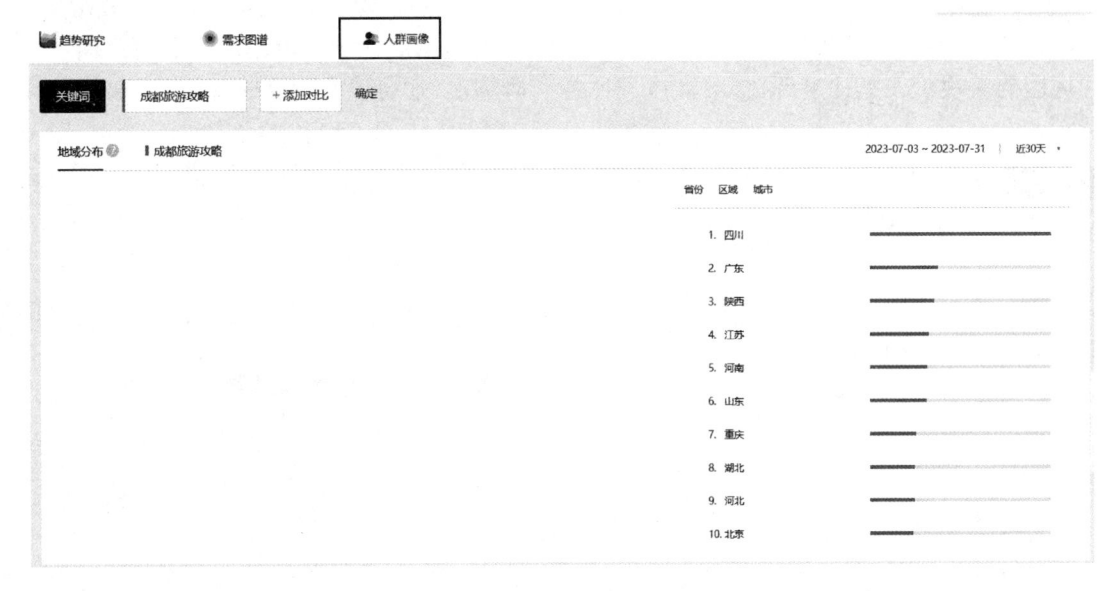

图 7-43 百度指数人群画像

4. 百度指数的使用方法

（1）使用入门

在搜索引擎中搜索百度指数，找到百度指数官方网站后进入百度指数主页，登录后在输入框中输入关键词，单击"查看指数"按钮，即可搜索出对应的指数数据。

（2）高级技巧

关键词的比较搜索：在比较多个关键词时，用逗号将关键词隔开，可以实现不同关键词数据的比较查询，在展示的曲线图上也会通过不同颜色的曲线区分，如搜索"青岛八大关，青岛栈桥，青岛情人坝，青岛奥帆基地，青岛崂山"。目前，最多可以使用 5 个关键词进行比较搜索。

关键词的数据累加搜索：在多个关键词需要数据累加操作时，可以利用"＋"号将需要的关键词连接起来，实现关键词数据相加，所有数据相加后的汇总数据会作为一个组合展现出来，如搜索"青岛八大关+青岛栈桥+青岛情人坝"。目前，最多支持 3 个关键词进行数据累加搜索。

组合搜索：将"累加搜索"和"比较搜索"结合起来使用，如搜索"青岛八大关+青岛栈桥，青岛情人坝+青岛奥帆基地+青岛崂山"。

特定时间段和地区搜索：可以查看一个关键词在特定时间、特定地区内的搜索指数，如搜索"海鲜 青岛 最近 30 天"。

7.3.2　360 趋势

360 趋势是以 360 海量网民行为数据为基础的数据分享平台，具有变化趋势、需求分布、用户画像等特色功能。

1．变化趋势

用户可在变化趋势中查看关键词的关注度、关注趋势、曝光量、24 小时关注等数据。用户在使用的过程中可以查看最近 7 天、最近 30 天的关键词单日指数，以及关键词在不同地区的关注度及关注度环比、关注度同比的升降情况，还可以自定义时间查询，如图 7-44 所示。

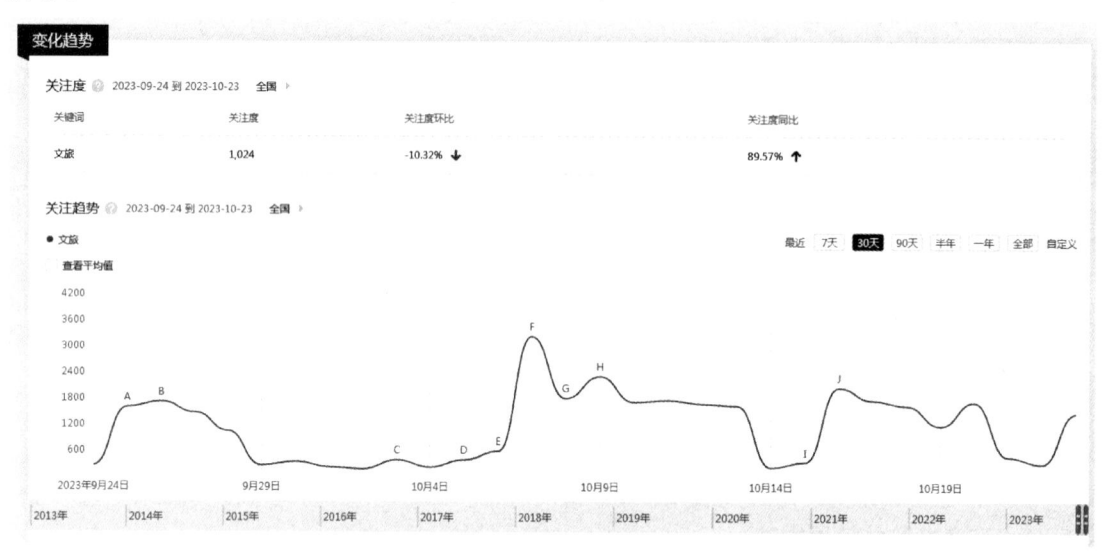

图 7-44　360 趋势变化趋势

2．需求分布

如图 7-45 所示，如果以"文旅"为关键词进行搜索，需求分布中能显示用户对文旅的形象认知分布，用户经常把哪些词语与之联系起来，以及与该词相关的搜索排行，这对运营者进行产品分析与营销具有较大帮助。

3．用户画像

通过人群特征，以往需要花费巨大精力开展的调研已不再必需，轻松输入关键词即可获得用户年龄、性别、地域、兴趣的分布特点，如图 7-46 所示。

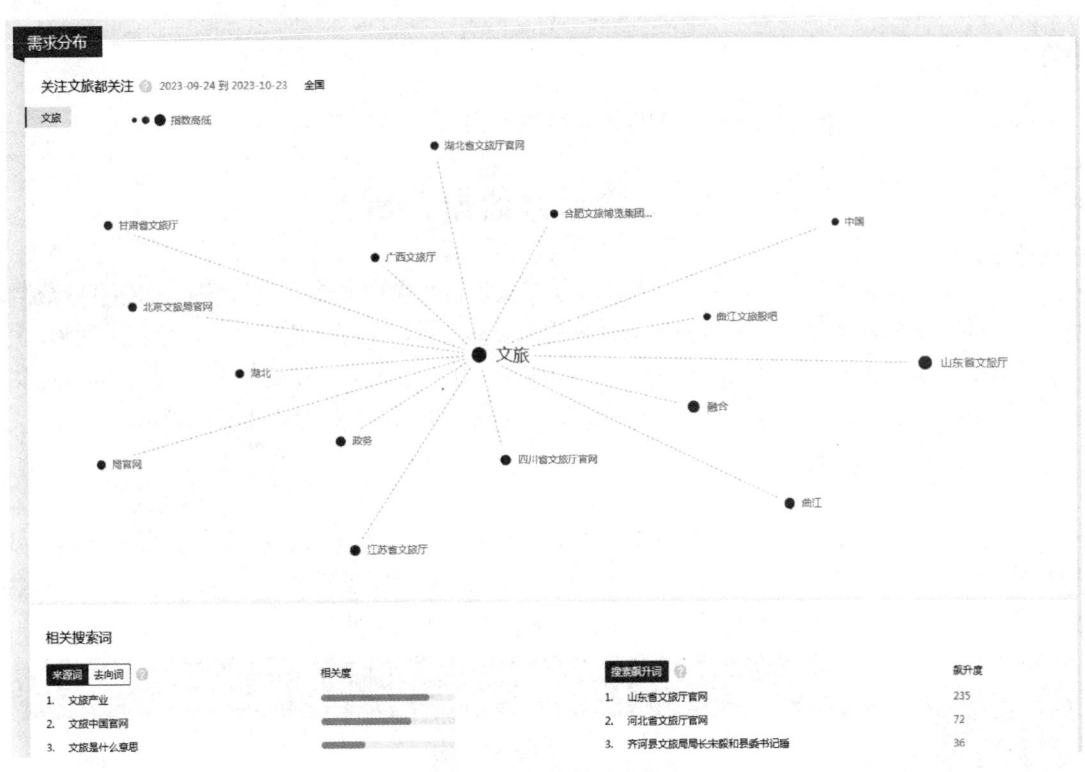

图 7-45　360 趋势需求分布

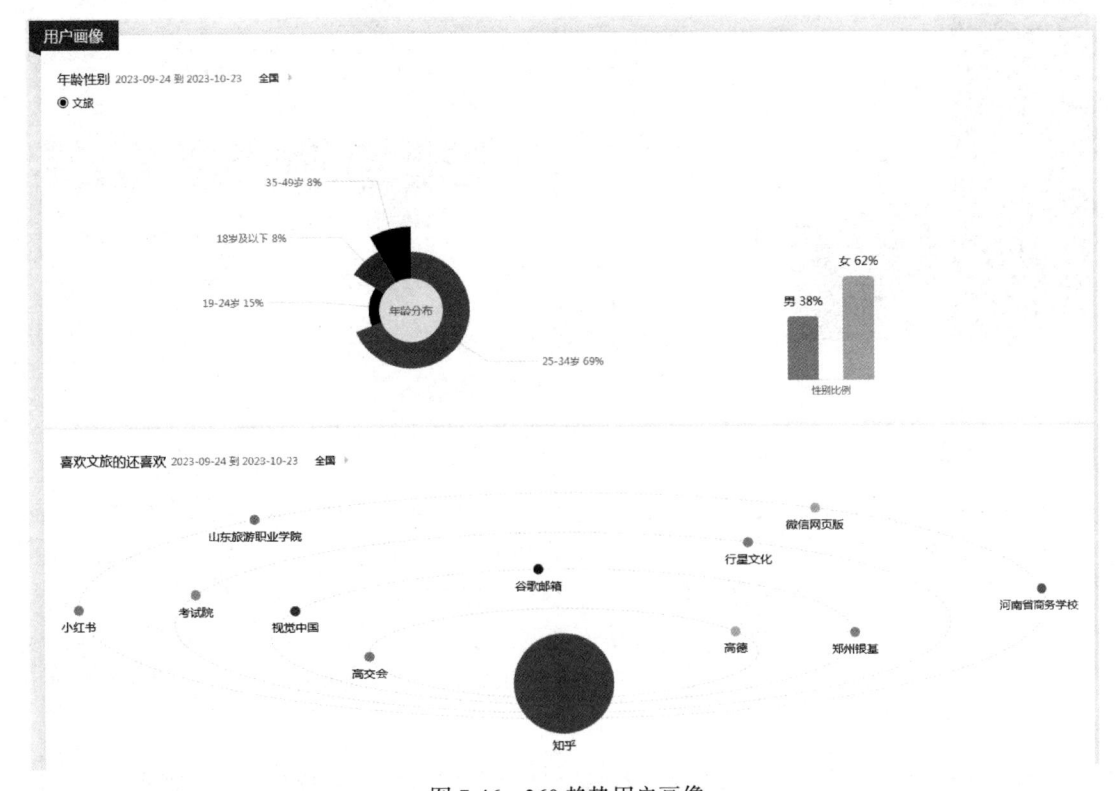

图 7-46　360 趋势用户画像

> 课堂讨论

利用任意搜索引擎指数，分析竞品账号的用户画像。

7.4 第三方数据分析

作为新媒体运营者而言，在进行运营决策前需要获取大量的数据，只有精确全面地获取数据，才能进行准确无误的数据分析。以抖音为代表的新媒体平台，数据体量较大，直播、短视频、达人、商品、店铺等维度相互交织，数据庞杂。此时，一款好用的第三方数据分析工具就非常重要，抖查查、蝉妈妈、飞瓜因其数据丰富、功能强大而在众多第三方数据分析工具中脱颖而出。

7.4.1 抖查查数据分析

抖查查是国内知名的直播电商短视频大数据分析平台，提供大数据分析、直播代运营、短视频拍摄、直播培训等项目，如图 7-47 所示。抖查查大数据分析平台拥有达人账号+短视频创意+直播流量+直播带货+电商选品等 5 大维度综合数据分析功能。

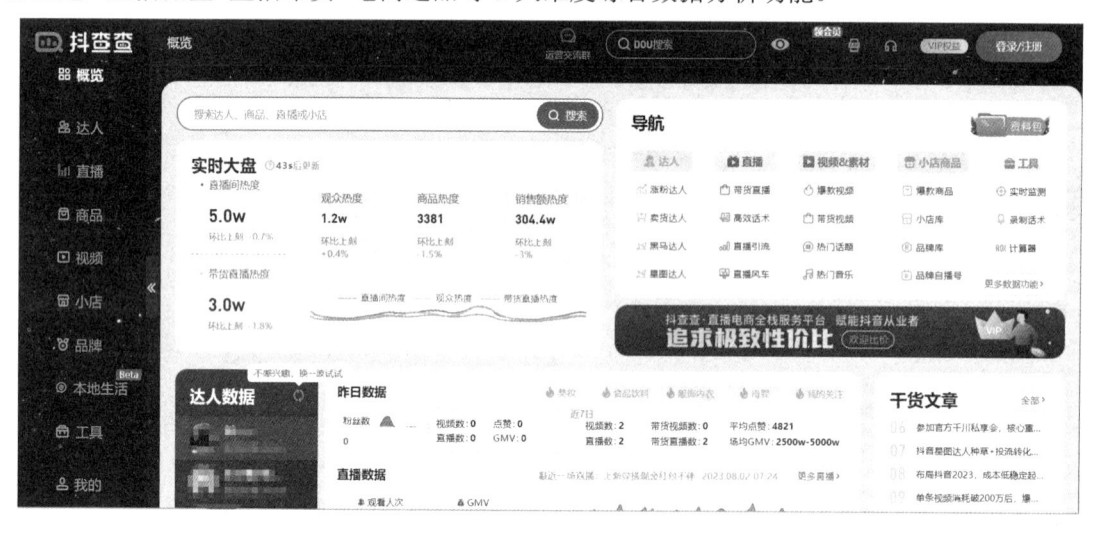

图 7-47 抖查查界面

1．达人账号

众所周知，现在已经步入大数据时代，任何一个运营者都需要具备数据分析的能力。而一个短视频的爆火，除机缘巧合等因素外，必定蕴藏着整体市场与用户特定需求及兴趣点的反馈。抖查查在达人账号维度囊括涨粉榜、黑马榜、掉粉榜、粉丝总榜、蓝V榜和星图达人榜等。创作者可以通过筛选日期、分类和达人地域快速找到涨粉最快的达人、优质潜力达人、粉丝最多的达人、表现好的星图达人，学习不掉粉的经验，如图 7-48 所示。

2．短视频创意

短视频创意维度包括热门音乐、热门话题和视频榜等。如图 7-49 所示，在视频榜中可查看飙升视频、热门视频榜、带货视频优选和视频组件榜等数据，其中包括抖音视频中各领域的标签、点赞数、评论数、分享数等数据,广告主可以随意监测抖音主播账号的评论,并通过评论热词图表直观了解主播的用户数据及用户画像情况。

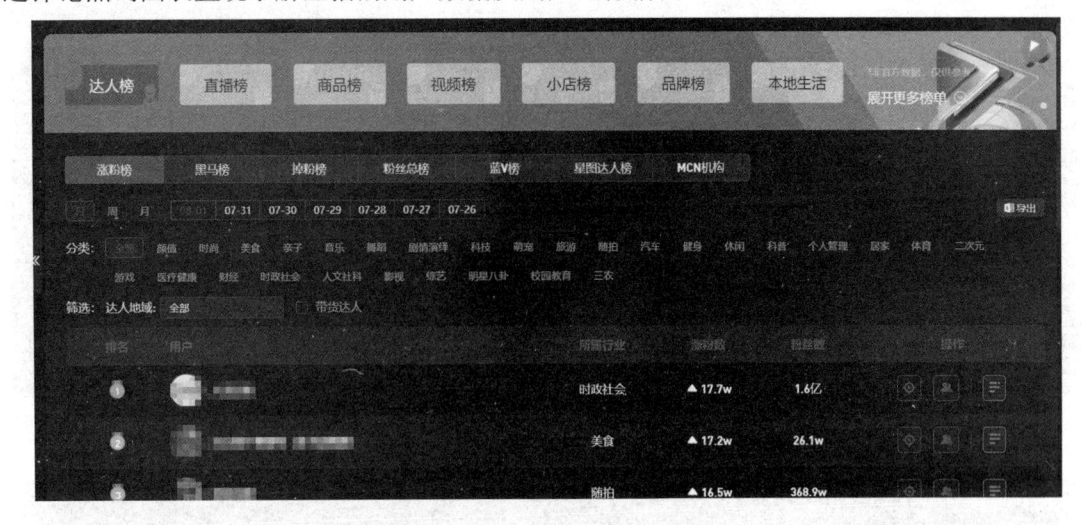

图 7-48　抖查查达人账号数据

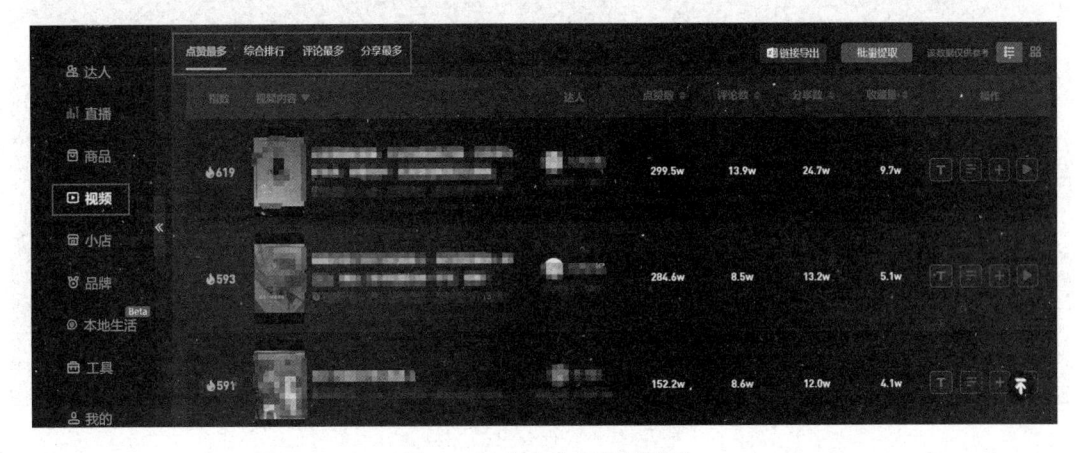

图 7-49　抖查查视频榜数据

3. 直播流量+直播带货

直播流量数据和直播带货数据均可以在"直播"功能中查看,如图 7-50 所示。直播流量数据包括直播流量广场和直播话术库,用户可以查找更多优秀的直播达人,学习流量获取方法和话术技巧。

直播库中提供了丰富的直播带货数据,包括:带货直播优选,便于发现头部直播间;直播达人优选,便于发现头部直播达人;品牌直播优选,便于查找优秀直播品牌;视频引流榜,便于查看直播预热视频;实时热门直播间,便于直播电商实时统计数据;官方小时榜,便于查看带货直播实时动态;直播风车榜,便于发现高人气直播间,如图 7-51 所示。

4. 电商选品

可在"商品"功能中查看电商选品维度具体数据,包括选品库和商品榜。在选品库中能够快速发现高佣爆品，商品榜则包含热销商品推荐、达人热销商品、直播热销商品和视频热销商品等。可通过筛选昨天、近7天、近30天三个时间区间，查看价格、佣金比例、商品销量、关联直播数、直播销量、关联视频数、视频销量、关联达人等，如图7-52所示。

图7-50 抖查查直播数据筛选条件

图7-51 抖查查直播库数据

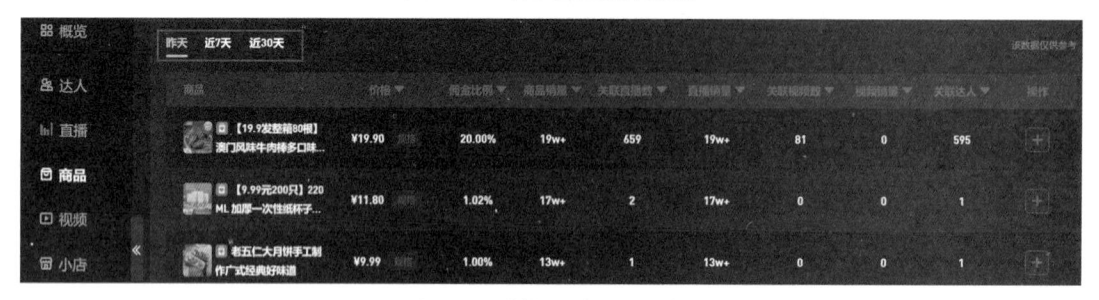

图7-52 抖查查商品榜数据

7.4.2 蝉妈妈数据分析

蝉妈妈是一个全网短视频电商数据服务网站，主要提供数据监测、电商分析、主播查找、热门素材等服务，核心功能包括直播榜、商品榜、达人榜和视频库四个板块。

1．直播榜

用户可通过直播榜查看直播间详情数据，包含直播间人数和人气趋势（如图 7-53 所示）、送礼人数、商品销售额与销量等，支持直播实时榜、达人带货榜、直播商品榜、礼物收入榜-土豪送礼榜、直播分享榜等五大榜单。

（1）直播实时榜：每小时实时的直播数据。

（2）达人带货榜：昨日达人直播带货销量排行榜。

（3）直播商品榜：昨日直播销售额最高的商品榜。

（4）礼物收入榜-土豪送礼榜：昨日礼物收入最高的达人榜及送出礼物最多的土豪榜。

（5）直播分享榜：抖音官方的直播热度榜。

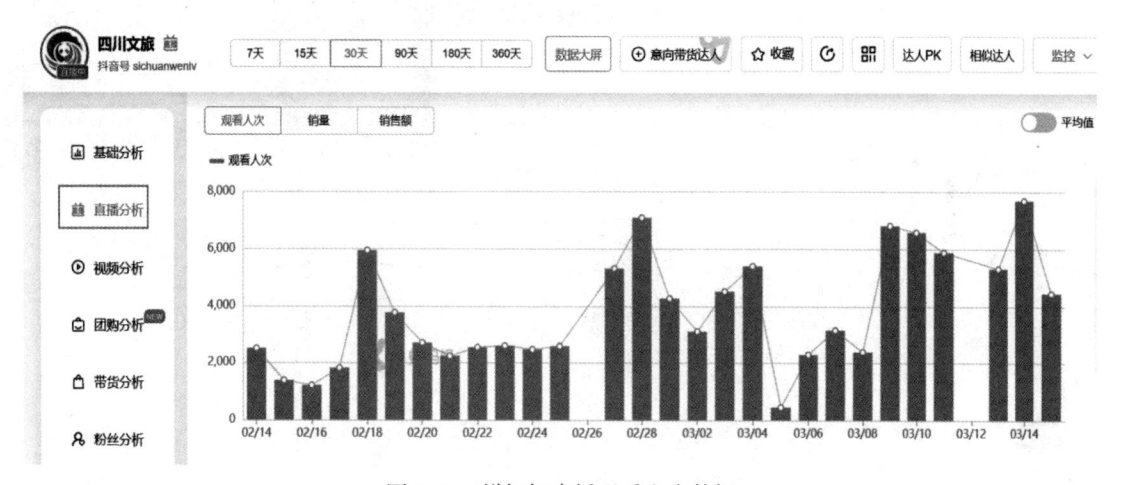

图 7-53　蝉妈妈直播观看人次数据

2．商品榜

商品榜提供直播商品榜数据，显示每天通过直播热销的商品，可以按照商品类别和商品平台来源做筛选。提供选品库、商品榜、商品详情页等三大功能。

（1）选品库：百万级的商品库。

（2）商品榜：抖音销量榜、热推达人榜、官方抖音好物榜及淘宝实时销量榜、淘宝全天销量榜。

（3）商品详情页：商品销量、转化率、种草视频、热评等数据，如图 7-54 所示。

3．达人榜

达人榜主要提供电商达人库数据，用户可以通过达人库找到适合给自己带货的达人。提供直播达人榜、视频达人榜、团购达人榜等榜单，如图 7-55 所示。

4．视频库

视频库主要提供电商视频库数据，用户可以根据近期热门的视频创意进行创作。

（1）视频库：上亿级的实时视频库，包含 6 小时、12 小时、24 小时、近 3 天等多种时间维度，以供对比查看。

（2）视频详情页：详细的视频点赞、评论、转发、收藏数据，如图7-56所示，还有粉丝画像和评论分析。

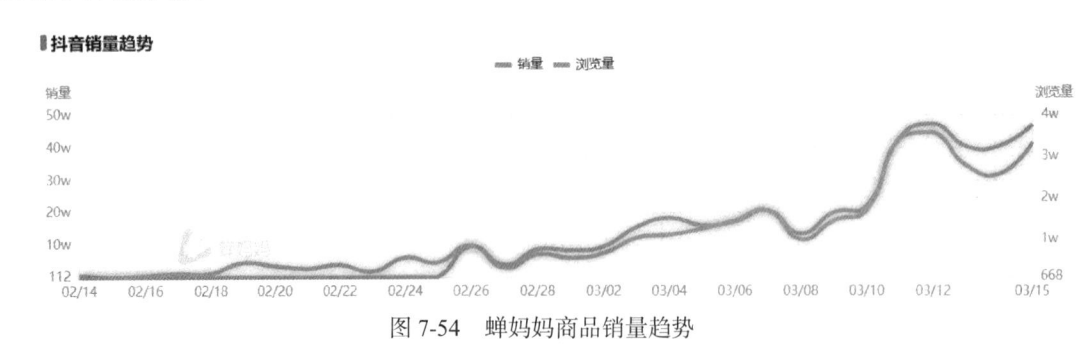

图7-54　蝉妈妈商品销量趋势

图7-55　蝉妈妈达人榜

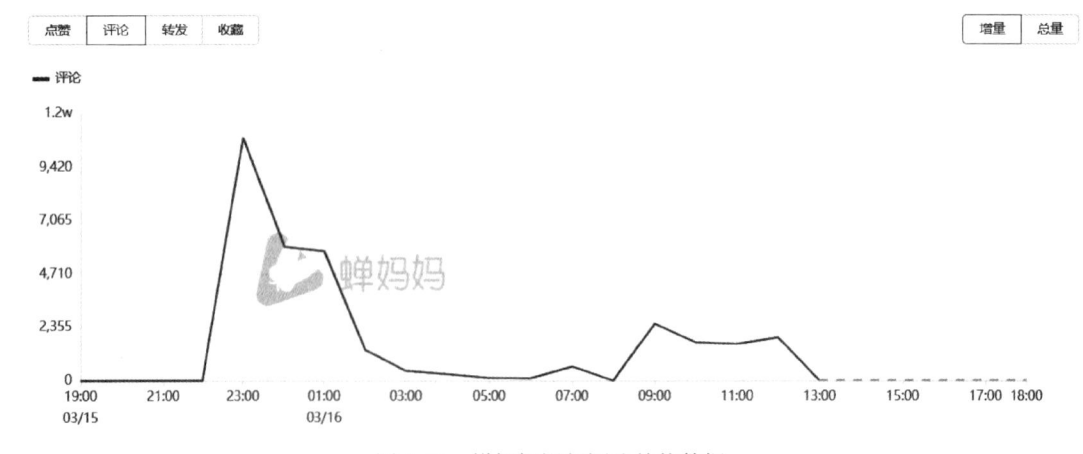

图7-56　蝉妈妈视频评论趋势数据

7.4.3 飞瓜数据分析

飞瓜数据是一个专业的短视频数据分析平台，功能齐全，可用于单个抖音号的数据管理，查看日常的运营情况；也可用于对单个视频做数据追踪，显示传播情况，如图 7-57 所示。除此之外，通过飞瓜数据，还能搜集到热门视频、音乐、博主等，查到热门带货情况。

图 7-57　飞瓜界面

1．视频监控

飞瓜的实时反馈功能是比数据榜单更加细致地监控作品效益的工具。视频监控提供了基本数据的监控，这与数据榜单一样，但只针对单个视频且数据的呈现更加精确。可以为每个数据设置一个目标值，只要相关数据达到了目标值，飞瓜就会用短信提醒我们，这样我们就不用一直盯着数据界面刷新，劳神又费力了。同时，飞瓜还能提供粉丝数据监控和关联商品监控，帮助我们了解转化和变现的效率。

2．作品监控

作品监控与视频监控最大的不同之处在于，它是一个宏观的监控，收录了抖音账号整体的基础数据信息。作品监控最大的特点在于可以反馈 24 小时内基础数据的增量情况，即直观反映出近期作品的效益。作品监控界面还提供视频详情的查询、观众画像的绘制功能，并对商品销售情况进行分析。

3．涨粉作品分析

涨粉作品分析的功能比较聚焦，因此它在表单的清晰度上做到了极致。它用表格的形式呈现了每个作品涨粉的数据，不但记录了作品发布的时间，还记录了每日的点赞量，这样运营者就能够知道哪些作品能产生长足的热度，哪些作品只是一开始吸引人的眼球而后劲不足。

4．粉丝数据分析和互动数据分析

粉丝数据分析以一周或者一日为单位绘制粉丝走势图，清晰对比粉丝转化情况，结合涨粉数据分析构建粉丝转化机制。

互动数据分析能够显示 90 天内任意时段账号的评论增量和总量的变化值，还能够汇总评论信息，分析粉丝的舆论特征，帮助运营者把握评论区风向。

5. 活跃粉丝重合度分析

做商品转化时尤其要注意活跃粉丝重合度的分析。运营者运营的主播和同类型主播的粉丝重合度高，说明运营者找到了自己目标的精准流量。而若是出售商品，则需要和其他商品的用户重合度越低越好，因为对同类型商品，消费者买了别人的就不会买我们的，所以运营者最好找到相对蓝海的领域，这样才好变现。

课堂讨论

结合本节介绍的 3 个数据分析工具，选择任意一个尝试获取抖音的以下数据。
（1）在自己喜欢的抖音号里，任意 3 个抖音号的活跃粉丝数；
（2）在该抖音号所处领域，排名靠前的 10 位抖音达人；
（3）总结抖音号粉丝最喜欢看的视频内容关键词或创意方向。

同 步 训 练

一、知识训练

不定项选择题

1. 对企业而言，进行新媒体数据分析的作用是（　　）。
   A. 了解运营质量　　　　　B. 预测运营方向
   C. 梳理用户画像　　　　　D. 把握市场变化
2. 将两个数据进行横向或纵向比较，分析两者之间数据规律差异的方法是（　　）。
   A. 对比分析法　　　　　　B. 平均分析法
   C. 分组分析法　　　　　　D. 结构分析法
3. 属于搜索引擎指数数据分析的平台有（　　）。
   A. 百度指数　　　　　　　B. 360 趋势
   C. 抖查查　　　　　　　　D. 微信公众号
4. 属于微信公众号官方后台数据分析板块的有（　　）。
   A. 用户分析　　　　B. 图文分析　　　　C. 菜单分析
   D. 消息分析　　　　E. 接口分析　　　　F. 网页分析
5. 在微博"数据概览"页面中能看到（　　）数据。
   A. 昨日关键指标　　B. 粉丝变化　　　　C. 互动
   D. 我的主页　　　　E. 我发布的内容　　F. 文章
6. 搜索引擎指数提供（　　）数据。
   A. 需求图谱　　　　　　　B. 人物画像
   C. 变化趋势　　　　　　　D. 舆情监管
7. 常用的第三方数据分析平台有（　　）。

A. 抖查查 B. 蝉妈妈
C. 飞瓜 D. 百度指数

问答题

1. 如何做好微信公众号用户数据分析？
2. 如何做好微博内容数据分析？
3. 如何做好抖音短视频数据分析？
4. 第三方数据分析平台对运营者的意义有哪些？

二、技能训练

找一个目标账号（微信公众号或微博账号或抖音账号）进行粉丝对比分析，并总结通过对比分析可以得到哪些提升账号运营效率的方法。

第 8 章　文旅新媒体运营技能

文旅新媒体运营中，图片、图文版式和短视频扮演着重要角色。它们利用生动鲜活的视觉效果吸引受众的注意，并有效传递信息。文旅从业者在社交媒体平台发布吸引人的图片、短视频，涉及旅游攻略、景点介绍、特色美食等，可以强化网民对旅游目的地的形象感知。因此，文旅从业者需要掌握这些技能，以提高运营效果。

➢ **知识目标**

掌握新媒体运营中图文编辑、短视频拍摄及后期处理的方法和技巧。

➢ **能力目标**

能够根据主题要求进行图文编辑；能够运用拍摄素材进行既定主题的短视频后期处理。

➢ **思政目标**

通过相关操作技能的训练，培养学生精益求精的工匠精神；培养新学生爱岗敬业的职业操守与严谨的工作态度。

➢ **思维导图**

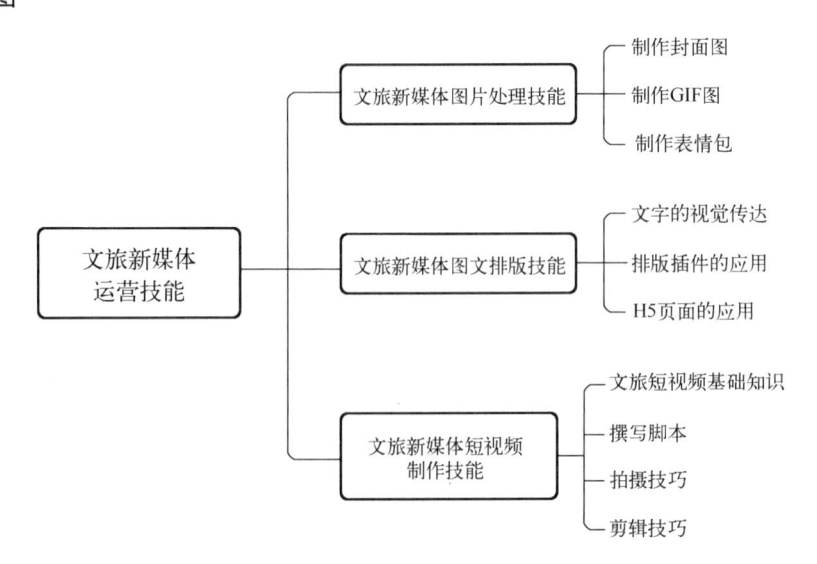

```
                           ┌─ 制作封面图
         ┌─ 文旅新媒体图片处理技能 ─┼─ 制作GIF图
         │                 └─ 制作表情包
         │
         │                 ┌─ 文字的视觉传达
文旅新媒体 ─┼─ 文旅新媒体图文排版技能 ─┼─ 排版插件的应用
运营技能   │                 └─ H5页面的应用
         │
         │                       ┌─ 文旅短视频基础知识
         │                       ├─ 撰写脚本
         └─ 文旅新媒体短视频制作技能 ─┼─ 拍摄技巧
                                 └─ 剪辑技巧
```

第 8 章 文旅新媒体运营技能

> 📝 **导入案例**

桂林，一个位于中国南方的著名旅游胜地，以其壮丽的山水风景而闻名遐迩。为了向世界展示桂林的自然美景和独特的文化魅力，桂林市文化广电和旅游局制作了一系列精美的短视频，这些视频成功地吸引了众多国内外游客前往桂林感受这片神奇之地。《秀甲天下 世界桂林》是系列短视频其中之一，如图 8-1 所示。

图 8-1 《秀甲天下 世界桂林》短视频封面画面

该短视频展示了桂林的如画风景，搭配不乏民众耳熟能详的桂林山歌，每个景点的逐一亮相、每一句宣传文案更是让人过目不忘，从衣食住行四个角度将桂林作为旅游胜地的优势展现得一览无余。短视频最后以"秀甲天下 世界桂林"点题，如图 8-2 所示，让人印象深刻。

图 8-2 《秀甲天下 世界桂林》短视频结束画面

8.1 文旅新媒体图片处理技能

图片在新媒体时代扮演着不可或缺的角色，具有强大的信息传递能力、牢固的情感共鸣、跨文化的传播效果及强化记忆和理解效果，极大地提升了内容的吸引力和可传播性。在文旅新媒体运营中，图片的应用非常广泛，涵盖了新媒体海报、公众号封面、正文中的插画、内容图、表情包、视频号封面及图文类短视频等多个领域。这些领域都需要大量的创意图片。因此，运营者需要掌握基本的新媒体图片处理技能，能够根据现有素材对内容主题进行图示化展示。

8.1.1 制作封面图

在内容平台的发现页上，一个吸引眼球的封面图是决定内容打开率的关键。尤其是像小红书这种追求"颜值即正义"、注重图片视觉冲击力的内容平台，只有图片做得足够精美、有吸引力，才能吸引人阅读、点赞、收藏，从而涨粉。

图 8-3 所示的引人注目的封面图中，呈现一个醒目的数字——50000，用户会感到惊讶，一张火车票居然卖到这么高的价格！这个数字实在令人瞠目结舌！图片的中间标有"却依然一票难求"字样，形成了强烈的心理冲击，并令人产生一探究竟的好奇心。背景图展示了火车卧铺车厢的通道，视觉中心是中世纪风格的地毯，绿色窗帘与花格地毯完美地搭配，两边是金色的栏杆和木质的房门。透过白色纱帘，室外明亮的阳光透射进来，让人不禁想拉开窗帘，尽情欣赏窗外的美景。另外，房门紧闭着，里面又隐藏着怎样的陈设呢？这个图片引起了很多读者的兴趣和好奇心。

图 8-3 小红书博主中国旅行指南文章封面图

除具有吸睛价值外，封面图还具有独特的作用，能够告诉用户作品主题、核心内容等基本信息。一个精心设计的封面可以简洁而直观地传达出作品主题及关键信息，同时也是内容与用户进行情感沟通的第一步。

为了确保封面内容的效果最大化，需要考虑目标用户的需求和偏好。深入了解用户的兴趣和期望，选择最合适的封面内容，以吸引他们的目光，并促使他们进一步探索相关的内容。

制作一个吸引人的封面图是视频内容创作者必备的技能之一。封面图的作用是让内容即使在发现页的角落里，也能备受关注并引发用户打开的欲望。封面图的重要地位可与标题媲美，因此制作一个色彩鲜艳、有趣且有效的封面图至关重要。在运营实践中，制作封面图的方法可分为4种类型。这些方法适用于抖音、快手等短视频平台，也适用于小红书等图片平台。

1. 类型一：单图

在大多数自媒体作品中，往往会采用一张简洁的图片作为封面图。

图8-4中，绿树成荫，一条山路自下而上延伸。在这静谧的景色中，一个身背行囊的旅人向上攀行。山路蜿蜒曲折，被郁郁葱葱的树木覆盖着，阳光从枝叶间洒下来，在他面前投下斑驳的光影。旅人显得孤独而坚定，迈着稳健的步伐，沿着阶梯向上攀爬，他留下了一个寂寞而又深邃的背影。图片给人一种古朴静谧之感，配合标题文案，对喜欢访古探幽的徒步爱好者有很强的吸引力。

很多博主喜欢采用没有文字说明的单图形式，给读者留下丰富的想象空间。因此，这种单图方式成为自媒体作品封面的常见展示形式之一。

这种单图类型封面往往是"体验型封面"，封面上嵌入了按钮、开关，用户可以按下这些元素来触发特定的功能或内容，如播放音乐、跳转到特定页面等。一幅渔夫张网捕鱼的画面，点击它可以跳转到广西旅游宣传片的视频播放页面，如图8-5所示。

在单图类封面图的制作过程中，需要注意以下要求：图像应该是高清无码的，色彩要舒适且布局美观，同时主题要突出。这种风格的封面适用于各种领域，如Vlog、穿搭、风景、装修、收纳整理、美妆、舞蹈、武术等。根据不同领域的需求来制作相应的封面，在制图过程中，特别需要注意图片的美感，并确保图片内容与所要表达的主题相符合。

在选择单图作为封面时，需要考虑以下几个方面。

首先，确保所选的单图与封面主题相符。无论是内容、颜色还是构图，都需要有效地传达封面的核心信息和情感。图8-6所要表达的主题是徒步秘境，选择的单图就是一座僻静的石桥，桥下是蜿蜒的溪流。

图8-4 小红书博主文旅君的旅行封面图

图 8-5　抖音文旅推介体验型封面跳转

其次，选择具有吸引力和独特性的单图。通过有趣、美观、惊艳或独特的图像，吸引读者或观众的眼球。图 8-6 中的场景特别静谧空旷，雾中绿林给人以遐想。

再次，考虑所选单图是否能有效地传达所期望的情感或氛围。封面需要通过图像引发读者或观众的情感共鸣，激发兴趣和好奇心。图 8-6 中，旅者独自一人前行，有一条狗与之伴随，激发起了观者的好奇心，这狗是刚好路过，偶然进入画面，还是与旅者相伴而行。细心一些，用户会发现这不是路过的一条狗，而是旅者牵着的狗，博主的名字也印证了这一点，整个画面让人身临其境又充满向往。

另外，选择简洁、清晰的单图也非常重要。这样能够快速传达封面主题和核心信息，避免使用过于复杂或杂乱的图像。图 8-6 中，超过 70%的画面是绿色的树木，给人极强的视觉冲击感，满目苍翠令人心旷神怡。

图 8-6　小红书博主 DogWalkers 单图封面

最后，要考虑封面的目标受众是谁。了解他们的喜好、兴趣和文化背景，选择目标受众喜爱和易于理解的单图，增加图片的吸引力，引发受众共鸣。图 8-6 中，作者的意图是介绍徒步出行这种环保的旅行方式，目标受众自然是徒步探险的爱好者。

总之，在选择单图封面时要保持创意和审美，并考虑设计目的和传达的信息。这样才能确保所选图像与整个封面设计融洽一致，吸引目标受众的注意力。

2．类型二：拼图

拼图与单图的风格截然不同。单图强调整体和细节美，而拼图则注重呈现丰富多样的景象，如图 8-7 所示。

一般来说，拼图由两张、三张或四张图片拼接而成。不建议使用过多的图片来拼图，因为内容过于繁杂会分散注意力。与单图相比，拼图的意义在于能够在一个画面上展示更多的内容，特别是当拼接图片的风格、色调、氛围统一时，可以创造出多层次美感。拼图可以增加图片的丰富性，在突出主题的同时使整体图片看起来和谐一致。相比于单图，拼图让人一目了然地看出内容的层次，如步骤、动作和环境等。制作拼图的方法是根据封面布局，在画布上安排好裁剪的图片，制作时要考虑使用不同的角度、大小、间距来创造有趣和平衡的布局。重叠、交叉或相邻排列图片利于展示所要表达的主题。图 8-7 中，选择同一种风格、同色系、同样大小的图片进行了封面拼图。在制作拼图时，要求图片高清无码，色彩舒适，调性统一，布局美观，风格相近。拼图适用于 Vlog、风景、旅游、教程等领域。

图 8-7　小红书博主路西的游乐场拼图封面

3．类型三：对比图

对比图也是一种拼图形式，但与传统拼图的要求不同，对比图要求风格尽量不同，并且要有明显的对比效果，如图 8-8 所示。

一般情况下，通过两张、三张或四张图片来展示某种对比效果。图 8-8 中，用三张图片展示某个山景的不同属性，三个主题词揭示该地的三个特征，同样的构图，不同的颜色，不同主题词的对比展现旅游地的三个属性。

4．类型四：文字图

文字图，顾名思义，就是由纯文字组成的图片。常见的样式是一张纯色底图配上显眼的文字。

相比其他封面样式，文字图最大的优势在于用文字凸显内容主题，并且制作起来非常简单，如图 8-9 所示。制作这种封面图的关键在于将展示的文字进行视觉化处理，同时文字传达的信息能够激发用户兴趣。可以使用标题党的方式或者直接采用问句。文字图的制作方法非常简单，只需用文字来表达主题即可，要求是文字内容具备强大的吸引力。适合的领域包括情感、个人成长、职场和知识分享等。

图 8-8　小红书博主规划设计&熊大对比图封面　　图 8-9　小红书博主山野（文案练习生）文字图封面

以上四种封面样式仅对当前常见的封面图进行了简单分类。实际上，在制作封面图时，并不只使用一种样式，更多的是将以上四种样式不断组合，如单图+文字、对比图+文字、拼图+文字，而不管是拼图还是对比图，都是由不同的单图拼接而成的。因此，在日常制作封面时，不要局限于一种形式或一种样式，可以结合自己领域的特点，多观察领域内头部账号常用的封面样式。

8.1.2　制作 GIF 图

GIF 图在文旅新媒体作品中有多个用途。首先，它能吸引眼球，通过循环播放的特点吸引用户的注意力，使作品生动、有趣和富有活力，提高用户对作品的关注度。其次，GIF 图简洁而重要，能快速清晰地传达目标内容，增加信息传递的效率。再次，GIF 图的动态展示可以增加互动性，激发用户的兴趣和好奇心，促使他们与作品互动。最后，GIF 图能够通过动态的形式传达出特定的情感或氛围，使观众在视觉上产生共鸣，创造出特定的情感体验。使用 GIF 图时需注意文件大小适中，避免加载时间过长或占用过多带宽，并考虑到目标受众的网络环境和设备兼容性，保证 GIF 图在各种平台和设备上正常展示。

常见的有趣 GIF 表情包实际上是将一帧帧的动画串联起来实现的。如果运营者想要将视频转换成动态 GIF 图片，实现方法有如下两种。

1. 第一种方法：使用迅捷视频转换器

第一步，打开迅捷视频软换器软件，进入首页，在 11 个版块中选择"视频转 GIF"选项，如图 8-10 所示。

图 8-10　软件首页的 11 个版块

第二步，在"视频转 GIF"界面中，单击"添加文件"按钮，找到需要做成 GIF 的视频文件"七河八岛"，选中之后单击"打开"按钮。也可以把该文件直接拖进加号区域，如图 8-11 所示。

图 8-11　添加文件

第三步，选择"参数设置"选项，如图 8-12 所示，弹出"参数设置"对话框，这里可以调整 GIF 图的播放时间。

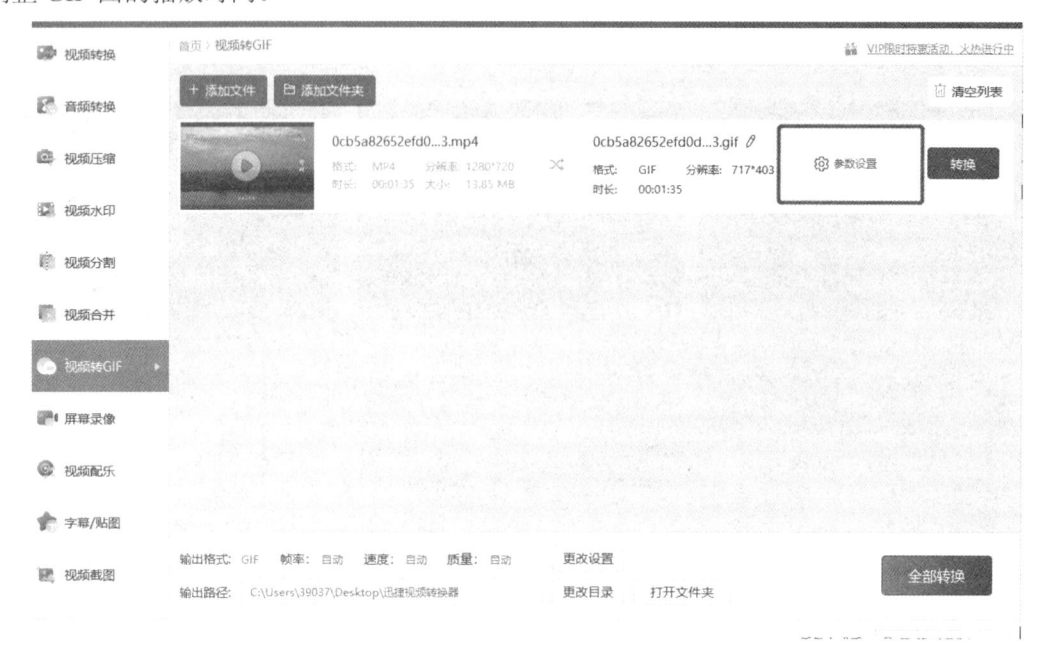

图 8-12　参数设置

如图 8-13 所示，拖动进度条选择一个开始的时间，单击"开始时间"后面的闹钟图标；再次拖动进度条选择结束时间，单击"结束时间"后面的闹钟图标。

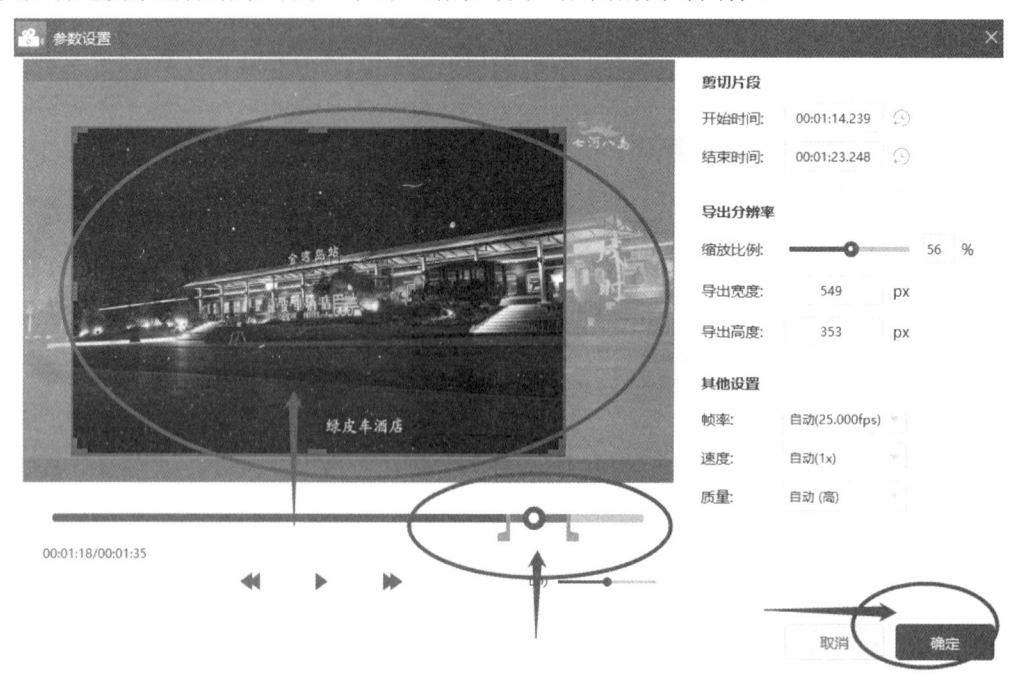

图 8-13　转换设置

第四步，设置转换区域，GIF 图的参数设置调整完成后，单击"确定"按钮，回到之前的页面，单击"转换"按钮。

第五步，等待转换完成，视频截图左上角会出现一个对钩标志，单击右边的"打开文件夹"按钮，在文件夹中能看到视频已经转成 GIF 图，如图 8-14 所示。

图 8-14　转换完成

这样一个关于文旅的 GIF 图就制作好了，如图 8-15 所示。

图 8-15　GIF 图截图

2. 第二种方法：使用美图秀秀

首先，在 PC 端打开美图秀秀软件，进入首页，滚动页面，选择"GIF 制作"选项，如图 8-16 所示。

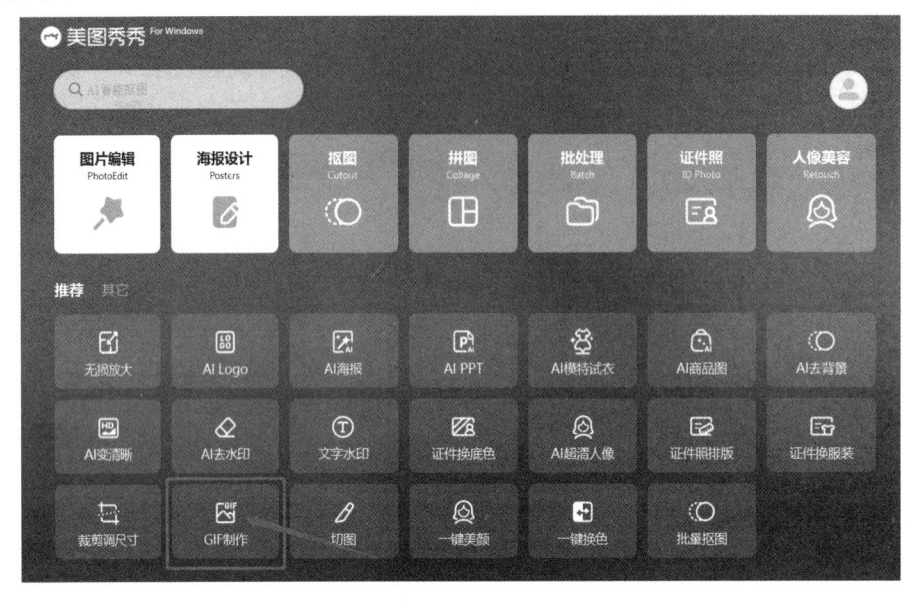

图 8-16　美图秀秀 GIF 制作

然后，在弹出的"美图秀秀"对话框中选择"添加图片"选项，根据素材需求添加文字和素材。最后，调整图片播放速度，保存后即可生成 GIF 文件，如图 8-17 所示。

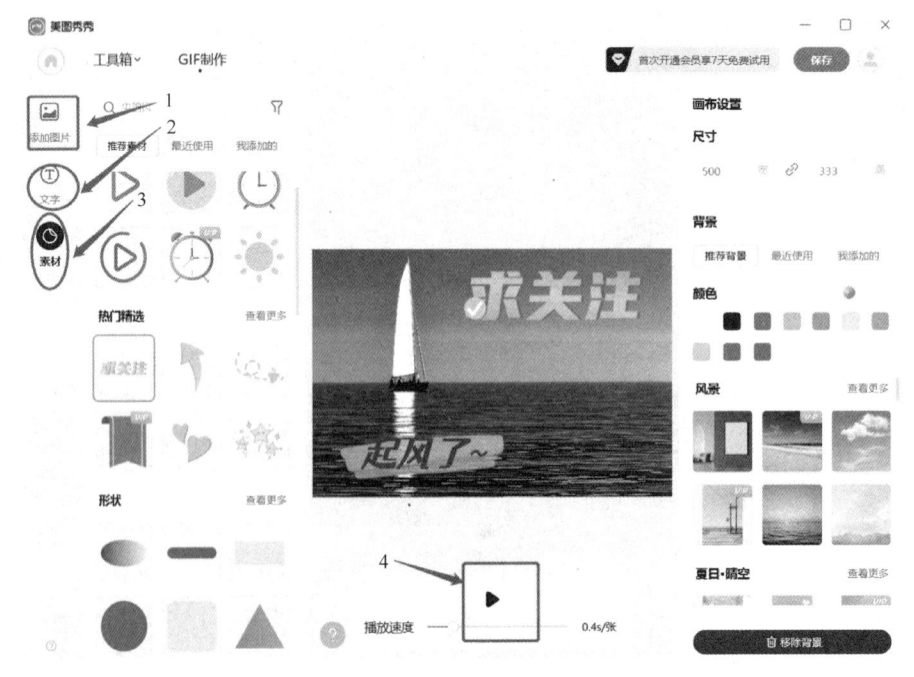

图 8-17　美图秀秀 GIF 图设置

这样"起风了,求关注"文旅轮播图 GIF 图就完成了,如图 8-18 所示。

图 8-18　文旅轮播图 GIF 图截图

美图秀秀和迅捷视频转换器在处理 GIF 图方面具有各自的优劣势。美图秀秀是一款手机软件,可用于照片和图像编辑,也可用于制作 GIF 图。它提供了丰富的滤镜、贴纸、特效和编辑工具,易于操作。迅捷视频转换器则是一款 PC 端软件,主要用于转换各种视频格式,包括 GIF。相较而言,迅捷视频转换器功能更全面,适合处理各种视频转换和编辑需求。

在灵活性和定制化方面,美图秀秀提供多样的模板、滤镜和特效,供用户进行个性化设置和添加效果。它非常适合快速且简单地制作个性化的 GIF 图,但在高级定制方面会有一定限制。相比之下,迅捷视频转换器可以根据用户提供的视频文件,灵活转换为 GIF 格式,并具有更高的定制性。用户可以自由设置转换参数,调整帧率、分辨率、色彩和质量等选项,以满足个人需求。

在平台和适用性方面,美图秀秀适用于 iOS 和 Android 操作系统的移动设备。用户可以方便地在手机上完成 GIF 图的编辑和制作,并直接分享到社交媒体平台。而迅捷视频转换器则是一款桌面软件,适用于 Windows 和 macOS 操作系统。它提供了更多的功能和转换选项,适用于需要更复杂和专业处理的项目。应根据所需和使用场景,选择适合的工具。

8.1.3　制作表情包

文旅表情包的魅力不容小觑,它通过图像和文字的精妙组合,让情感、意义和主题在传递中充满趣味性和互动性。表情包还扮演着品牌形象和文化传播的角色,也是文化旅游品牌的标志之一。

案例分析

甘肃省博物馆借鉴了北京故宫博物院的成功经验,积极探索文创产业,在网上推出一组 16 款文物动态表情包。博物馆的相关负责人强调,这些表情包是他们馆内具体展示"让文物活起来"的方法之一，旨在通过新颖的形式让观众更好地了解博物馆和其中的文物珍品，如图 8-19 所示。

图 8-19　甘肃省博物馆文物动态表情包截图

据了解，这组表情包包含 16 件珍贵文物，涵盖了多个历史时期，如仰韶文化庙底沟类型的人头形器口彩陶瓶、仰韶文化半坡类型的猪面纹彩陶壶、齐家文化的红陶人头像、西周的人头形銎青铜戟、西汉的铜博戏俑、唐代的三彩男骑马俑、唐代的三彩天王俑、西汉的木侍俑，以及北魏的彩绘影塑供养菩萨像等宝贵文物。这些表情包丰富多样，展示了不同历史时期和文化背景下的独特艺术风貌。

甘肃省博物馆希望通过这种形式，激发观众对文物的兴趣和好奇心，并进一步传播博物馆的知识和文化底蕴。表情包的推出不仅为年轻人带来全新的娱乐方式，也为更多人提供了解和欣赏文物的机会。这种创新的尝试在网络上取得了巨大关注和认可，也为博物馆的品牌建设和公众教育起到了积极的推动作用。

文旅表情包还能提升信息传播效果和用户参与度。它们拥有独特的符号语言和情感表达方式，更容易吸引人们的关注和兴趣。在社交媒体平台使用表情包，不仅能增加帖子分享和评论的互动性，还能提升信息传播的效果，吸引更多用户参与。

最重要的是，文旅表情包创造了个性化和共鸣。每个人对文化旅游都有自己的想法和感觉。通过使用与文化相关的表情包，人们可以轻松地表达自己对文化旅游的关注、热爱和认同。下面介绍在斗图吧网站制作表情包的方法。

第一步，登录斗图吧网站，首页如图 8-20 所示。

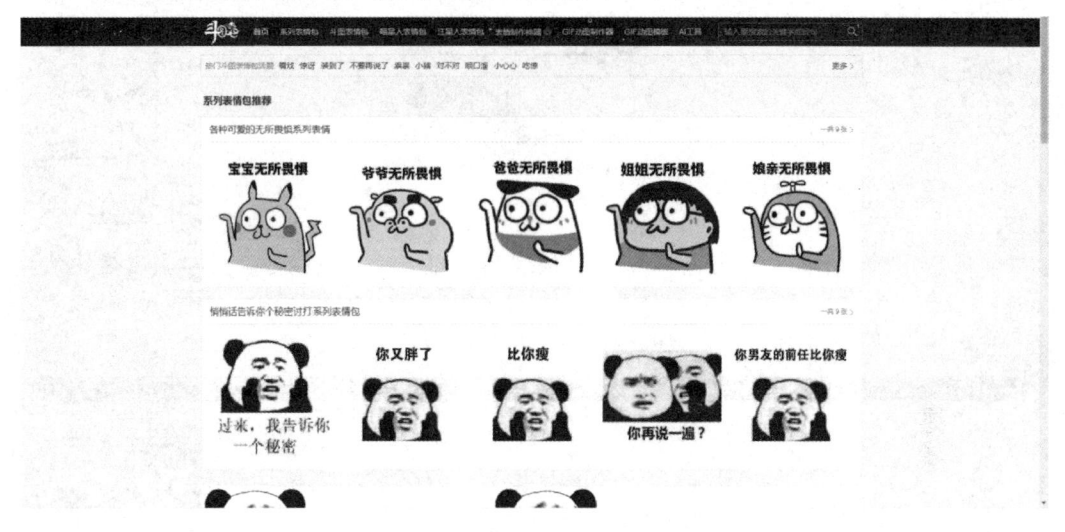

图 8-20　斗图吧首页

第二步，选择"表情制作神器"菜单，如图 8-21 所示。

图 8-21　选择"表情制作神器"菜单

第三步，选择"刀枪剑药"选项及第一个人物身体图像，如图 8-22 所示。

第四步，选择"脸部"→"真人脸"→如图 8-23 所示的娃娃脸图像，将其放置到如图 8-23 所示位置，并调整到合适大小。

第五步，选择"动画设置"选项，如图 8-24 所示，选择最小画笔，如图 8-25 所示，描摹两只眼睛部分，这样表情包的眼睛就动起来了。单击"将动画转换成 GIF 动图并下载"按钮，完成一个拿着羽毛扇的表情包。

图 8-22　选择人物身体图像

图 8-23　脸部设置

图 8-24　动画设置

表情包在文旅新媒体中能够增加趣味性，加强品牌形象和文化传播，提升传播效果和用户参与度，并创造个性化和共鸣的效果。它可以成为文化旅游内容的有力补充，吸引更多人的关注和参与，推动文旅行业的发展。

图 8-25 下载设置

8.2 文旅新媒体图文排版技能

文旅新媒体图文内容的呈现效果对用户的阅读体验至关重要，直接影响他们的初步判断。文章的排版、图文的搭配及内容的创意是吸引用户的关键因素，需要运营者用心打磨。作为一个优秀的新媒体运营者，需要掌握图文的排版能力，这样才能给用户呈现受欢迎的产品。

8.2.1 文字的视觉传达

在文旅新媒体中，文字和图片是最重要的视觉元素。文字的组织和排列方式对版面的视觉传达效果有着直接的影响。文字排版的设计需要考虑内容的清晰度、美观度和易读性。新媒体平台上的文字排版一般应遵循以下 9 个原则。

1. 简洁明了的标题

精练、具有吸引力的标题，能够快速吸引读者注意力并概括文章的主题，举例如下：

相信我，世界上真的有避世的村落——黔东南排莫村

日本深夜美食报告

到云南大理给她安排一天鲜花之旅吧

海南不只有三亚 还有小众的陵水

来重庆不知道去哪？闭眼去10大景点

大学生特种兵穷游西安攻略

上面这些例子简洁明了地概括了文章主题或核心内容，便于读者在一瞥之间理解主题并产生兴趣。

2. 合理的分段和段落结构

将文章内容分成合理的段落，每个段落都有自己的主题和结构，避免过长的段落有助于提高文章的可读性，举例如下：

探索中国古镇的魅力

中国有着丰富多彩的古镇文化，其中不乏一些令人心驰神往的目的地。无论是浙江的西塘古镇，还是江苏的周庄水乡，这些独特的古镇都展示着传统建筑、古老街巷和独特的文化风情。让我们一起来探索这些古镇的魅力，感受中国传统文化的魅力。

这些古镇不仅拥有丰富的传统建筑风格，还保留着古老街巷和独特的文化氛围。西塘古镇位于浙江省嘉兴市，是中国典型的水乡古镇之一。它以其独特的桥梁、运河和古色古香的建筑而闻名。古镇内的各种古老建筑，如古民居、宗祠和古戏台，展示了中国传统建筑的魅力。此外，游客还可以欣赏到西塘的水筒与亭子，感受到浓郁的江南水乡风情。

周庄水乡位于江苏省苏州市，也是中国的著名古镇之一。周庄古镇以其水乡特色和千年古老文化而闻名于世。这里有精美的古宅、石桥和运河，构成一幅幅美丽的江南水乡画卷。在这里漫步古巷，欣赏古老的建筑和传统的艺术作品，是一种非常享受的体验。此外，周庄还有许多传统手艺和工艺品，如刺绣、紫砂陶和园林艺术等，吸引着众多的游客。

通过游览这些古镇，游客不仅可以了解中国古代建筑和文化的发展历程，还能感受到浓厚的传统氛围。这些古镇向世人展示了中国五千年文化的魅力和独特之处，成为中国旅游的重要景点之一。

在文旅新媒体文章中，使用合理的分段和段落结构，把内容划分为有关联的主题和重点，可以提高读者的阅读体验。确保段落之间有一定的逻辑关系，并在内容转换时使用过渡语句，使文章连贯和易读。

3. 字号与字体

考虑到不同的阅读平台和设备具有不同的屏幕尺寸和分辨率，应选择适当的字号和字体。如图8-26所示，封面标题选择了宋体简字体，副标题选择了仿宋6号字体且变化了颜色，内页内容选择了5号华光平黑字体，同类型标题因字数的不同，字号进行了变化。标题字体字

号的选择是为了产生视觉焦点，同时，为了配合封面古朴的风格，也为了强调，还做了字体倾斜处理；内页 5 号华光平黑字体是为了说明当前画面的内容，因为主要视觉焦点在图，文字的功能是字幕。注意，特别是在移动设备上显示文章时，推荐选择相对较大的字号以确保易读性。

在文旅新媒体文章中，使用不同的字号可以帮助建立层次感并引导读者的阅读节奏。例如，较大的字号用于标题或主要重点内容的引导，而较小的字号则用于段落内容，这样的搭配可以使文章结构更清晰，读者更容易理解。

此外，根据文旅新媒体的品牌风格和目标受众，选择与品牌风格一致的字体也是必要的。根据品牌的定位和形象，选择简洁现代或传统风格的字体可以增加品牌的可识别性。

图 8-26　小红书封面标题及内页字体字号设置

然而，无论选择何种字体，都需要注意其易读性。避免使用花俏或容易混淆的字体，优先选择易辨认的字体，特别是对长篇文章的段落来说。

在文章中适度运用加粗和斜体方式可以突出关键词、重点内容或引起注意。然而，使用这些元素时应保持适度，以免过度使用导致文字的混乱和视觉疲劳。

4．行距与字间距

适当调整行距和字间距，可以使文字更易阅读。行距不宜过小，以确保行之间有足够的间隔，如图 8-27 所示。

为了提高文章的可读性，可以采取一些优化措施。例如，适当增加行距使段落之间更加清晰可辨，特别是对较长的段落或小屏幕设备来说。将行距设置为 1.5 倍行高，可以有效地

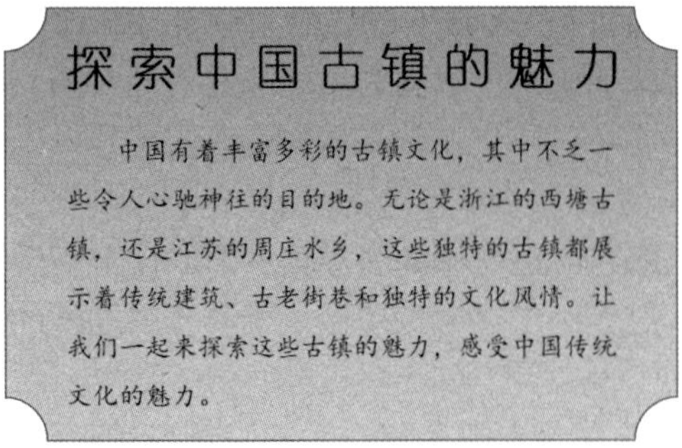

图 8-27　行距与字间距设置

提高段落的可读性。此外，还可以调整字间距以改善文字的清晰度和阅读体验。特别是对较小的字号和紧密排列的文字，微调字间距可以避免字母之间的碰撞，使文字清晰可见。注意，不要过度调整字间距，以免造成文字之间的视觉断层。另外，在引用部分或重要内容中，可以根据需要调整行距和字间距，以突出引用的文本。适当增加行距可以帮助吸引读者的注意力，而适当调整字间距可以使相应文字在视觉上与周围的文字区分开。这些调整让文章更加符合逻辑，通顺流畅，并提升读者的阅读体验。

5．强调关键词或短语

使用加粗、斜体、不同颜色、下划线等方式来强调关键词或短语，以便读者更容易理解和记忆重要信息。

使用加粗字体：使用加粗字体来突出关键词或短语，使其在段落中更易于识别。例如，在一篇关于上海旅游景点的文章中，可以加粗对"外滩""东方明珠塔"等景点的描述文字，以突出这些重要的地标。

使用斜体：斜体用于强调某个词语的特殊含义、引用或生僻词汇。例如，如果在谈论中国传统节日的文章中提到了"端午节"，可以使用斜体来凸显这个特定的节日名称。

使用不同颜色：在文旅新媒体平台允许的情况下，考虑将关键词或短语的字体颜色设置成与正文不同的颜色。这样有助于吸引读者的注意力，使关键信息更加突出。

使用引号或引用符号：引号或引用符号用于将特定的词语或短语与周围的文字区分开。例如，如果在文章中提到了某个旅游活动的名称，可以使用引号来标记它。

注意，在使用这些强调方式时，要保持适度和一致性。过度使用强调效果可能导致视觉混乱。此外，根据内容风格和目标受众，选择合适的强调方式，并确保其与整体排版和设计风格协调一致。

6．空白和对齐

合理利用空白区域，使版面干净整洁。在对齐上，可以选择左对齐、居中对齐或分散对齐等方式，根据具体情况来加强排版效果。

适当增加空行或空白可以帮助读者理解各段内容的切换和转变，使整体阅读体验更上一层楼，并且让文章结构清晰明了。此外，在页面布局中添加适量的空白也能增强页面的平衡感和美观度。例如，在图文混排的情况下，可以在图片和文字之间增加适当的空白，布局更加整洁，让读者的视觉焦点容易集中在重要内容上。

除了利用空白，使用合适的对齐方式也能加强文章的可读性。例如，对大段文字来说，左对齐是较为常见的选择，这样可以使每行的起始点对齐，让读者容易跟随文字流程；而标题和副标题通常采用居中对齐方式，以增强其视觉吸引力。此外，调整段落、标题、列表等元素之间的间距和缩进也能实现信息的组织。恰当的缩进和垂直间距设置，可以突出不同层次的信息或内容之间的关联性。然而，在使用空白和对齐方式时应谨慎，需要根据具体情况灵活调整。最重要的是确保排版布局清晰、整洁，提高文章的可读性和视觉吸引力。

7. 图文结合与多媒体

适度插入图片、图表或多媒体元素来丰富内容呈现形式，提高可读性和吸引力。

图片配文：在介绍旅游景点、美食或活动时，可以使用相关的高质量照片，并在其旁边或下方配上简洁明了的文字说明。图文结合让读者直观地了解内容，并产生视觉冲击力。

视频介绍：将景点、酒店或文化活动的视频嵌入文章，让读者感受相关体验。通过视频，让读者观看实际场景，听到声音，并更深入地了解相关信息。

互动地图：在路线规划、景点介绍或城市攻略中，使用互动地图可以给读者提供具有交互性和可操作性的体验。读者可以单击地图上的标记来获取有关特定位置的详细信息，或者使用功能按钮来调整缩放比例等。

虚拟现实或增强现实技术应用：在某些特定主题的文章中，利用虚拟现实或增强现实技术，让读者通过可穿戴设备或手机 App 来亲身体验相关场景。这样的运用可以带给读者真实、沉浸式的感觉。

社交媒体集成：在文章中加入社交媒体平台的分享按钮或链接，促使读者与其他用户互动和分享。同时，通过展示其他用户在社交媒体上分享的图片、视频或评论，可以增强读者对该内容的兴趣和参与感。

8. 标题、副标题和引用

使用标题、副标题和引用来突出文章的重点和亮点，有助于读者快速浏览和理解。

标题：例如，"十大必游景点，探索泰国的自然与文化之美"，这个标题提供了清晰的信息，读者可以快速了解到文章涉及的泰国旅游景点，并从"十大必游景点"这一短语得知这是一个精选景点的盘点。

副标题：例如，"逛遍东京——发现日本传统与现代的融合"，副标题强调了要讲述的主题是东京市的特色之一，即传统与现代的融合。这让读者迅速抓住重点，尤其是对那些对日本感兴趣的人来说更具吸引力。

引用：引用可以强调某个重要的观点或独特的描述。例如，一篇关于澳大利亚大堡礁的文章，可以引用 David Attenborough 的"大堡礁是地球上最多样化和令人惊叹的生态系统之一"这句话。这个引用捕捉了大堡礁的特殊之处，吸引读者对该地区的自然奇迹感兴趣。

9. 格式化和标点符号

正确使用标点符号，使句子结构清晰准确。同时，使用列表及其他格式化方式，可以使信息易读、整齐有序。

8.2.2 排版插件的应用

1. 常见的插件

排版插件可以提供更好的排版效果，使文章美观、易读。常见的插件有以下几个。

（1）Typography.js：用于改善排版和字体样式。它提供了多种排版选项，如字号、行高、段落间距等。在网页中引入 Typography.js 库，并按照官方指南配置，可以实现不同的排版风格。主要用于 H5、微信公众号。

（2）Gridify：用于实现响应式网页布局。它将网页分成网格系统，自动适应不同屏幕尺寸。使用 Gridify 提供的 CSS 类名，可以创建具有栅格布局的网页，使内容有序呈现。主要用于文旅网页。

（3）Page transitions：用于为页面添加过渡效果，使页面切换平滑和吸引人。使用一些 CSS 和 JavaScript 代码，可以实现页面间的过渡效果，如淡入淡出、滑动、翻转等。这些过渡效果能够提升用户体验，使页面切换更具视觉吸引力。主要用于文旅网页。

（4）Scroll animations：用于为页面中的元素添加滚动动画效果。使用一些 CSS 和 JavaScript 代码，可以实现元素在页面滚动时出现、淡入、移动等动画效果。这些滚动动画能够吸引用户的注意力，使页面内容生动有趣。主要用于移动端响应式网页。

（5）Lazy loading：用于延迟加载图片和视频，以提高页面加载速度。使用该插件，可以减少首次加载时要下载的资源量，加快页面的加载速度，从而提升用户体验。主要用于小红书、抖音编辑排版。

2．排版插件的使用

在 PC 端运用文旅新媒体排版插件，可以根据具体插件的使用指南进行选择，并根据需求进行配置和调整。插件的使用一般包括引入相关库、设置相应样式或类名，以及编写相应的 CSS 和 JavaScript 代码。合理利用这些插件，可以使文旅新媒体的内容展示更具吸引力、易读性和交互性。

文旅新媒体排版插件是通过浏览器对新媒体平台后台功能进行增强的插件，可以帮助运营者在编辑图文信息时，不必跨多个编辑平台进行"复制""粘贴""同步"等操作。

下面以微信公众号为例，介绍秀米编辑器。

秀米编辑器是一款专用于微信平台公众号、H5 的文章编辑工具，拥有很多原创模板素材，排版风格也具多样化、个性化，使用它可以设计出专属风格文章版式。秀米编辑器还内置了秀米制作及图文排版两种制作模式，页面模板及组件丰富多样。具体使用方法如下所述。

（1）打开秀米编辑器首页，可以选择创建图文或 H5，如图 8-28 所示。

图 8-28　秀米编辑器首页

（2）选择"新建一个图文"选项，进入编辑页面。运营者可以根据需求完善封面图片、标题、摘要及正文内容，如图 8-29 所示。

图 8-29　秀米编辑页面

（3）单击"点击输入文字"字样即可修改正文文本字体、字号、颜色、对齐、加粗、斜体、下划线、删除线样式。格式刷用于快速同步格式，如图 8-30 所示。

图 8-30　秀米文本格式编辑器

（4）选择左上角的"图文模板"选项，有海量模板供自由选择，如图 8-31 所示。

"布局"菜单提供基础布局、组合、表格、上下左右滑动与自由布局等模式。"SVG"菜单提供多种有趣的互动工具，如文字弹幕、点击换图、趣味滑动及图片轮播等。"组件"菜单提供分割线、公众号组件、二维码、视频、表单等。

（5）选择需要的模板即可将其直接加入正文部分，如图 8-32 所示。

（6）完成编辑后使用上方工具栏即可预览、保存，也可以直接导出到微信公众号中，如图 8-33 所示。

图 8-31　秀米图文模板

图 8-32　秀米模板编辑器

图 8-33　秀米工具栏

8.2.3　H5 页面的应用

1. H5 页面的作用

作为一种基于 HTML5（H5）技术开发的互动式网页，H5 页面利用其丰富的多媒体内容、交互性和可视化效果,为用户带来生动而沉浸式的体验。在文旅新媒体中,H5 页面具有以下几个重要作用。

首先是创意展示。通过运用全景图、动画、音频和视频等元素,以富有创意和互动性的形式展示旅游目的地、景点或产品,吸引用户并激发他们的兴趣。

其次是互动体验。通过滑动、单击、拖动等方式,让用户参与其中,增加他们的主动性和体验感,使他们积极地探索信息。

最后,H5 页面还能以故事化的方式展示旅游内容。通过连贯的情节和策划的场景转换,以故事的形式将目的地的文化、历史和特色展现给用户,使他们沉浸式地加以了解。

另外,H5 页面还具有移动优化的特点。它能够适应不同屏幕大小的设备,如手机、平板电脑等,让用户在移动设备上流畅地访问和浏览文旅内容,提高信息传播的覆盖面。

通过运用 H5 技术,文旅新媒体能够更好地展示旅游目的地的特色,并给用户带来与众不同的互动体验。H5 页面不仅能激发用户的好奇心和兴趣,还能增加他们对旅游目的地的了解和认知,从而提升品牌的曝光度和声誉。

2．H5 页面的制作

下面以 MAKA(码卡)为例介绍 H5 页面具体制作方法。MAKA 是一个 H5 数字营销创作及创意平台。

(1)注册登录,选择和使用模板

进入 MAKA 官网,登录 MAKA 账号,进入模板中心进行关键词搜索,如图 8-34 所示。如果是免费模板,预览后直接单击"马上使用"按钮即可;如果是付费模板,预览后单击"立即购买"按钮,选择支付方式后单击"确认支付"按钮购买模板即可。

图 8-34　MAKA 模板中心

(2)编辑文本

选好模板后,单击文本框,显示为"文本"属性,直接双击文本框编辑内容即可。

如果要新建文本，选择左侧导航栏"文字"选项，将对应的样式添加至画布，双击文本框可编辑内容。

单击文本框，可在右侧栏及顶部栏修改字体大小、颜色、粗细、斜体、行距、下划线、透明度、阴影、旋转、对齐及位置。还可以直接伸缩、拖动文本框改变文本框位置，来调整文本的整体的风格和内容，如图8-35所示。

图8-35　MAKA文本编辑

（3）使用图片和形状素材

选择左侧导航栏"素材"选项，再选择相应的分类或自行搜索，找到合适的素材后即可添加至画布。

若想上传自己的图片到素材库，可单击云端图标，选择"本地上传"选项，如图8-36所示。

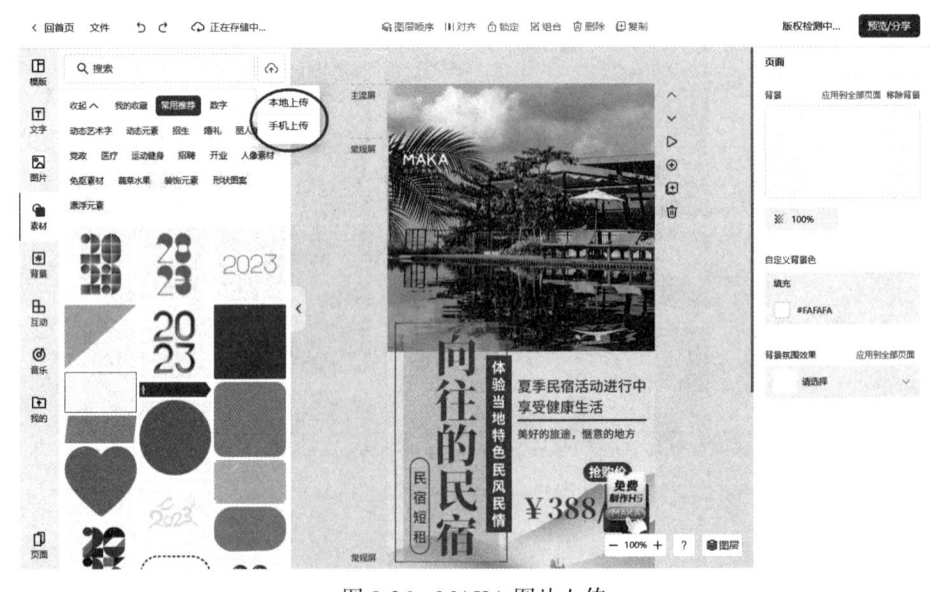

图8-36　MAKA图片上传

(4) 调整页面和编辑背景

在画布左侧,单击"复制该页面"和"删除该页面"按钮,或单击"上移一页""下移一页"按钮可以调整页面顺序。

选择左侧导航栏"背景"选项,可选择其他背景图片、纹理背景、本地图片作为背景,还可以裁剪图片,添加背景颜色,调整透明度。如果想调整背景,可以先选择画布背景,在"页面"栏中重新调整背景图片,如图 8-37 所示。

图 8-37 MAKA 页面与背景编辑

3. 更多功能

以上方法适用于 H5 长图及 H5 翻页,如果运营者想要制作更完善的 H5 翻页,可使用如下功能。

(1) 添加背景音乐

选择左侧导航栏"音乐"选项,出现音乐列表。单击音乐名称旁播放按钮可以试听,搜索自己想要的音乐,直接选中音乐名字就可以把音乐添加进作品,如图 8-38 所示。如果想上传自己的音乐,可单击"上传音乐"按钮。

(2) 动画及翻页设置

选择上方导航栏"设置"选项,在画布中单击要设置动画的元素,然后在右侧的"页面"栏里设计动画效果。除动画效果外,还可以设置翻页效果,如图 8-39 所示。

(3) 添加更多互动功能

选择左侧导航栏"互动"选项,如图 8-40 所示,可以选择不同的互动组件,包括地图组件、点赞组件、访问数组件、按钮组件、图组组件、倒计时组件、视频组件、微信头像组件、弹幕组件和接力。

图 8-38　MAKA 音乐编辑

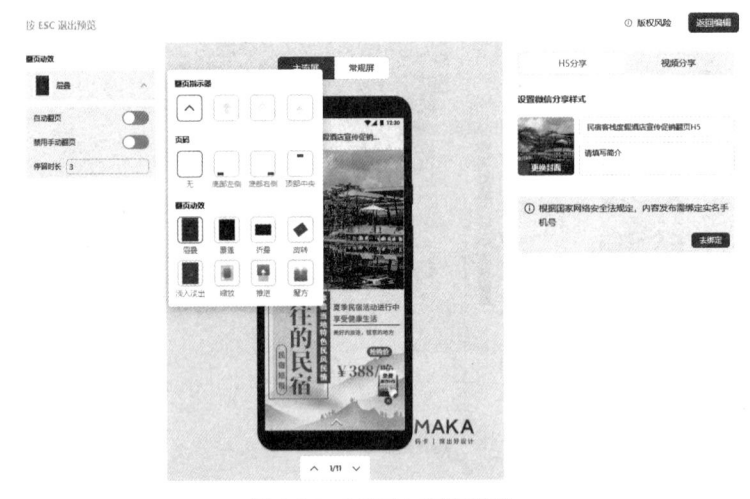

图 8-39　MAKA 翻页设置

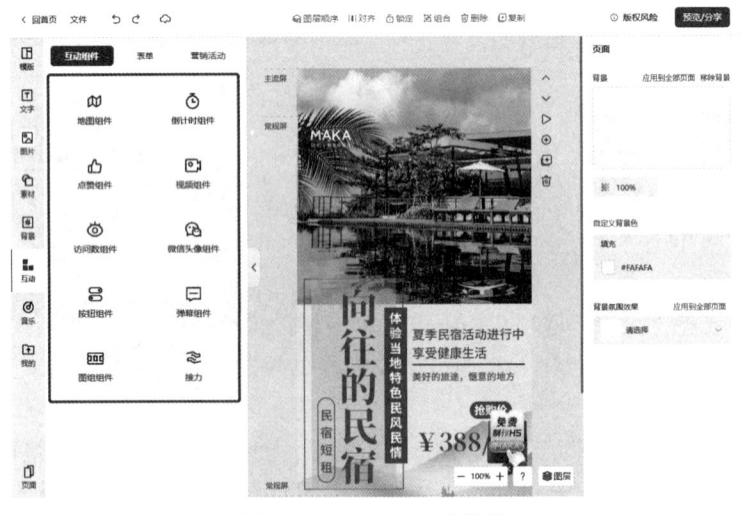

图 8-40　MAKA 互动设置

（4）预览保存和分享作品

H5 作品编辑完成之后，单击"预览/分享"按钮，可以预览作品，然后单击"保存"按钮进行保存。也可以单击"更新封面"按钮修改作品封面，单击输入框编辑作品题目和作品简介，让作品更容易被传播分享。

在预览页面中，用手机扫描二维码也可预览作品，复制作品链接至微信好友或朋友圈可分享该作品。

课堂讨论

根据所学知识，为成都市大熊猫基地春季踏青活动设计新媒体海报及 H5 页面。

8.3　文旅新媒体短视频制作技能

短视频是公认的信息交流媒介。因其拥有更加便捷的文化传播能力，短视频在文旅行业更有用武之地。学者刘汉波表示，短视频凭借其"短""屏""快"的特点，将碎片化的时间和丰富的社会实践结合起来，让参与其中的用户体验到花最少的时间了解最丰富、最陌生、最跨域的内容，从而获取时间空间化的快感。这是短视频赖以生存、用以突围的重要手段。当文旅特质与短视频关联，短视频的用户、平台优势将会极大地促进文旅产业创新发展，迸发强大合力。

要发挥短视频的作用和价值，掌握好文旅短视频制作技能至关重要。本节主要介绍短视频景别知识、脚本撰写、拍摄技巧和剪辑技巧等基础技能，并结合《西充印象》城市形象短视频进行案例展示，如图 8-41 所示。

图 8-41　《西充印象》截图

8.3.1　文旅短视频基础知识

1．短视频的时长

目前，学界业界对短视频时长尚未形成统一的理论说明，对短视频的定义也没有严格的界定。短视频通常是指较短的视频内容，时长为几秒到几分钟不等。一般来说，短视频的时长在 15 秒到 5 分钟之间。

短视频的时长通常会考虑以下因素。

（1）视频内容和目标：短视频的时长应适合视频内容和传达的目标。如果要传递简短的信息或展示一个特定的亮点，较短的视频时长更为合适；而如果要展示复杂的故事情节或详细的介绍，较长的视频时长可能更合适。

（2）观众的接受程度：观众通常更容易接受较短的视频，因为"短"视频更适应人们的快节奏生活，更容易保持观众的注意力。

（3）平台限制：不同的视频平台对视频时长有不同的限制。例如，一些社交媒体平台要求使用者在规定的时长内完成内容。

无论是较短的还是较长的短视频，关键都在于能吸引观众，传达信息，并符合平台要求。

2. 短视频的构成

作为短视频制作的初学者，需要熟练掌握基本的影像知识，才能游刃有余地创作出拥有自己标签的影像艺术。有些创作者就是因为忽视了简单基础的影像知识，才导致视频制作效果不佳。

影像的基础知识，用一句话概括就是视频由场景构成，场景由镜头构成，而镜头由景别构成。

场景是指戏剧、电影等艺术作品中的场面。在短视频中，场景泛指拍摄的区域，如室内、室外等。镜头是指摄像设备拍摄的画面，同时传递拍摄者的意图。景别是指短视频拍摄时镜头的远近，即拍摄时的物体、人物在摄像设备中呈现的大小和位置。

景别作为影像拍摄的最小单元，一般分为 9 种：超大全景、大全景、人物全景、中全景、中景、近景、特写、大特写和超特写。

（1）超大全景：又称为定场镜头，交代时间、地点、位置和环境，通常作为视频的开头镜头或者场景之间的转换镜头使用，如图 8-42 所示。

图 8-42　超大全景（《西充印象》截图）

（2）大全景：又称主镜头，与超大全景类似，区别在于交代人物之间的关系，通常作为有人物参与拍摄的第一个镜头使用，如图 8-43 所示。

图 8-43　大全景（《西充印象》截图）

（3）人物全景：展现人物全身，作为展示人物造型使用，如姿态、服装等，如图 8-44 所示。

图 8-44　人物全景（《西充印象》截图）

（4）中全景：又称牛仔镜头，构图范围为从膝部到头部，作为表现自信、危险的或充满对抗性的镜头使用，如图 8-45 所示。

图 8-45　中全景（《西充印象》截图）

（5）中景：又称中性镜头，构图掐到腰上胸下的位置，即大约第 4 个纽扣的位置，它不像广角那么夸张。也称"腰部"镜头，因为如果人物双臂在体侧下垂，那么画幅正好卡在人物腰部以下、手腕以上，如图 8-46 所示。

图 8-46　中景（《西充印象》截图）

(6)近景:用于营造亲密感,又称"两粒扣"镜头,指画幅的底部要严格卡在人物胸部,大致是衬衫上第 2 个纽扣的位置。当人物与某个人物或者主题亲密接触时使用,如图 8-47 所示。

图 8-47 近景(《西充印象》截图)

(7)特写:又称"头部镜头",因为取景主要集中在面部,但是镜头中人物的发顶会被剪掉。画面的底部可以从下颚下方开始,或者露出颈部并微露双肩上部。观众关注的焦点是此画幅中的人物面部,如图 8-48 所示。

图 8-48 特写(《西充印象》截图)

（8）大特写：核心是拍摄眼睛，作为展现人物内心世界的窗口使用，大特写用于拍摄人物及"人物"的感受——愤怒、恐惧、浪漫等，如图8-49所示。

图8-49 大特写（《西充印象》截图）

（9）超特写：表现微观或局部，常常用于拍摄特殊道具，作为插入镜头使用，如图8-50、图8-51所示。

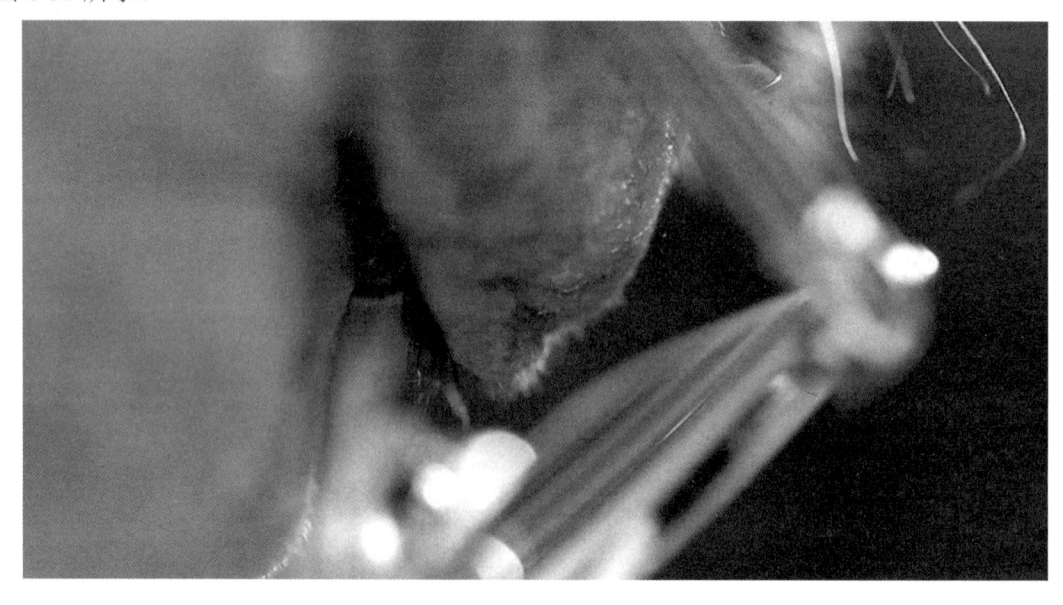

图8-51 超特写（《西充印象》截图）

图 8-51 超特写(《西充印象》截图)

景别是构图中的一个基础元素,类似单个词语在文章中的作用。在短视频中,不同景别组织成一组镜头,一组镜头组织成片段,而片段又组织成短视频。这就像在文章中,词语组织成句子,句子组织成段落,而段落又组织成文章。

因此,景别是构成短视频画面的基本元素,不同景别的组合和变化产生视觉上的效果与故事情节,就如同词语在文章中通过排列组合产生句子和段落,表达出丰富的含义。

景别的组合是脚本撰写的关键,也是拍摄的关键。掌握好基本的镜头语言才能讲好一个短视频故事。

8.3.2 撰写脚本

掌握了基本的景别知识后,短视频创作的第二步是撰写脚本。

文旅短视频的脚本在整个制作过程中起着指导和规划的作用,决定了视频的内容、风格和效果,是确保视频制作成功的关键因素之一。脚本的撰写应该综合考虑故事情节、视觉效果、音频表现、目标受众等因素,确保视频的质量和传播效果。

1. 脚本的作用

脚本在文旅短视频制作中的作用如下所述。

(1)确定故事情节:脚本是故事情节的基础,它包含视频的整体结构和内容安排。通过撰写脚本,导演可以明确故事的起承转合,将文化元素和旅游资源融入故事情节,使视频更具吸引力和连贯性。而"故事"包含情节性故事和叙事线索。

情节性故事:在文旅短视频中,情节性故事是一个有逻辑性和连贯性的叙述,它包含一个或多个事件,通常有引入、发展和结局。这样的故事可以通过具体的情节和角色展现,吸引观众的兴趣,让观众跟随故事的发展产生共鸣。

叙事线索：在文旅短视频中将信息按照某种逻辑和时间顺序呈现出来，帮助观众更好地理解故事或内容。通过叙事线索，观众可以清晰地了解事件的发生顺序和逻辑关系，从而更好地理解故事情节或主题。

情节性故事和叙事线索在叙述故事时有相同点，也有一定区别。

它们的相同点在于二者都是构成整个故事的重要组成部分，都有助于将故事按照一定的结构和逻辑进行组织并展示。它们都具有连贯性，都是为了使整个故事更加连贯和易于理解。它们在不同层次上帮助观众明白故事的发展和内在逻辑。

它们的区别有如下几点。

首先，定义和作用不同。情节性故事是一个包含事件和角色的有逻辑发展的故事，在故事中具有独立的情节，能够引发观众的兴趣和情感共鸣。而叙事线索则对信息按照时间和逻辑顺序进行排列，帮助观众理解故事或内容的发展和关联。

其次，组成层次不同。情节性故事是故事的主体，它包含故事的主要事件和角色的发展。而叙事线索是对这些事件和角色进行组织和安排的方式，以确保故事的逻辑性和清晰度。

最后，强调点不同。情节性故事强调情节的发展和角色的情感变化，注重情感上的共鸣和故事的感染力。而叙事线索强调信息的传递和内容的逻辑，注重使观众更好地理解故事的时间线。

在文旅短视频制作中，一个好的故事情节可以使视频更具吸引力和连贯性，让观众更容易理解和感受。同时，故事情节也有助于向观众传达特定的信息、情感或主题。因此，在文旅短视频制作中，明确的故事情节对展现地方文化和旅游资源至关重要。

下面以《绿野仙踪——走进神秘的丽江》短视频为例进行介绍。

片头：画面从迷雾缭绕的雪山开始，渐渐展现出丽江古城的美丽风光。镜头切换至一名旅行者手拿地图向着古城走来。

场景 1：迷失在古镇的巷弄中，旅行者遇到了一位友好的当地居民。居民邀请旅行者一起品尝当地特色小吃，展示了丽江独特的风味美食。

场景 2：在丽江古城广场，旅行者遇到了一位传统绘画艺术家。艺术家向旅行者展示了丽江古城独特的文化艺术，包括纳西族传统绘画和手工艺品制作。

场景 3：旅行者来到丽江古城附近的束河古镇。在美丽的束河古镇，旅行者欣赏了传统的纳西族音乐和舞蹈表演，体验了纳西族深厚的文化底蕴。

场景 4：黄昏时分，旅行者来到丽江古城边的黑龙潭公园。在神秘的黑龙潭边，旅行者听到传说中的古老故事，感受着丽江独特的神秘氛围。

片尾：旅行者在丽江的美丽夜景下，坐在小巷的一家咖啡店里，品尝着丽江特色咖啡，回忆起这段美妙的旅程。视频画面渐渐淡出，留下片尾标语："丽江，一个神秘的仙境，等你来探索。"

这个案例通过故事情节的串联，向观众展现了丽江古城的美丽风光、丰富的文化底蕴及神秘的氛围。这样的视频不仅能吸引观众，还能让观众对丽江的文化风情产生兴趣，产生希望亲自前往探索这个神秘仙境的欲望。

（2）指导拍摄和剪辑：脚本是整个视频制作过程的指导，包括拍摄和后期剪辑。它规定了拍摄的镜头和场景、剪辑的节奏和方式，使整个制作过程更有条理，提高视频制作效率和质量。

（3）确定画面和音频：脚本不仅包含文字部分，还涉及画面和音频的规划。它确定了拍摄所需的画面内容，以及音频配乐和配音的安排，使整个视频制作完整有序。

(4)控制成本和资源:脚本可以帮助制作团队合理安排拍摄场景和所需资源,从而控制制作成本,并最大化地利用资源,确保视频制作顺利进行。

(5)传递信息和目标:脚本是视频传递信息和实现目标的桥梁。它通过精心的故事叙述和表现方式,使视频更具表现力和感染力,达到预期的传播效果。

(6)统一理解和协作:脚本的撰写可以使整个制作团队对视频的内容和风格有统一的理解,便于协作,减少误解和偏差,提高制作效率。

简而言之,脚本是为短视频创作的效率和质量服务的,所有参与创作的人员都应该服从于脚本。同时,脚本也是影像制作中拍摄和剪辑的重要依据。

2. 脚本的形式

脚本的形式多样,包括提纲式、剧本式和分镜表格式。其中,分镜表格式最常用。分镜脚本主要包含镜号、画面、景别、时长、画面描述、旁白/解说词、摄像机角度、运镜和声音等,示例如图 8-52 所示。

镜号	画面	景别	时长(秒)	内容	声音	摄影机角度	运镜	其他
1				黑屏	"There is no time like the present"			音效:声音入,读英文
2		中全景	4	女生站在樱花树下,手拿课本,读英文	关于成长	高位俯拍	固定	
3		特写	2	女生皱眉,小声磕巴读书	"Time and tide wait ..."(现场音)从来没有一粒种子	视平	固定	音效:英文声入
4		全景	4	女生站在樱花树下,手拿课本,来回踱步	一开始就能开出花儿	低位仰拍	固定	
5		近	5	女生背完句子,把书放在胸前,仰望樱花	"Time and tide wait for no man"	仰	固定	音效:现场音
6		全景	7	背影从实到虚,樱花从虚到实	双语片名出:时光在等你 Time will Tell	仰	视线跟随	

图 8-52 分镜脚本

脚本中的旁白/解说词,即文案写作,非常重要。一些创作者沉迷于华丽的辞藻,但文字美和影像美是两码事。旁白/解说词和画面是相辅相成的关系。画面具有多重含义,但抽象深刻的文字表达,画面是无法展示的;很多时候仅仅有美轮美奂的画面是不够的,尤其是文旅短视频。所以,导演或者编剧一定要考虑摄制制作团队是否能够用画面执行文案的表达意图。注意,文案内容的目的不是解释镜头画面,而是描述镜头无法展现的内容,并且始终以最终影像呈现的视听效果为优先。

3. 脚本的写作

真正的文案写作,不必使用华丽的辞藻,只需把场面以外的东西通过文字表述出来即可,而且句子越短越好。

在使用简洁明了的语言前提下，编写文旅短视频脚本需要考虑到视频的目标、受众和故事表达方式。

文旅短视频脚本写作的常用技巧如下所述。

明确目标和受众：在开始编写脚本之前，明确视频的目标是什么，即想要向哪类受众传达什么信息。对不同的目标和受众可能需要使用不同的故事情节、表达方式和语言风格。

突出亮点：文旅短视频通常需要在有限的时间内展现吸引人的亮点。在脚本中明确景点、美食、传统活动等的亮点及它们所蕴含的特色和故事，可以吸引观众。

讲好故事：故事是文旅短视频的灵魂，讲好故事能够有效地传递信息和引起观众共鸣。构建一个简单、生动的故事情节，将文化元素和旅游体验有机地融入其中，使观众在短时间内产生情感共鸣。

控制篇幅和节奏：文旅短视频的篇幅通常较短，因此要控制好脚本的篇幅，确保在有限的时间内传达核心信息。同时，合理控制视频的节奏，让画面和情节之间的过渡自然流畅，避免观众产生疲劳感。

突出情感表达：通过脚本中的语言和情节安排，突出文化旅游资源所蕴含的情感，如欢乐、感动、神秘等，让观众在观看视频时能够产生情感共鸣，有可能产生兴趣并进行实际体验。

确定配乐和音效：脚本中也要考虑配乐和音效的使用。合适的背景音乐和音效可以增强视频的氛围与感染力，使故事生动和引人入胜。

兼顾视觉效果：文旅短视频以画面为主要表现方式，脚本中也要考虑到视觉效果。合理安排镜头选择和视觉表现，使画面具吸引力和表现力。

8.3.3 拍摄技巧

拍摄过程中也需要掌握足够的技巧，才能捕捉到精彩的画面。拍摄技巧对文旅短视频的重要性不可忽视，它是将目的地的美景、文化和故事等以吸引人的方式展现给观众的关键。一个成功的文旅短视频需要创作者对摄影和镜头运用有一定的专业知识，并运用创意和技巧来实现故事的完美呈现，最终通过视觉和声音将观众带入一个令人心驰神往的旅程，激发观众的兴趣，促使观众去探索和体验真实的目的地。

拍摄技巧主要包括运镜技巧和构图方法，如下所述。

1. 运镜技巧

运镜是指摄影设备在拍摄过程中的运动或角度变化，以拍摄出不同的画面效果。运镜技巧利用镜头的运动，让文旅短视频产生视觉吸引力、故事叙述能力、情感共鸣、艺术性和专业性，直接影响视频的质量和观赏性。运用恰当的运镜技巧，创作者能够有效地传递信息、吸引观众、打动观众，并提升作品的品质和影响力。

（1）运镜技巧的重要性

视觉吸引力：文旅短视频的目标之一是吸引观众，引发他们对目的地或文化的兴趣。利用精心的运镜技巧，可以打造出视觉上令人愉悦、吸引人的画面。优雅的镜头运动、巧妙的构图和创意的镜头选择能够让观众沉浸在精美的画面中，激发他们对目的地的好奇心。

故事叙述：运镜技巧是导演讲述故事的手段之一。透过不同镜头的运用，导演可以将景点、文化元素和旅游体验有机地融入故事情节，使故事生动有趣。合理的运镜拍摄可以提升故事的连贯性和节奏感,让观众容易理解和接受所传达的信息。

情感共鸣:文旅短视频常常希望通过画面传递情感,让观众在观看过程中产生共鸣。透过不同的运镜技巧,如运用特写镜头捕捉细节、运动镜头增强氛围等,能够表达景点和文化所传递的情感与体验,从而让观众产生情感共鸣。

艺术性和美感:运镜技巧不仅仅可以传递信息,更是一种艺术创作的手段。通过运用不同的摄影角度和构图手法,导演可以创造出独特的画面效果,增加视频的艺术性和美感。这样的表现力可以让文旅短视频脱颖而出,成为令人难忘的作品。

品质和专业性:优秀的运镜技巧可以提高文旅短视频的制作品质,使之具有专业性和说服力。稳定的镜头运动、精心设计的镜头组合和明确的视觉风格都能够体现制作团队的专业水准,增加视频的可信度和观众的信任感。

(2)常用的运镜技巧

推镜头:被拍摄物位置不动,镜头从全景或别的景位由远及近向被拍摄物推进,逐渐推成近景或特写的镜头,主要用于描写细节、突出主体、制造悬念等。例如,《西充印象》片中,小女孩在华凤山森林公园弹奏古琴,运用推镜头刻画了小女孩的专注度,如图 8-53 所示。

图 8-53 推镜头(《西充印象》截图)

拉镜头:与推镜头相反,构图由小景别向大景别过渡,摄影设备从特写或近景拉起,逐渐变化到全景或远景,视觉上会容纳更大的信息,同时营造一种远离主体的效果。例如,《西充印象》中,拍摄雷竹培植基地时,运用拉镜头展现了雷竹的茂密和挺拔,如图 8-54 所示。

摇镜头:镜头摇摄全景或者跟着被拍摄物的移动进行拍摄,常用于介绍环境或突出人物行动的意义和目的。例如,《西充印象》中,摄影机从地面积水倒影摇到小女孩弹奏古琴,如图 8-55 所示。

移镜头:摄影机沿水平面做各个方向的移动拍摄,便于展现各个角度,是文旅短视频拍摄中常用的运镜方式。例如,《西充印象》中展示张澜故居,如图 8-56 所示。

图 8-54　拉镜头（《西充印象》截图）

图 8-55　摇镜头（《西充印象》截图）

升镜头和降镜头：升镜头是指摄影机在升降机上做上升运动，形成俯视拍摄，用于表现主体的高大或增加画面的纵深感；降镜头是指摄影机沿竖直方向向下移动，用于拍摄低角度的画面，强调主体的庞大或制造一种压迫感。《西充印象》中多次使用升降镜头，展现了西充的场景环境。例如,拍摄纪信广场时,镜头从爷孙背影升起展示广场雕像,如图8-57所示。

图8-56 移镜头(《西充印象》截图)

图8-57 升镜头(《西充印象》截图)

跟镜头:指跟拍,画面的主体是运动中的被拍摄物,镜头跟随其运动一起移动。跟镜头可以全面详尽地展现被拍摄主体的动作、表情、运动方向,这种方法使用最为普遍。

悬空镜头:摄影机在物体上空移动拍摄的镜头,用于产生史诗般恢宏的气势。例如,《西充印象》中,运用悬空镜头展示县城夜景,营造了很强的氛围感,如图8-58所示。

2. 构图方法

在拍摄过程中,与运镜技巧相辅相成的是构图方法。

正确地使用构图方法在文旅短视频拍摄中发挥着重要作用。它不仅能够增强画面的美感和观赏性,还能够有效传递文化信息,叙述故事,引起观众共鸣,提升视频的艺术性和影响力。导演或摄像师在拍摄过程中熟练运用构图方法，能够创作出极具吸引力和感染力的文旅短视频作品。

图 8-58　悬空镜头（《西充印象》截图）

构图方法一般有中心构图法、九宫格构图法、二分构图法、三分构图法、对称构图法、框架构图法、水平线构图法、垂直线构图法、对角线构图法、引导线构图法、S 形构图法、三角形构图、辐射构图法、建筑构图法、封闭式构图法、开放式构图法和紧凑式构图法等。

下面介绍在文旅短视频拍摄过程中常用的几种。

（1）九宫格构图法是利用画面中的上、下、左、右四条黄金分割线对画面进行分割的。四条线为画面的黄金分割线，它们的交点则为画面的黄金分割点。一般在全景拍摄时，黄金分割点是被摄主体所在的位置。

在拍摄人物时，黄金分割点往往是人物眼睛所在的位置，如图 8-59 所示。

图 8-59　人物的黄金分割点（《西充印象》截图）

在拍摄景物或者建筑时，黄金分割点及黄金分割线往往与所拍对象的中心或轴线重合，如图 8-60 所示。

图 8-60　景物的黄金分割点（《西充印象》截图）

九宫格构图法能够使画面平衡、美观，并有效地引导观众的视线，让观众容易注意到重要的景点或文化元素。通过合理运用黄金分割，导演可以强化视频的视觉吸引力，让观众愿意继续观看。

（2）水平线构图法给人一种延伸的感觉，一般情况下使用横幅画面，比较适合场面开阔的风光拍摄，让观众产生辽阔深远的视觉感受。采用水平线构图法进行构图时，居中水平线给人以和谐、稳定的感觉，下移水平线主要强调天空的风景，上移水平线主要强调眼前的景物，多重水平线则会产生一种反复强调的效果，如图 8-61 所示。

图 8-61　水平线构图法（《西充印象》截图）

（3）对角线构图法中，被摄主体沿画面的对角线方向排列，能够表现出很强的动感、不稳定性或生命力等感觉，给观众以饱满的视觉体验。这种构图方法大多用于描述环境，如图 8-62 所示。

图 8-62 对角线构图法（《西充印象》截图）

（4）引导线构图法利用线条引导观众的目光，使其汇聚到画面的主要表达对象上。这种构图方法适合在拍摄大场景、远景的画面时使用，如图 8-63 所示。

图 8-63 引导线构图法（《西充印象》截图）

（5）S形构图法中，被摄主体以类似英文字母S的形状从前景向中景和后景延伸，使画面形成纵深方向空间关系的视觉感，让画面充满灵动的感觉，表现出一种曲线条的柔美。S形构图法的动感效果强烈，既动又稳，不仅适合表现山川、河流、地域等自然的起伏变化，也适合表现人体或者物体的曲线，如图8-64所示。

图8-64　S形构图法（《西充印象》截图）

（6）三角形构图法以三个视觉中心为景物的主要位置，有时以三点成面几何构成来安排景物，由此形成一个稳定的三角形，具有安定、均衡但不失灵活的特点。三角形构图可分为正三角形构图、倒三角形构图、不规则三角形构图及多个三角形构图，如图8-65所示。

图8-65　三角形构图法（《西充印象》截图）

高品质的影像拍摄没有捷径，拍摄者需要通过大量的练习和总结，找到适合自己的镜头语言表达方式。一切技巧类的创作都来自熟能生巧，影像的拍摄胜于应变，败于教条。

8.3.4 剪辑技巧

1. 剪辑的概念

剪辑是指在视频制作的后期阶段,将拍摄的素材按照一定的顺序和逻辑进行组合与编辑,以达到所期望的效果。剪辑是整个视频制作过程中的重要环节,它决定视频的节奏、故事情节、表现方式及最终呈现的效果。

在剪辑过程中,视频制作人员会选择合适的视频片段,将它们按照脚本或故事线进行组织,完成镜头的剪切、连接和变换,调整画面的顺序、速度、时长和音频等,使视频具有连贯性、吸引力和表现力。

剪辑的目的是将各个视频片段有机地结合起来,使故事情节流畅,吸引观众的注意力,传达所期望的信息和情感,最终呈现出一个完整、有感染力的视频作品。

在现代数字技术的发展下,视频剪辑可以使用专业的视频编辑软件来完成,这些软件提供了丰富的剪辑工具和特效,剪辑过程灵活高效。利用剪辑技巧,导演和视频制作人员可以实现他们的创意与想法,将拍摄的素材打磨成最终的精美短视频作品。

2. 转场

在视频剪辑中,转场是基础剪辑技能,也是核心技能。

转场是将一个视频片段过渡到另一个视频片段的过程。转场改变视频片段之间的画面表现方式,使画面衔接过程流畅和自然,避免画面的突兀变化,提升观看体验。

常用的转场分为无技巧转场和技巧转场两种。

(1) 无技巧转场

无技巧转场是用镜头自然过渡来连接上下两段内容的,强调视觉的连续性,运用时要寻找合理的转换因素和适当的造型因素。无技巧转场的方法很多,下面介绍常用的几种。

空镜头转场:一些没有人物的镜头,主要用于刻画人物情绪,渲染气氛,如图 8-66 所示。

图 8-66 空镜头转场(《西充印象》截图)

声音转场：利用声音过渡的和谐性自然转换到下一画面，用音乐、解说词、对白等和画面配合实现自然转场，是转场的惯用方式。例如，在《西充印象》中，片头部分利用鼓点进行快速转场，展现了西充丰富的文旅资源。鼓点一出，画面就更换一个。

特写转场：又称"视觉的重音"，是万能镜头，即不管上一个镜头是什么，下一组镜头都从特写开始，对局部进行突出强调和放大。例如，在《西充印象》中，上一个镜头是青龙湖的古桥，下一个镜头转向照相机和螃蟹特写，表现出极强的对比感，如图8-67所示。

图8-67　特写转场（《西充印象》截图）

主观镜头转场：把人物视觉方向作为视觉转换依据，按照前后两个镜头之间的逻辑关系来处理转场，如上一个镜头拍摄主体在观看的画面，下一个镜头接转主体观看的对象。例如，在《西充印象》中，上一个镜头是射箭运动员张弓搭箭，下一个镜头就是正中靶心的特写，如图8-68所示。

图 8-68　主观镜头转场（《西充印象》截图）

（2）技巧转场

技巧转场是指在视频剪辑中使用特效的手法来实现过渡效果。常用的手法是叠化转场。

叠化转场是指前一个镜头的画面与后一个镜头的画面相叠加，前一个镜头的画面逐渐暗淡隐去，后一个镜头的画面逐渐显现并清晰的过程。例如，在《西充印象》中展示地方特色小吃时，运用叠化转场展示了西充小吃的丰富多样，如图 8-69 所示。

3．剪辑的技巧

一些创作者认为掌握了视频片段之间的转场技能，进行视频衔接后，剪辑就可以轻松完成。但是剪辑，不仅于此！

第 8 章 文旅新媒体运营技能

图 8-69 叠化转场(《西充印象》截图)

所有影像作品都诞生于剪辑台上，除了转场技能，还要好的剪辑技巧。这样才能提高文旅短视频的质量和观赏性。剪辑技巧是视频剪辑制作过程中不可或缺的一部分，合理运用剪辑技巧可以增强视频的表现力，提升观众的观看体验。

下面介绍一些常用的文旅短视频剪辑技巧。

剪辑节奏控制：可以根据视频的主题和情感表达，调整剪辑的速度，让节奏感适应视频的氛围，增加观赏性。

跳跃剪辑：有意识地跳过一些场景或镜头，使画面之间的切换紧凑，以节省时间，突出重点，增强视频的冲击力和表现力。

交叠剪辑：将两个或多个场景的画面交叠在一起，产生过渡效果，使画面流畅，增加过渡的自然性。

运动剪辑：运用特效，增加画面的动感和视觉效果。例如，运用快速剪辑、缓慢运动等手法，增加视频的视觉冲击力。

镜头运动调整：可以对镜头运动进行调整，如放慢、加速、倒放等，创造出不同的视觉效果，增加视频的创意性和趣味性。

音频处理：可以调整音频的音量、混音等，使音频和视频更好结合，提升视频的整体质量。

色彩调整：让视频的色调更加符合主题和氛围，增强视频的表现力和艺术性。

加入字幕和特效：帮助观众更好地理解视频内容，增强信息传递效果。

故事叙述：合理组织视频的故事情节，确保故事叙述的连贯性和逻辑性，使观众容易理解和接受视频内容。

《眨眼之间》的译者夏彤表示，影像剪辑仅仅止于"术"而不得其"道"，是不行的，充其量其只是一个操作员。充分掌握常用的剪辑技巧，不仅可以弥补前期拍摄的缺失，还可以进行二次创作，赋予文旅短视频艺术化的效果。

通过长期实践，熟练掌握文旅短视频创作的景别知识、脚本撰写、拍摄技巧和剪辑技巧等基础技能，有助于提高视频质量，增加对观众的吸引力，提高制作效率，适应不同平台需求，并在行业中具竞争力。

同 步 训 练

一、知识训练

1. 简述文旅新媒体运营需掌握的基本技能。
2. 图片在文旅新媒体运营中的应用也十分广泛，其中包括哪些方面？
3. 文旅新媒体图文内容的呈现需掌握哪些基本技能？
4. 简述文旅新媒体短视频处理技能几要素。

二、技能训练

第 31 届世界大学生夏季运动会在成都举行，根据所学知识和技能自选 1 个体育项目并为其拍摄宣传视频。

参考文献

[1] 梁辰. 媒体融合视域下《成都商报》新媒体矩阵构建路径研究[D]. 成都理工大学，2021.

[2] 闵赵昕，陆寒梅. 旅游媒体对旅游业发展的影响研究[J]. 旅游纵览（下半月），2016（06）：52.

[3] 伍赛特. 网络新媒体发展趋势研究及展望[J]. 传播与版权，2020（01）：104-105，108.

[4] 王兴明，何二前，周杨，等. 西安大唐不夜城智慧街区EPC工程管理[J]. 智能建筑，2020（10）：28-32.

[5] 王崇荣. 媒体融合转型期西南欠发达地区媒体人才需求调查[D]. 重庆大学，2019.

[6] 魏艳灵. 全媒体时代新闻传播类人才需求[D]. 黑龙江大学，2021（05）：64.

[7] 詹新惠. 基于互动的用户运营[J]. 新闻战线，2018（19）：89-92.

[8] 勾俊伟，哈默，谢雄. 新媒体数据分析：概念、工具、方法[M]. 北京：人民邮电出版社，2017.

[9] 黄有璨. 运营之光：我的互联网运营方法论与自白3.0[M]. 北京：电子工业出版社，2022.

[10] 张亮. 从零开始做运营[M]. 北京：中信出版社，2015.

[11] 李俊，伍欣. 旅游新媒体运营[M]. 北京：旅游教育出版社，2022.

[12] 黄言涛. 文化创意产品项目实训教程[M]. 西安：西安电子科技大学出版社，2020.

[13] 宁延杰. 数字化营销：新媒体全网运营一本通[M]. 北京：北京大学出版社，2023.

[14] 田志奇. 文旅融合背景下旅游目的地营销模式创新研究[M]. 武汉：华中科技大学出版社，2023.

[15] 刘心怡，卢黎莉. 同程旅游直播平台研究[J]. 中国商论，2021（13）：52-54.

[16] 苏思晴，吕婷. 云旅游：基于眼动实验的在线评论对旅游直播体验的影响研究[J]. 旅游学刊，2022，37（08）：86-104.

[17] 秋叶，苟俊伟. 新媒体运营[M]. 北京：人民邮电出版社，2018.

[18] 谭静. 从零开始学运营[M]. 北京：人民邮电出版社，2019.

[19] 谭贤. 新媒体运营从入门到精通[M]. 北京：人民邮电出版社，2017.

[20] 支英珉. 新传媒帝国[M]. 北京：中国水利水电出版社，2005.